EUROPA

DER ATLAS FÜR DEN WELTREISENDEN

EUROPA

MIKE GERRARD

INHALT

Originaltitel:
The Traveller's Atlas: Europe. A Guide to the Places You Must See in Your Lifetime

Produktion der deutschsprachigen Ausgabe:
Print Company Verlagsges.m.b.H., Wien

Übersetzung: Barbara Knesl
für Print Company

ISBN 978-3-8365-1157-5

Printed in Singapore

»FRANKREICH UND GANZ EUROPA HABEN EINE EINZIGARTIGE KULTUR UND EINDRUCKSVOLLE GESCHICHTE. ABER DAS WICHTIGSTE – DIE EUROPÄER WISSEN, WIE MAN LEBT!«

JOHNNY DEPP

Als ich zwölf Jahre alt war, schickten mich meine Eltern auf einen Schulausflug – meine erste Reise auf das europäische Festland. Wir verließen den Bahnhof in Liverpool um Mitternacht, und am nächsten Tag überquerten wir den Ärmelkanal Richtung Ostende. Leider wütete gerade ein heftiger Sturm, sodass die Fahrt doppelt so lange dauerte wie geplant und mir die meiste Zeit hundeübel war. Jedoch wurde ich dann mit einer Reise entlang des Rheins entschädigt, wo ich beeindruckende Burgen und eine Landschaft entdeckte, die ich von zu Hause nicht kannte. Das war der Beginn einer lebenslangen Reise, die mich in aller Herren Länder und vor allem durch ganz Europa führen sollte.

Mit siebzehn habe ich mich unsterblich verliebt – in ein Land. Meine Angebetete war Griechenland. Um ihr nahe zu sein, fuhr ich durch ganz Europa, bis ich schließlich in Athen landete. Unterkunft fand ich auf einem Campingplatz in einem Vorort namens Kifisia im Norden der Stadt. Das Highlight war meine Wanderung durch die Gassen der Plaka zur Akropolis. Damals konnte man noch den Parthenon betreten, die alten Steine anfassen und deren Magie spüren und sich mit jenen Handwerkern und Künstlern verbunden fühlen, die hier vor 2500 Jahren gearbeitet hatten.

Auf die Frage, weshalb er so viel lese, antwortete Ernest Hemingway einst, dass das Lesen es ihm ermögliche, das Leben anderer Menschen zu leben. Dasselbe gilt fürs Reisen. Während meiner zahlreichen Besuche in Griechenland habe ich mir das Leben von Mönchen in den Klöstern von Meteora vorgestellt und mich gefragt, wie es wohl gewesen sein muss, das Orakel von Delphi zu befragen.

Meine Neugier und Wanderlust haben einen Reisereporter aus mir gemacht, daher hatte ich das Glück, viel mehr von Europa zu sehen, als sonst möglich gewesen wäre. In Istanbul habe ich

den äußersten Rand Europas besucht und mich im Winter in Finnland bis zum Polarkreis gewagt. »Wann geht die Sonne auf?«, fragte ich einen Flughafenmitarbeiter, als es 9 Uhr morgens noch stockdunkel war. »Im Februar!«, antwortete er.

Autor Mike Gerrard bei der Lektüre vor dem Turm der Winde am Rande der Agora in Athen.

Mit dem Fahrrad bin ich von Prag nach Wien gefahren und habe dabei die böhmischen Schlösser besichtigt und das Tatragebirge in der Slowakei erklommen. Dort wachte ich eines Morgens zeitig auf und brach zu einer Wanderung durch die Wälder von Starý Smokovec auf. Dabei erinnerte ich mich an eine Erzählung des Hotelrezeptionisten von einer Bärin, die unlängst mit ihren Jungen die Hauptstraße überquert hatte. In den Wäldern war es ruhig, dunstig und recht unheimlich. Der Weg verschwand im Dickicht der Kiefern vor mir. Ich merkte, wie sich etwas in der Nähe bewegte, und hörte das Brüllen eines Tieres. Ich ging zurück ins Hotel und versuchte, das Geräusch nachzuahmen, woraufhin man mir erklärte, dass das wohl ein Reh gewesen sein müsse.

Europa ist mehr als seine extreme oder seine abenteuerlichere Seite. Es ist auch seine jahrhundertelange Kulturgeschichte in den großen Städten wie Paris, Budapest, Athen, London und Istanbul. Europa bedeutet, sich in den Weingärten von Bordeaux, den schottischen Destillerien oder den Sherry-Bodegas in Jerez zu verlieren. In diesem Buch werden fünfzig Orte vorgestellt, die für mich eine ganz besondere Bedeutung haben. Leicht hätten es auch fünfhundert sein können, denn Europa ist einfach eine Geschichte ohne Ende.

Mike Gerrard.

1 BELGIEN: BRÜGGE
SEITEN 12–15

2 ENGLAND: LONDON
SEITEN 16–19

3 ENGLAND: LAKE DISTRICT
SEITEN 20–23

4 STONEHENGE UND AVEBURY
SEITEN 24–27

5 DER CORNISH COASTAL PATH
SEITEN 28–31

6 FINNLAND: LAPPLAND
SEITEN 32–35

7 ISLAND: NATURWUNDER
SEITEN 36–39

8 IRLAND: SÜDWESTEN
SEITEN 40–43

9 NORDIRLAND: ANTRIM
SEITEN 44–47

10 NIEDERLANDE: AMSTERDAM
SEITEN 48–51

AUF EINEN BLICK: **EUROPA**

Verlieren Sie nicht den Überblick: Alle Orte in diesem Buch sind auf der Landkarte eingezeichnet, damit Sie wissen, wo die Reise als Nächstes hingeht.

11 NORWEGEN: FJORDE
SEITEN 52–55

12 DIE SCHOTTISCHEN HIGHLANDS
SEITEN 56–59

13 DIE SCHOTTISCHEN INSELN
SEITEN 60–63

14 EDINBURGH
SEITEN 64–67

15 SCHWEDEN
SEITEN 68–71

16 WALES: SNOWDONIA
SEITEN 72–75

17 KROATIEN: DUBROVNIK
SEITEN 78–81

18 DIE KROATISCHEN INSELN
SEITEN 82–85

19 GRIECHENLAND: ATHEN
SEITEN 86–89

20 SANTORIN UND DIE GRIECHISCHEN INSELN
SEITEN 90–93

21 DELPHI
SEITEN 94–97

22 METEORA
SEITEN 98–101

23 ITALIEN: VENEDIG
SEITEN 102–105

24 CINQUE TERRE
SEITEN 106–109

25 ROM
SEITEN 110–113

26 DAS ITALIEN DER RENAISSANCE
SEITEN 114–117

27 TÜRKEI: ISTANBUL
SEITEN 118–121

28 EPHESOS
SEITEN 122–125

29 ANDORRA: DIE PYRENÄEN
SEITEN 128–131

30 FRANKREICH: PARIS
SEITEN 132–135

31 BORDEAUX
SEITEN 136–139

32 DIE LOIRE
SEITEN 140–143

33 PROVENCE
SEITEN 144–147

34 PORTUGAL: DER DOURO
SEITEN 148–151

35 MADEIRA
SEITEN 152–155

36 DAS SPANIEN DER MAUREN
SEITEN 156–159

37 BARCELONA
SEITEN 160–163

38 JEREZ
SEITEN 164–167

39 SEVILLA
SEITEN 168–171

40 ÖSTERREICH: WIEN
SEITEN 174–177

41 TSCHECHISCHE REPUBLIK: PRAG
SEITEN 178–181

42 BÖHMEN
SEITEN 182–185

43 DEUTSCHLAND: BERLIN
SEITEN 186–189

44 DER RHEIN
SEITEN 190–193

45 UNGARN: BUDA UND PEST
SEITEN 194–197

46 POLEN: BIALOWIEZA-NATIONALPARK
SEITEN 198–201

47 RUSSLAND: ST. PETERSBURG
SEITEN 202–205

48 MOSKAU
SEITEN 206–209

49 SLOWAKEI: DIE TATRA
SEITEN 210–213

50 DIE SCHWEIZER ALPEN
SEITEN 214–217

NORDEUROPA

»Wir leben in einer wunderbaren Welt, voll von Schönheit, Charme und Abenteuer.«

Jawaharlal Nehru, indischer Premierminister, 1889–1964

DIE HISTORISCHEN BAUTEN VON BRÜGGE

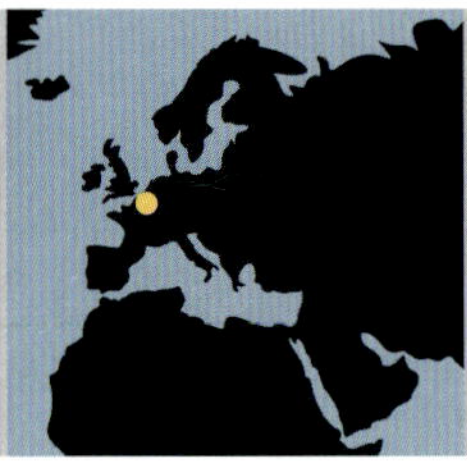

Brügge zählt zu den beliebtesten Touristendestinationen Europas, und das zu Recht, wie ein Spaziergang durch die Stadt schnell beweist.

Die beste Zeit, um den Markt von Brügge zu besuchen, ist an einem Mittwochmorgen, wenn Markttag ist, oder zur Zeit des traditionellen Weihnachtsmarkts im Dezember.

IN BRÜGGE SOLL DER BUCHDRUCKER William Caxton um 1474 das weltweit erste Buch auf Englisch veröffentlicht haben. Kehrte er heute hierher zurück, wo er 33 Jahre lang lebte, würde er sich wahrscheinlich noch immer in der Stadt zurechtfinden, die als am besten bewahrte mittelalterliche Stadt Europas gilt. Immerhin wurde der gesamte Stadtkern von der UNESCO zum Weltkulturerbe erklärt.

Als der englische Dichter William Wordsworth Brügge besuchte, schrieb er, dass er einen tieferen Frieden empfunden habe als in der Einöde. Tatsächlich war die Hauptstadt der Provinz Westflandern in Belgien für den Schriftsteller Arnold Bennett, der sie 1896 besuchte, fast zu perfekt, und er schrieb, dass man, während man in den meisten Städten nach dem Malerischen Ausschau halte, in Brügge neugierig nach unschönen Ecken suche, die sich aber gar nicht leicht finden ließen.

Brügges ältestes Gebäude

Das älteste Gebäude in Brügge ist das Alte Sankt-Jans-Spital, das im 12. Jahrhundert gegründet wurde. Im Stadtzentrum finden sich zahlreiche mittelalterliche Bauten, von prachtvollen Kirchen zu einfachen Häusern, und genau diese Kombination macht Brügge so besonders. Im Gegensatz zu anderen Städten, in denen nur die größten und wichtigsten Gebäude erhalten geblieben sind, hat sich Brügge den Charme einer mittelalterlichen Stadt bewahrt. Hier kann man erkennen, dass an diesem Ort auch gewöhnliche Menschen gelebt haben, nicht nur begüterte und einflussreiche.

Doch natürlich haben hier viele wohlhabende Menschen gelebt, immerhin zählte Brügge einst zu den bedeutendsten Städten Europas. Das war der Grund, warum Caxton überhaupt hier war. Viele reiche europäische Adelige ließen sich hier nieder, da Brügge

Die Kanäle von Brügge sind zu jeder Zeit wunderschön: Winter, Sommer, Tag oder Nacht.

–> AUF EINEN BLICK

EINWOHNER 120 000

WÄHRUNG Euro

KLIMA Brügge weist ein gemäßigtes Klima mit angenehmen Sommern auf, die nicht zu heiß werden. Obwohl es im Winter kalt wird, schneit es selten. Regen ist zu jeder Jahreszeit möglich, im Sommer ist es etwas feuchter.

NICHT VERGESSEN Fotoapparat; bereiten Sie sich auch auf feuchtes Wetter vor.

BESTE ZEIT Jede Jahreszeit bietet sich an, doch im Sommer ist die Stadt stark besucht, sodass Frühling und Herbst eine gute Wahl sind, sofern das Wetter mitspielt. Brügge sollte man auf jeden Fall bei Sonnenschein erleben.

NÄCHSTER FLUGHAFEN Die meisten Flüge nach Brügge landen in Brussels Airport, von wo man einen Zug nach Brüssel nehmen und dann in einen der häufig verkehrenden Züge nach Brügge umsteigen muss.

UNTERKUNFT Brügge verfügt über schöne, reizvolle Hotels im Stadtzentrum. Aufgrund des großen Besucherandrangs sollte man aber unbedingt im Voraus buchen.

im Mittelalter eine Blütezeit erlebte. Und für Caxton bedeutete dies, dass er Zugang zu ihren Bibliotheken hatte.

Stadtrecht

Brügge erhielt 1128 das Stadtrecht und erlebte in den darauffolgenden Jahrhunderten als kommerzielles und kulturelles Zentrum Europas einen großen Aufschwung. Es hatte einen guten Zugang zum Meer, wodurch der Handel, besonders der Wollhandel, florierte. Später entwickelten sich Handelswege in die Mittelmeerhäfen und sogar ein lukrativer Gewürzhandel mit dem Fernen Osten. Auch als Finanzzentrum machte sich Brügge einen Namen.

Doch gerade, als sich ein gewisser Wohlstand im frühen 16. Jahrhundert eingestellt hatte, setzte auch schon langsam der Niedergang ein. Der Kanal, der die Stadt mit dem Meer verband, begann zu verschlammen. Andere nordeuropäische Städte, besonders Amsterdam und London, übertrumpften Brügge rasch an Bedeutung. Erst im 19. Jahrhundert wendete sich das Blatt erneut, und zwar aufgrund des Tourismus, der für Brügge noch heute bedeutsam ist.

Brügge wurde zu einer der ersten Städte Europas, die Touristen anzog, die auf der Suche nach ein wenig Erholung waren. Es genießt einen guten Ruf und besitzt noch immer die schönen Bauten, die zu seiner Blütezeit entstanden sind. Doch mitunter trügt der Schein. Nicht jedes Gebäude ist so alt, wie es aussieht. Viele moderne Gebäude wurden im mittelalterlichen Stil errichtet und fügen sich so harmonisch in das Stadtbild ein.

Der Markt

Jeder Besuch in Brügge führt einen irgendwann unweigerlich zum Markt. Dieser Markt mit seinem Kopfsteinpflaster liegt genau im Herzen der Stadt, und das schon seit den Anfängen. Doch auch hier kann der Schein trügen. Viele der mittelalterlich anmutenden Gebäude stammen aus dem 19. und 20. Jahrhundert – ihre Wirkung ist dennoch atemberaubend.

Der Markt wird von einem 83 m hohen Glockenturm, einem sogenannten Belfried, dominiert. Es handelt sich dabei jedoch nicht um das Original aus Holz, das 1280, nur vierzig Jahre nach seiner Errichtung, aufgrund eines Blitzschlags niederbrannte. Der heutige Turm aus Ziegeln wurde zwischen 1482 und 1486 errichtet, und Besucher können bis zur Spitze emporsteigen, um die 47 Glocken zu bewundern, die in der ganzen Stadt zu hören sind.

Auch diese Klänge erinnern an die mittelalterliche Vergangenheit der Stadt. Zu einer Zeit, als die Menschen keine eigenen Uhren hatten, signalisierte das Glockenläuten das Ende des Arbeitstages oder die Pausenzeit. Alle kannten die verschiedenen Glockenklänge und wussten zu deuten, ob es sich um gute oder schlechte Nachrichten handelte oder ob sie zum Markt für eine wichtige Ankündigung gerufen wurden.

Rathaus

Diese Ankündigungen wurden in einem weiteren bedeutenden Gebäude, dem Stadhuis (Rathaus), verfasst. Das 1376 erbaute, riesige Gebäude erstreckt sich auf dem Burg, dem anderen Hauptplatz der

Das gotische Rathaus (1) ist seit mehr als 600 Jahren Mittelpunkt des städtischen Treibens und eines der ältesten der Benelux-Länder. Das Bemerkenswerteste an ihm ist die riesige gotische Halle aus den Jahren 1386–1401.

Stadt. Sein Interieur ist nicht weniger eindrucksvoll, besonders die gotische Halle, die liebevoll restauriert wurde. Neben dem Stadhuis steht die Civiele Griffie, die ehemalige Staatskanzlei aus dem Jahr 1537.

Dies sind einige der beeindruckendsten Gebäude der Stadt, doch das wahre Vergnügen erlebt man, wenn man durch die Straßen schlendert und die weniger berühmten Gebäude entdeckt, besonders die malerischen Häuser entlang der Kanäle. Sehen Sie sich auch die Brücken genau an, besonders die Augustijnenbrug, die älteste der Stadt. Sie wurde 1391 errichtet, damit die Augustinermönche eines nahe gelegenen Klosters schneller das Stadtzentrum erreichen konnten. Es gibt sie somit seit über sechs Jahrhunderten, und sie hat in diesem Zeitraum ebenso wie die anderen Sehenswürdigkeiten an Charme gewonnen.

Das Alte Sankt-Jans-Spital (2) stammt vermutlich aus dem Jahr 1188 und bot Pilgern und Reisenden Schutz und medizinische Versorgung. Es ist eines der ältesten noch bestehenden Spitäler Europas.

Diese Ansicht des Marktes von Brügge zeigt die gotischen Türme und Turmspitzen. Das Landgericht (1) wurde nach seiner Zerstörung in neugotischem Stil wiedererrichtet.

Der Belfried war früher noch höher (1). Seine Holzspitze wurde 1741 bei einem Brand zerstört und nie ersetzt.

Einst zu Handelszwecken genutzt, sind die Kanäle heute Touristenbooten vorbehalten.

LONDON: DIE THEMSE

Die Stadt London entstand rund um die Themse, deren Ufer und Brücken allerlei Einblicke in die Geschichte der Stadt von der Zeit der Römer bis zu Lord Nelson und den heutigen modernen Docklands gewähren.

Albert Bridge (zwischen Chelsea Harbour **3** und Cadogan Pier **4**).

PIERS AN DER THEMSE IN CENTRAL LONDON

1 Putney
2 Wandsworth Riverside
3 Chelsea Harbour
4 Cadogan
5 Millbank Millennium
6 Westminster Millennium
7 Waterloo Millennium
8 Embankment
9 Savoy
10 Festival
11 Blackfriars Millennium
12 Bankside
13 London Bridge City
14 Tower Millennium
15 St Katharine's
16 Canary Wharf
17 Hilton Docklands
18 Greenland
19 Greenwich
20 QE II

⊖ U-Bahnstation

AM UFER DER THEMSE in Wapping, im Osten Londons, befindet sich das Mayflower, ein historisches und sehr beliebtes Pub. Seinen heutigen Namen hat das Pub erst seit 1957. Er soll daran erinnern, dass genau an dieser Stelle im Jahr 1620 die ersten Pilgerväter an Bord eines Schiffes namens *Mayflower* gingen. Von hier aus ging es zunächst nach Plymouth und dann nach Southampton, bevor die Pilger schließlich zu einer historischen Reise über den Atlantik in ein neues Land und ein neues Leben in See stachen.

Ganz in der Nähe liegt ein weiteres Pub, das Captain Kidd, in jener Gegend, die einst als Execution Dock bekannt war. Hier stand jener Galgen, an dem Piraten wie Captain Kidd und andere Verbrecher bis zum 16. Dezember 1830 ihren letzten Atemzug taten.

Isle of Dogs

Folgt man der Themse ein Stückchen flussabwärts, gelangt man zur Isle of Dogs. Dieses Viertel ist so alt, dass sich nicht nachvollziehen lässt, woher sein tierischer Name eigentlich stammt. Möglicherweise befanden sich hier einst die königlichen Hundezwinger. Vielleicht hieß es aber auch einst Isle of Ducks, nach dem Wildgeflügel, das hier das Sumpfland besiedelte. Eine der gängigsten Erklärungen ist jedoch, dass die Gegend ursprünglich Isle of Dykes hieß, da holländische Ingenieure hier Deiche errichteten, um das Hochwasser der Themse zurückzudrängen – ein Problem, mit dem man noch heute zu kämpfen hat und das im Jahr 1984 die Öffnung der Thames Flood Barriers erforderte. Der steigende Wasserstand sorgt dafür, dass das Wehr heute immer häufiger zum Einsatz kommt.

Die Millennium Bridge (zwischen **11** und **12**) überquert den Fluss zwischen der St. Paul's Cathedral und der Tate Gallery of Modern Art.

Westminster Bridge und Houses of Parliament.

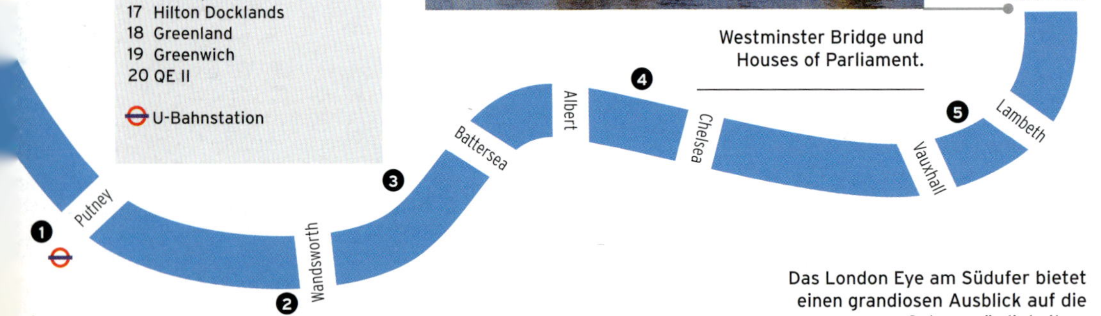

Das Globe Theatre (oben) ist eine Rekonstruktion des originalen Globe Theatre, für das Shakespeare einige Stücke schrieb.

Das London Eye am Südufer bietet einen grandiosen Ausblick auf die Sehenswürdigkeiten.

Die Geschichte Londons ist untrennbar mit der Themse verbunden. Man könnte ein ganzes Jahr das Ufer entlangspazieren und hätte wohl noch immer nicht alle Geschichten gehört, die sich um den Fluss ranken. Man denke nur an die Isle of Dogs. Von der Sumpflandschaft, die höchstens zum Jagen aufgesucht wurde, entwickelte sich die Gegend zum Hafengebiet, von wo aus Schiffe zu den Westindischen Inseln und den Kanarischen Inseln segelten. Die Schiffe von den Kanaren legten in Canary Wharf an. Der Name ist bis heute geblieben, auch wenn die Gegend nun als Finanzzentrum Londons gilt. Die Arbeiten am Canary Wharf Tower begannen 1988. Zwei Jahre später war er das größte Gebäude Großbritanniens.

Greenwich

Gegenüber der Isle of Dogs am Südufer der Themse liegt jener Teil Londons, der maritimer ist als jeder andere – Greenwich. Dem Rest der Welt ist Greenwich wahrscheinlich als Heimat der Greenwich Mean Time und als Ort, wo der Nullmeridian verläuft, bekannt. Touristen aus aller Welt besuchen die Sternwarte in Greenwich, um sich neben dem Meridian fotografieren zu lassen. Die Sternwarte kann leider nicht mehr zu ihrem ursprünglichen Zweck genutzt werden. Die Lichtverschmutzung, die das stetige Wachstum einer der größten Städte der Welt mit sich bringt, ist zu groß. Aber vom Hügel, auf dem die Warte steht, kann man noch immer einen Ausblick auf die Themse und das Old Royal Naval Hospital genießen, das zum Royal Naval College umfunktioniert wurde. Hier befinden sich auch das National Maritime Museum und die letzte Ruhestätte der Cutty Sark, eines der berühmtesten Segelschiffe der Welt und letzter existierender Teeklipper.

–> AUF EINEN BLICK

BEVÖLKERUNG 7 400 000

WÄHRUNG Pfund Sterling

KLIMA London besitzt ein gemäßigtes Klima mit wenigen Wetterextremen. Die Sommer sind warm, und die Winter können kalt sein, sind aber selten lange bitterkalt. Trotz seines Rufs, nebelig zu sein, ist dies seit mehreren Jahrzehnten nicht mehr der Fall. Genauso wenig ist London ganz so regnerisch, wie angenommen wird, obwohl zu jeder Jahreszeit Regen fallen kann.

NICHT VERGESSEN Genügend Geld, da London eine der teuersten Städte der Welt ist.

BESTE ZEIT Im Sommer stehen die Chancen auf gutes Wetter am besten, und ein Aufenthalt kann trotz der Menschenmassen wunderbar sein.

NÄCHSTER FLUGHAFEN London verfügt über mehrere Flughäfen in der Umgebung, doch der nächstgelegene ist Heathrow, 24 km westlich des Zentrums. Es gibt U-Bahnen und Züge sowie Busse und Taxis in die Stadt.

UNTERKUNFT London bietet alles, doch die Preise sind eher am oberen Ende angesiedelt, besonders im West End. Wenn Sie Geld sparen wollen, wählen Sie eine Unterkunft etwas außerhalb mit einer U-Bahnstation in der Nähe.

BUCHEMPFEHLUNG *London: Die Biographie* von Peter Ackroyd ist ein großartiges Epos und bietet eine gut verständliche Darstellung der Geschichte Londons.

Die sich öffnende Tower Bridge, eine der berühmtesten Sehenswürdigkeiten Londons.

Canary Wharf, das Finanzzentrum Großbritanniens, wartet mit einigen der höchsten Gebäude auf.

Touristenboote und Frachtkähne tummeln sich noch immer auf dem Fluss (links).
Ein Blick nach Westen von der Tower Bridge (unten) aus, mit dem Tower of London rechts und der gewölbten City Hall links. Der Kontrast zwischen den beiden Bauten ist ein Beispiel dafür, was London so aufregend macht.

Tower Bridge

Damit ihm die Nation die letzte Ehre erweisen konnte, wurde in der prächtigen Painted Hall des Royal Naval College im Jahr 1806 drei Tage lang der Leichnam jenes großen Helden Englands aufgebahrt, der siegreich in der Schlacht von Trafalgar gefallen war – Admiral Lord Nelson. Der Architekt Christopher Wren hatte nicht nur das Royal Observatory und das Royal Naval College geplant, sondern zeichnete auch für ein Meisterwerk der Sonderklasse, St. Paul's Cathedral, verantwortlich. Hierher wurde Nelsons Leichnam in einer Barkasse von Greenwich gebracht, und hier wurde er auch in einem Staatsbegräbnis beerdigt, das sonst den Mitgliedern der königlichen Familie vorbehalten ist.

Das Schiff passierte auf dem Weg nach St. Paul's zwei Brücken. Heute befinden sich auf derselben Strecke drei Brücken. Die dritte, Tower Bridge, die heute als imposantes Symbol Londons gilt, wurde erst 1894 errichtet und war die erste Brücke östlich der London Bridge. Die Tower Bridge ist eine Klappbrücke und erlaubt das Passieren von Schiffen – eine Notwendigkeit an dieser Stelle. Denn Schiffe mussten den Port of London ansteuern, der für das Stadtzentrum günstiger lag als das Hafenviertel.

Hier in der Nähe der Tower Bridge befindet sich die Wiege der Stadt London. Die ersten bekannten Siedlungen stammen aus der Zeit der Römer (43 v. Chr.), die über Kent hierher kamen und nach der Entdeckung der ersten seichten Stelle in der Themse hier die erste Brücke über den Fluss errichteten. Somit wurde der Grundstein für eine Stadt gelegt, die sich eines Tages zu einer Weltmetropole entwickeln sollte.

Als einst größtes Riesenrad der Welt ragt das London Eye 135 m in die Höhe. Es befindet sich am Südufer der Themse zwischen Westminster und Hungerford Bridge.

–> Lord Nelson

Admiral Horatio Nelson ist einer der größten Helden der britischen Seefahrtgeschichte. Er wurde 1758 in Norfolk als Sohn eines Geistlichen geboren und heuerte mit zwölf Jahren bei der Royal Navy an. Er kletterte rasch die Karriereleiter empor und ließ sich selbst von seiner Seekrankheit nicht beeinträchtigen. Seine ruhmreichste Stunde war zugleich seine letzte: Er starb in der Schlacht von Trafalgar, als sich der Sieg über Napoleons Flotte anbahnte.

ENGLANDS LAKE DISTRICT

Als Heimat des höchsten Bergs Englands und Inspirationsquelle für das beliebteste Gedicht des Landes besticht der Lake District durch eine der zauberhaftesten Landschaften der Britischen Inseln.

Der Scafell Pike (1) ist 977 m hoch und somit der höchste Berg Englands.

Wordsworth schrieb seine berühmten Gedichte, als er im Dove Cottage (2) wohnte.

OBWOHL ES VON EINEM ENDE zum anderen kaum mehr als 56 km sind, wartet der Lake District mit einer der atemberaubendsten Landschaften Englands und mit einigen der beliebtesten Sehenswürdigkeiten auf. Nicht zuletzt beheimatet die Gegend den höchsten Gipfel Englands, den Scafell Pike (977 m). Die Schönheit der Natur inspirierte bereits in der Romantik Dutzende Schriftsteller zu künstlerischen Höhenflügen. Einer davon war William Wordsworth, dessen Gedicht »Daffodils« erst kürzlich zum beliebtesten Gedicht Großbritanniens gekürt wurde. Noch heute lassen sich hier im Frühjahr in der unberührten Natur die Narzissen bewundern, die schon 1804 Wordsworth begeisterten.

William Wordsworth

Das Gedicht, das mit der Zeile »I wandered lonely as a cloud« beginnt, entstand im April 1804. Inspiriert wurde es von einem Frühlingsspaziergang in der Nähe von Ullswater zwei Jahre zuvor. Wordsworths Schwester Dorothy hatte diese Begebenheit in ihrem Tagebuch niedergeschrieben, und Wordsworth orientierte sich an ihrer Beschreibung der Narzissen.

Wordsworths Begabung bestand darin, die Schönheit im Detail zu erkennen. Er sah, dass der Charme des Lake District nicht nur in den rauen Bergen und weitläufigen Seen lag, sondern auch in der dortigen Pflanzen- und Tierwelt. Die Menschen sind von seinen Gedichten begeistert, weil er das, was alle fühlen, aber nur wenige ausdrücken können, in Worte fassen kann – die schiere Freude am lebendigen Gelb der Narzissenfelder.

»Daffodils« entstand, als Wordsworth im Dove Cottage in der Nähe von Grasmere lebte. Zwischen 1799 und 1808 wohnte er hier zuerst mit seiner Schwester Dorothy und ab 1802 auch mit seiner Frau

Derwent Water (**3**) in Borrowdale ist einer der größten Seen im Lake District und mit Sicherheit auch einer der populärsten und schönsten.

–> AUF EINEN BLICK

EINWOHNER 42 000

WÄHRUNG Pfund Sterling

KLIMA Die Berge und die Lage auf der westlichen Seite von England machen den Lake District zu einer der feuchtesten Gegenden des Landes. Es kann zu jeder Zeit des Jahres regnen. Im Winter fällt gewöhnlich etwas Schnee, die Sommer sind meist warm, aber nie wirklich heiß.

NICHT VERGESSEN Regenbekleidung, gute Wanderschuhe und ein Mobiltelefon, wenn man sich in einsamere Gegenden vorwagt. Das Wetter kann in hohen Lagen sehr schnell umschlagen.

BESTE ZEIT Spätfrühling und Frühsommer sind schön, genauso wie der Herbst. Versuchen Sie, Wochenenden zu vermeiden, da dann der Andrang besonders stark ist.

NÄCHSTE FLUGHÄFEN Der Flughafen Manchester liegt etwa 129 km südlich der südlichen Seen, der Flughafen Newcastle etwa 145 km östlich.

UNTERKUNFT Es gibt zahlreiche Möglichkeiten rund um die Seen, von Ferienhäusern und günstigen Pensionen bis zu Luxus- und Wellnesshotels.

Mary und deren Schwester. Bei so vielen Bewohnern bedeutete spätestens die Geburt der drei Kinder, dass man sich auf die Suche nach einem größeren Heim machen musste. Nach Wordsworth sollte ein weiterer Schriftsteller – Thomas de Quincy – im Dove Cottage sein Zuhause finden. Heute zwängen sich jährlich 70 000 Besucher durch die Tür von Dove Cottage, das noch genauso aussieht wie zu Zeiten Wordsworths und zu den beliebtesten Sehenswürdigkeiten des Lake District zählt.

Der Lake District ist so beliebt, dass man ihm das beinahe schon negativ anrechnen kann. Im Hochsommer und an Feiertagen ist es schwierig, hier jene viel gerühmte Abgeschiedenheit zu genießen. Auf jeden Fall sollte man zu diesen Zeiten die Touristenhochburgen Windermere, Bowness, Kendal und Keswick meiden.

Die Seen

Die Seen des Lake District sind so groß und zahlreich, dass man den Touristenmassen durchaus entkommen kann. Interessanterweise führt nur einer der Seen im Nationalpark das Wort *lake* in seinem Namen: Bassenthwaite Lake. Alle anderen haben entweder die Beifügung *water*, wie in Derwent Water, oder nur einen Namen, wie Grasmere.

Da der Wortteil *mere* einen »großen, aber nicht tiefen See« bezeichnet, braucht es keine weitere Erwähnung des Wortes »See«.

Windermere ist der bekannteste von allen, da er der größte natürliche See Englands ist. Er ist lang und dünn und erstreckt sich etwa 16,9 km von Norden nach Süden, wobei er aber teilweise nur wenige hundert Meter breit ist. Am besten kann man den See von einem der umliegenden Berge genießen, fernab von den Touristen, die das Ufer belagern, und der Freizeitindustrie, die damit gutes Geld macht.

Hoch oben von einem der Gipfel rund um Windermere wirkt das Treiben unten wie ein Schwarm von Ruderwanzen, jenen kleinen Insekten, die auf der Wasseroberfläche dahingleiten. Außerdem bekommt man hier einen viel besseren Überblick über die Größe des Sees, die wunderbar zerklüfteten Hügel und die dichten Wälder. Man bekommt auch einen guten Eindruck von der Entstehung dieser in der Eiszeit geformten Landschaft.

Einer der schönsten Seen ist Derwent Water, oder Derwentwater, inmitten von Bäumen und Hügeln. Im See befinden sich mehrere malerische Inseln (eine davon ist sogar bewohnt), obwohl er nur 4,8 km lang und an der breitesten Stelle etwa 1,5 km breit ist.

Im Derwent Water (3) liegen fünf Inseln, von denen die größte Vicar's Island heißt, da sie einst Mönchen der Fountains Abbey in Yorkshire gehörte.

Rundherum führen schöne Wege auf die Hügel und weg von den Menschenmassen.

Ullswater ist mit einer Länge von 14,5 km und einer Breite von nur 1,2 km an der breitesten Stelle der zweitgrößte See des Lake District. Mit seiner geschwungenen Form, mit der er sich zwischen Hügeln und Wäldern windet, die im Sommer in leuchtendem Grün und im Herbst in sämtlichen Goldtönen erstrahlen, zählt auch er zu den schönsten Seen.

Hierher kamen Wordsworth und seine Schwester Dorothy im April 1802, genauer gesagt nach Gowbarrow Park. Von hier spazierten sie zu den Hügeln, die in gelbe Narzissen gehüllt waren. Egal, ob überfüllt oder menschenleer, die wunderbaren Blumen lassen jedes Herz höher schlagen!

In Ullswater (4) stellte der britische Motorboot- und Automobilrennfahrer Sir Donald Campbell 1955 einen Geschwindigkeitsweltrekord auf dem Wasser auf.

Windermere (**7**) ist seit der Mitte des 19. Jahrhunderts, als die Eisenbahnstrecke bis hierher verlegt wurde, ein beliebtes Touristenziel.

Der Wasserfall Colwith Force am Brathay in Ambleside (**5**) ist ein beliebtes Ziel für Wanderungen.

Die Skelmergh oder Skelsmergh Church (**6**) ist mit ihren zwei möglichen Schreibweisen typisch für den Lake District.

STONEHENGE UND AVEBURY

Von der Artus-Sage bis zur Legende von Robin Hood – England ist ein Land voller Mythen, doch kaum ein anderer Ort birgt mehr Geheimnisse als Stonehenge und die Steinkreise im nahe gelegenen Avebury.

IN EINER ZEIT, IN DER ES IMMER weniger Geheimnisse zu entdecken gibt, erinnert ein Besuch von Stonehenge und Avebury daran, dass England stets ein Land voller Mysterien war. Viele davon werden die Wissenschaftler womöglich nie lüften. Und genau das macht auch die Faszination der Steinanlagen in Stonehenge und der Steinkreise im nahe gelegenen Avebury aus – die Frage, wie und weshalb sie errichtet wurden. Wir würden es gern erfahren, doch der Reiz besteht gerade darin, es nicht zu wissen.

Die Anlage in Avebury soll noch älter sein als Stonehenge und ihre Geschichte reicht fast fünftausend Jahre zurück. Die Steinkreise an beiden Orten könnten nicht unterschiedlicher sein. Ein Teil des Charmes von Avebury besteht darin, dass sich der wichtigste Steinkreis im Zentrum des Dorfes Wiltshire befindet – oder besser gesagt, das Dorf liegt innerhalb des Steinkreises.

Auch ohne seine Steine wäre Avebury ein malerisches englisches Dorf, wo alte Cottages die Hauptstraße säumen und sich im Zentrum ein Pub befindet. Es gibt ein paar Läden, aber viele überleben nur dank der Besucher, die wegen der Steinekreise kommen. Am Stadtrand gibt es einen großen Parkplatz. Jeder Mythos hat auch seine Kehrseite.

Bier und Theorien

Für den Besucher hat es aber etwas zutiefst Magisches, vor einem traditionellen Pub inmitten eines riesigen Steinkreises ein gutes Bier zu genießen und dabei über die vielen Theorien, die sich um dessen Entstehung ranken, zu spekulieren.

Obwohl die Steine in Avebury viel kleiner sind als jene in Stonehenge, hat der Hauptkreis (Henge), innerhalb dessen sich die Steinkreise befinden, einen Durchmesser von beeindruckenden 427 m. Innerhalb

Diese Luftaufnahme von Avebury (1) zeigt, wie das Dorf Wiltshire mit den uralten Steinkreisen verwoben ist.

–> AUF EINEN BLICK

EINWOHNER 500, Avebury

WÄHRUNG Pfund Sterling

KLIMA Das gemäßigte Klima macht diesen Teil Englands ein wenig milder, dafür aber feuchter als den Rest des Landes. Regen ist zu jeder Zeit des Jahres möglich. Die Sommer sind gewöhnlich angenehm und selten heiß, während die Winter eisige Temperaturen, Frost und oft ein wenig Schnee bedeuten.

NICHT VERGESSEN Eines der vielen faszinierenden Bücher über die Anlagen von Avebury und Stonehenge.

BESTE ZEIT Jede Jahreszeit. Die Steine sehen sowohl im Hochsommer als auch im tiefen Winter wunderschön aus.

NÄCHSTE FLUGHÄFEN Der Flughafen Bristol liegt am nächsten, der Flughafen London Heathrow liegt etwa 113 km nordöstlich von Stonehenge und Avebury.

UNTERKUNFT In Avebury gibt es im Red Lion Pub oder im Dorf ein paar Zimmer. Der nächstgelegene Ort mit Übernachtungsmöglichkeiten ist die kleine Stadt Devizes, die 11 km entfernt ist. Salisbury liegt 16 km südlich von Stonehenge.

Die Sonne, die auf Stonehenge (2) herabscheint, unterstreicht die einstige astronomische Bedeutung des Ortes.

In den 1930er Jahren ließ der Hobby-Archäologe Alexander Keiller viele der Steine der Steinkreise von Avebury (1) wieder aufstellen. Er leistete durch seine Ausgrabungen einen wichtigen Beitrag zur Erforschung dieses Monuments.

dieses Erdwalls liegt der größte prähistorische Steinkreis mit einem Durchmesser von 335 m. Darin wiederum befinden sich zwei weitere, kleinere Kreise, von denen zwei lange Steinalleen abzweigen. Eine davon ist noch teilweise erhalten, von der zweiten wurden Spuren entdeckt.

Es ist eine komplex aufgebaute Stätte, deren Zweck unbekannt ist. Eine Theorie besagt, dass es sich um eine Grabstätte handelt, die möglicherweise zur Verehrung der Vorfahren dienen sollte, da neben den Steinen menschliche Knochen gefunden wurden. Es könnte auch sein, dass die größeren Steine Männer und die kleineren Frauen darstellen sollen. Möglicherweise hatte die Stätte einen astronomischen Zweck, so wie auch andere alte Kulturen Stätten errichteten, um Aufzeichnungen über Sonne und Sterne zu machen oder diese zu verehren. Was auch immer der Zweck gewesen sein mag, jeder Stonehenge-Besucher sollte unbedingt auch einen Abstecher nach Avebury machen.

Stonehenge

Etwa 27 km südlich von Avebury befindet sich Stonehenge, das wie Avebury UNESCO-Welterbe ist. Im Gegensatz zu Avebury ist es aufgrund seiner Lage auf der Salisbury Plain schon von Weitem sichtbar. Umgeben ist es von einem von Menschenhand errichteten Graben, der vermutlich etwa 3100 Jahre alt ist, aber die imposanten Steine sind jüngeren Datums (etwa 2500–2200 v. Chr.) und somit jünger als jene in Avebury.

Auch über die Funktion von Stonehenge wurden zahlreiche Theorien aufgestellt, allerdings ist sie nach wie vor ungeklärt. Aber gerade in diesem Geheimnis liegt für viele Besucher der besondere Reiz. In Ehrfurcht vor etwas wahrhaft Unerklärlichem zu stehen, ist in der heutigen Zeit eher selten. Knochenfunde, die auf die Zeit des ersten bekannten Grabens zurückgehen, lassen den Schluss zu, dass der Ort als Grabstätte genutzt wurde. Die Steine wurden wahrscheinlich erst etwa tausend Jahre später hinzugefügt.

Möglicherweise wurde der Ort schon mehrere Tausend Jahre genutzt, da Funde darauf hindeuten, dass bereits 8000 v. Chr. Holzpfähle in die Erde getrieben wurden. Sie scheinen von Osten nach Westen ausgerichtet worden zu sein, und daher nimmt man an, dass sie eine besondere Bedeutung besaßen und nicht nur als Sockel für Behausungen dienten.

Errichtung

Nicht weniger interessant als das Warum scheint die Frage nach dem Wie. Die ersten Steine reichen bis etwa 2500 v. Chr. zurück und stammen aus den Prescelli Mountains in Pembrokeshire, Südwales, die sich etwa 394 km von Stonehenge entfernt befinden. Die Steine, von denen jeder bis zu fünf Tonnen wiegt, wurden wahrscheinlich zuerst zur Küste gebracht, dann auf riesigen Floßen den Avon hinaufgetrieben, übers Land befördert und schließlich aufrecht positioniert.

Etwa dreihundert Jahre später wurden die Steine jedoch neu angeordnet, und die größeren Steine, die heute das Bild dominieren, wurden aus den 32 km entfernten Marlborough Downs herangeschafft. Man stelle sich vor, welch atemberaubende Szenen sich dabei abgespielt haben müssen. Auch wenn die Zeitspanne zwischen damals und heute enorm ist, hat man beim Anblick der Anlage noch heute das Gefühl, auf geheimnisvolle Weise in Kontakt mit diesen faszinierenden Vorfahren zu treten.

–> Aus der Nähe

Während der regulären Besuchszeiten ist es nicht möglich, nahe an die Steine von Stonehenge heranzukommen. Es gibt jedoch die Möglichkeit eines gesonderten Einzelbesuchs, bei dem man direkt in die Mitte des Kreises gelangen kann. Aufgrund des großen Besucherandrangs ist aber eine Buchung lange im Voraus notwendig.

Silbury Hill, in der Nähe von Avebury, ist der größte künstliche Erdhügel Europas. Der Grund seiner Errichtung ist noch immer ungeklärt (1).

Avebury Manor (1) stammt aus dem 16. Jahrhundert und ist somit verglichen mit den Steinkreisen ein moderner Bau.

Die Anlage von Stonehenge erstreckt sich weit über die größten Steine hinaus. Wenn man jedoch direkt davor steht, ist dies kaum zu erkennen.

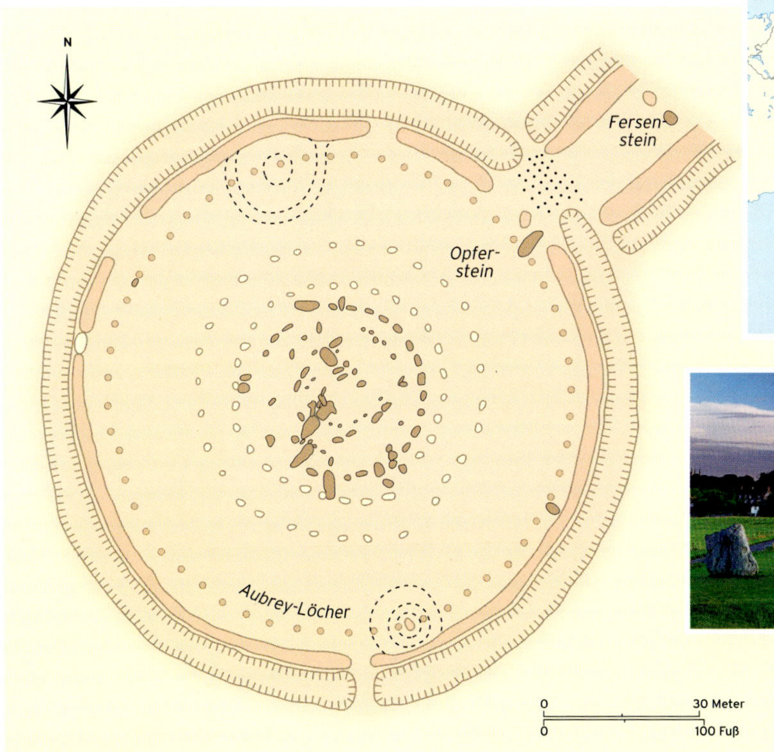

Die Steine von Avebury (1) bieten den Schafen bei Schlechtwetter einen guten Unterschlupf.

DER CORNISH COASTAL PATH

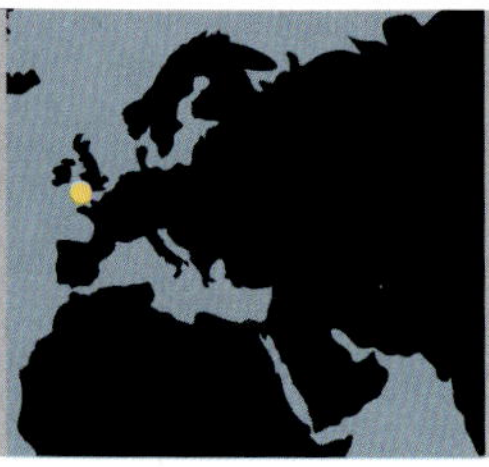

Der südwestliche Streifen des längsten Wanderweges Großbritanniens wartet mit atemberaubender Landschaft und einzigartigen Ausblicken auf das Meer auf.

CORNWALL IST EINE WELT FÜR SICH. Überquert man die Grenze von Devon kommend, scheint es, als ob man England schon lange verlassen hätte, bevor man Land's End erreicht. Die Bewohner Cornwalls haben sich ihre keltische Kultur bewahrt, während sie im restlichen Land von den Sachsen gänzlich verdrängt wurde. Schottland und Wales sind noch heute deutlich keltisch geprägt, in England hingegen zeigt nur Cornwall noch Zeichen der keltischen Vergangenheit.

Die spektakuläre Landschaft spiegelt dies wider, ganz besonders die zerklüftete Küste mit ihren steilen Klippen und den Geschichten von Schmugglern. Den Cornish Coastal Path entlang, über eine Strecke von 415 km, lässt sich die gesamte Küste ausführlich erkunden.

Der Weg ist Teil des längeren South West Coast Path, der mit 1014 km der längste Langstreckenwanderweg Großbritanniens ist. Der Weg, der teilweise über Privatland führt, erstreckt sich entlang der Küsten von Devon und Cornwall bis nach Dorset an der Südküste und Somerset an der Nordküste. Große Teile davon sind alte Wege, auf denen vor Jahrhunderten Zollbeamte auf der Jagd nach Schmugglern patrouillierten, die sich die versteckten Buchten – besonders an den entlegeneren Plätzen Cornwalls – zunutze machten.

Die Küste erklimmen

Obwohl er an der Küste entlangführt, ist der Coastal Path keineswegs ein einfacher Spazierweg auf ebenem Terrain. Die Küste zeigt sich hier stark zerklüftet und ist durchsetzt mit Flüssen, schmalen Buchten, Höhlen und Klippen, die dafür sorgen, dass der Weg ständig ansteigt und abfällt, und das oft sehr steil.

Laut Schätzungen der South West Coast Path Association, einem unabhängigen Verband, der den Coastal Path betreut, würde man auf seiner kompletten Länge eine Höhe von 35 031 m bezwingen, beinahe viermal die Höhe des Mount Everest.

Der Coastal Path verläuft direkt durch St. Ives (1), einst ein florierender Fischerhafen und heute beliebter Touristenort. Die hübschen Häuser und engen Gässchen ziehen viele Künstler an. Auch eine Niederlassung der Londoner Tate Gallery ist hier zu finden.

Der Fischerhafen von Mousehole (**2**) ist so reizvoll, dass man hier auf der Wanderung entlang des Coastal Path unbedingt einen Zwischenstopp einlegen sollte.

–> AUF EINEN BLICK

WÄHRUNG Pfund Sterling

KLIMA Dank seiner südlichen Lage ist Cornwall eine der wärmsten Gegenden der Britischen Inseln mit vielen Sonnentagen. Zugleich bedingt diese Lage auch einigen Regen, der zum Großteil zwischen Oktober und Februar fällt. Die Winter sind mild, mit gelegentlichem Schnee und Frost hauptsächlich im Landesinneren.

NICHT VERGESSEN Festes Schuhwerk, gute Landkarten, Mobiltelefon, Regenbekleidung und Sonnencreme.

BESTE ZEIT Frühsommer und Frühherbst sind gut geeignet. Im Hochsommer herrscht besseres Wetter – aber auch ein größerer Andrang.

NÄCHSTE FLUGHÄFEN Newquay, Bristol und Plymouth.

UNTERKUNFT Cornwall ist ein beliebtes Urlaubsgebiet mit einer großen Auswahl an Unterkünften. Wenn Sie dem Wanderweg folgen und in einer bestimmten Nacht an einem bestimmten Ort sein wollen, müssen Sie jedoch im Voraus buchen. Einige der Ortschaften, durch die der Coastal Path führt, sind ziemlich klein, und manche Unterkünfte werden nur wochenweise vermietet.

Um Mullion Cove (**3**) auf der hübschen Halbinsel The Lizard ranken sich unzählige Geschichten über Schmuggler.

Die Fischer von St. Ives (**1**) versorgen die Restaurants vor Ort täglich mit frischer Ware.

Das Minack Theatre (**4**) an der Südküste Cornwalls in der Nähe von Land's End ist das Lebenswerk einer Frau namens Rowena Cade, die das Theater in den 1930er Jahren schuf.

Die hübsche kleine Stadt Fowey (**5**) war viele Jahre lang die Heimat der Schriftstellerin Daphne du Maurier.

Schiffbrüche und Schmuggler

Die am äußersten Rande Englands zwischen Keltischer See und Ärmelkanal verlaufende und bis in den Atlantik hineinreichende Küste von Cornwall gilt als schönste und zugleich gefährlichste Küste Großbritanniens. Die Gegend ist bekannt dafür, dass zahlreiche Schiffe hier Schiffbruch erlitten, und die lokalen Dorfbewohner zögerten nicht lange, sich die Fracht anzueignen.

In Cornwall herrschte stets eine gewisse Gesetzlosigkeit, und wenn die Fracht nicht zu den Menschen kam, half man dem Glück ein wenig nach und segelte hinaus aufs Meer zu einem Stelldichein mit Schmugglerschiffen, um im Schutze der Nacht mit frischer Beute zurückzukehren. Zur selben Zeit lagen bei den Felsen bereits die Zollwächter auf der Lauer, hielten Ausschau nach einsamen Booten und versuchten zu orten, wo diese an Land gehen würden. Aber die Schmuggler kannten die Felsen, Höhlen und Pfade nicht weniger gut als die Zollwächter, sodass sich beide Seiten ein regelrechtes Katz-und-Maus-Spiel lieferten.

Weltkulturerbe

Der South West Coast Path führt an zwei Orten vorbei, die zum Weltkulturerbe zählen. Einer befindet sich in East Devon und Dorset – die Jurassic Coast. Der andere liegt in Cornwall und ist als Bergbaulandschaft von Cornwall und West Devon bekannt. Hier wurden vor allem Zinn und Kupfer abgebaut, an manchen Orten zeitweise auch Arsen. Wandert man die Küste entlang, kann man noch die längst

verlassenen Überreste der Bergwerke sehen: Türme, die in die Höhe ragen, und Hinweise auf unterirdische Schächte.

Die Geschichten von Schmugglern und dem harten Leben der ortsansässigen Fischer und Bergarbeiter machen deutlich, dass diese Landschaft nicht nur atemberaubend schön, sondern auch von zahlreichen Widrigkeiten geprägt ist, denen es zu trotzen galt.

Wandern auf dem Coastal Path

Bei einem durchschnittlichen Schritttempo und acht Stunden Wanderung täglich könnte man den gesamten Cornish Coastal Path in zehn bis elf Tagen zurücklegen. Es wären aber ganz schön anstrengende Tage, und nicht miteingerechnet wären Verzögerungen, Schlechtwetter oder einfach der Wunsch, zu verweilen und ein Bad im Meer zu nehmen oder in einem Pub ein oder zwei Stunden die Seele baumeln zu lassen. Nehmen Sie sich zwei Wochen Zeit, und die Wanderung wird weniger zur Tour de Force. Rechnen Sie mit drei Wochen, wird es noch angenehmer. Denn dann haben Sie auch den einen oder anderen Tag zur Verfügung, um die Orte in der Umgebung zu erkunden. Keinesfalls sollte man sich aus einer bloßen Laune heraus auf den langen Weg begeben. Diese Wanderung erfordert durchaus Planung. Zahlreiche Bücher und das Internet liefern nützliche Hinweise.

Die Organisation wird auch von speziellen Unternehmen übernommen, und in den Unterkünften entlang der Strecke ist man gerne bereit, das Gepäck der Wanderer bis zum nächsten Ziel zu transportieren – diese Option ist allerdings recht teuer.

Der Sonnenaufgang in der Bucht von Porthcurno (6) spiegelt die mysteriöse und spektakuläre Pracht der Küste Cornwalls wider.

FINNISCH-LAPPLAND

Finnisch-Lappland ist die ideale Heimat für den Weihnachtsmann, da diese Landschaft jeden in kindliches Staunen versetzt und malerisch und wild zugleich ist.

DIESE LANDSCHAFT ENTSPRICHT NICHT DEM BILD, das die meisten Menschen von Europa haben. Sie erstreckt sich am Ende des Kontinents, weit weg von Mittelmeerstränden und über 1600 km von Großstädten wie London und Paris entfernt, weit nördlich von Moskau. Im Gegensatz zu Island befindet sich die Region größtenteils innerhalb des Polarkreises. Hier stößt man auf klirrende Kälte und landschaftliche Reize, die ihresgleichen suchen. Und hier wird einem vor Augen geführt, dass es in Europa noch immer wilde, entlegene Gegenden gibt. Willkommen in Lappland.

Obwohl sich Lappland eigentlich sowohl über Schweden als auch Finnland erstreckt, ist es die finnische Provinz Lappland, die am stärksten mit dem Namen assoziiert wird. Flächenmäßig ist das Gebiet mit der Gesamtfläche der Schweiz, Belgien und der Niederlande vergleichbar.

Land der Extreme

In vielen Kulturen gilt Lappland als die Heimat des Weihnachtsmanns. Jedoch wird dieses Image der Großartigkeit dieser Gegend und seiner wilden, rauen Natur bei Weitem nicht gerecht. Wenn man sich hier im Winter verirrt, ist das lebensbedrohlich. Es ist eine bitterkalte und ungnädige Umgebung, aber auch eine atemberaubend schöne. Und das bei Temperaturen, die weit unter null Grad liegen. Doch die hier gewonnenen Eindrücke werden Sie in Staunen versetzen. Es ist, als spaziere man durch eine Postkartenlandschaft mit einer Kulisse, die man eher in Alaska, Kanada oder Sibirien als in Nordeuropa vermuten würde.

Rovaniemi

Rovaniemi ist die Hauptstadt von Finnisch-Lappland, in der 60 000 Menschen (ein Drittel der Bevölkerung Lapplands) leben. Etwa 10 000 davon sind Studenten,

Die entlegene finnische Gegend präsentiert sich mitunter geheimnisvoll wie eine Fantasiewelt.

Das Geweih der Rentiere wächst jedes Jahr neu. Ihr Fell verfügt über eine dicke zusätzliche Schicht, um sie bei den eisigen Temperaturen warm zu halten.

–> AUF EINEN BLICK

EINWOHNER 190 000

WÄHRUNG Euro

KLIMA Die Sommer sind überraschend warm, mit Tagestemperaturen im Hochsommer um 25 °C. Im Winter herrscht jedoch Eiseskälte – der Durchschnitt im Januar liegt bei -14 °C. Schnee ist von September bis Anfang Mai möglich.

NICHT VERGESSEN Warme Kleidung, Fotoapparat und die Bereitschaft, zu staunen.

BESTE ZEIT Besuchen Sie den Weihnachtsmann im Dezember, oder kommen Sie im Sommer, wenn Lappland wieder ganz andere Eindrücke bereithält.

NÄCHSTER FLUGHAFEN Rovaniemi, die Hauptstadt Lapplands.

UNTERKUNFT Ein gute Auswahl komfortabler Hotels gibt es in den größeren Städten, doch auch Blockhütten sind populär. Zudem findet man einige familienbetriebene Gästehäuser. Es gibt auch ein Clarion Hotel Santa Claus in Rovaniemi.

Im Sommer verwandelt sich die Landschaft, und Camping ist eine Möglichkeit, die malerische Kulisse rund um die vielen Seen zu genießen.

Dieses Rentierlager zeigt die Einsamkeit der Gegend an der zugefrorenen Ostsee in der Nähe von Kemi (**2**).

Der berühmteste Einwohner Lapplands, der Weihnachtsmann, hat sein Hauptpostamt im Santa-Park (**1**).

–> Der Weihnachtsmann

Wie genau es dazu gekommen ist, dass der Weihnachtsmann in Lappland lebt, ist nicht bekannt. Der ursprüngliche Heilige Nikolaus wurde in der Südtürkei geboren. Im Laufe der Jahrhunderte ist seine Legende mit Mythen verschmolzen, besonders mit jener des germanischen Gottes Odin, und es entstand das geläufige Bild eines freundlichen Mannes im roten Gewand. Dieser lebt entweder am Nordpol, oder, wie man in den meisten Ländern glaubt, in Finnisch-Lappland.

die der Stadt ein jugendliches und lebendiges Flair verleihen. Trotz der recht geringen Bevölkerungszahl ist sie mit einer Ausdehnung von 8016 km² flächenmäßig eine der größten Städte der Welt. Vermutlich leben hier an der Mündung zweier großer Flüsse – des Ounasjoki und des Kemijoki – schon seit rund 8000 Jahren Menschen. Im 19. Jahrhundert erlebte Rovaniemi eine Blütezeit, als überall auf der Welt große Nachfrage nach den natürlichen Gold- und Holzvorkommen in Lappland herrschte.

Die Stadt mag zwar die Heimat des Weihnachtsmanns sein, doch ist sie im Sommer nicht weniger sehenswert, wenn die Sonne nie untergeht. Dann kann man Freizeitaktivitäten wie Wandern und Radfahren genießen oder sich zum nahe gelegenen Polarkreis begeben und ein Land entdecken, in dem die Luft so frisch und klar ist, dass sich mit jedem Atemzug das

Gefühl des Wohlbehagens noch weiter steigert. Im Winter dominiert der Wintersport. Selbst wenn man kein begeisterter Langläufer ist, kann man Wanderungen in Schneeschuhen genießen, eine Natursafari oder eine Hundeschlittenfahrt unternehmen – für einige Besucher Abenteuer genug.

Die Samen

Die Samen sind ein indigenes Volk Finnisch-Lapplands und des lappischen Gebiets. In Finnland leben zwar nur etwa 7000 der rund 100 000 Samen, doch Samisch ist eine offiziell anerkannte finno-ugrische Sprache, und die samische Kultur ist ein wichtiger Bestandteil des regionalen Lebens. Lange Zeit jedoch waren Kultur und Sprache der Samen durch den Staat bedroht, wie dies auch in Russland der Fall war, als Minderheiten verfolgt und gezwungen wurden, Russisch zu sprechen.

Die Samen besiedeln ihr Gebiet seit mindestens 2500 Jahren, möglicherweise bereits seit 10 000 Jahren. Ihre Vergangenheit ist zum Teil noch heute ein Geheimnis. Sie lebten traditionell an den Wanderrouten der Rentiere und bereicherten ihren Speiseplan durch Fischerei und Jagd. Sie tauschten Pelze und Fleisch gegen Gebrauchsgüter, und ab dem 16. Jahrhundert beendeten viele ihr Nomadendasein und ließen sich als Bauern und Fischer nieder.

Rentiere

Die Samen waren stets auf Rentiere angewiesen. Für viele mag es vielleicht überraschend sein, dass einige der Rentiere nicht in einem Gehege gehalten werden. Es gibt rund 200 000 Rentiere in Lappland, sie sind wild, domestiziert oder halbdomestiziert. Viele ihrer Besitzer lassen sie frei herumlaufen, doch wissen sie stets, wo sich die Tiere befinden!

Rentiere haben sich auf faszinierende Weise an die extremen Temperaturen angepasst. Sie besitzen zwei Fellschichten, wobei die äußere aus Haaren besteht, die innen hohl sind und dadurch das Tier besser warm halten. Auch ihre Nasen sind ungewöhnlich: Sie sind innen ziemlich groß. Dadurch kann die eingeatmete Luft angewärmt werden, bevor sie in die Lungen des Rentiers gelangt. Ein Teil der Wärme und Feuchtigkeit der ausgeatmeten Luft wird zurückgehalten, um die kalte, trockene Winterluft, die eingeatmet wird, zu erwärmen und zu befeuchten. Die Hufe der Rentiere verändern sich mit den Jahreszeiten, um sich an die verschiedenen Bodenbedingungen anzupassen und es den Tieren zu ermöglichen, im Winter im Schnee nach Nahrung zu graben. Kaum verwunderlich, dass der Weihnachtsmann sie auserkoren hat, ihn bei der Verteilung der Geschenke im tiefsten Winter zu unterstützen.

Langlauf ist in Lappland ein beliebter Freizeitsport für die ganze Familie und mitunter einfach das beste Mittel, um von einem Ort zum anderen zu gelangen.

ISLANDS NATURWUNDER

Island ist eine Welt für sich, ein Land der Seen und Fjorde, Gletscher und Vulkane, Berge und heißen Quellen, ein faszinierendes Land zwischen Europa und Nordamerika.

ISLAND IST EINZIGARTIG. Sein nächstgelegenes Nachbarland ist Grönland, das ein autonomer Teil des Königreichs Dänemark ist. Island wird als Teil Europas betrachtet, obwohl es vom nächstgelegenen Punkt auf dem europäischen Festland, Bergen in Norwegen, 970 km entfernt ist. Auf dem Weg von Bergen nach Island kommt man an den Färöern und den schottischen Shetlandinseln vorbei, zwei weiteren Gegenden, die landschaftlich und kulturell einzigartig sind.

Entgegen der weitverbreiteten Ansicht liegt Island nicht innerhalb des Polarkreises, der erst durch die Insel Grimsey, 40 km nördlich des isländischen Festlands, verläuft. Es ist hier im Winter nicht so bitterkalt, wie man erwarten würde, die Temperaturen liegen zumeist um den Gefrierpunkt und die heißen Quellen des Landes erfreuen sich größter Beliebtheit. Im Sommer steigen die Temperaturen nicht stark an, und man benötigt eher einen Regenschirm als Sonnencreme.

Die Blaue Lagune

Es gibt bestimmte Sehenswürdigkeiten, die man an einem Ort einfach gesehen haben muss, auch wenn Tausende andere Menschen zur gleichen Zeit dieselbe Idee haben. Wie zum Beispiel jeder in Paris den Eiffelturm sehen muss, besucht in Island jeder die Blaue Lagune. Dieses Thermalfreibad ist innerhalb der Lavafelder im Südwesten von Island entstanden. Seine dunkelblaue Farbe und der Dampf, der von der Oberfläche emporsteigt, sorgen in dieser vulkanischen Kulisse für ein ungewöhnliches und beinahe surreales Erlebnis. Selbst wenn Sie darauf gefasst sind, einen Fuß in eine heiße Quelle zu setzen, können Sie die natürlichen Temperaturen der Lagune ganz schön erschrecken – die Wassertemperatur liegt bei etwa 40 °C. Wenn die Lufttemperatur unter null liegt, ist ein Besuch in diesem Dampfbad gemeinsam mit Hunderten von anderen Badenden eine typisch isländische Erfahrung.

Neben warmem Wasser warten auf die Besucher der Blauen Lagune (1) Saunen und Dampfbäder und andere Annehmlichkeiten moderner Thermen.

Über den Dettifoss fließt mehr Wasser als in allen anderen Wasserfällen Europas **(2)**.

–> AUF EINEN BLICK

EINWOHNER 316 000

WÄHRUNG Isländische Krone

KLIMA Islands subpolares Klima wird durch den Golfstrom abgemildert, daher sind die Winter nicht so kalt, wie viele denken. In den kältesten Monaten Dezember-Januar liegt die Temperatur in Reykjavik um den Gefrierpunkt. Andererseits sind die Sommer kühler, als viele erwarten würden, mit maximal 14 °C von Juli bis August. In Reykjavik regnet es auch an zwei von drei Tagen, wobei Mai und Juni die trockensten Monate und Oktober und Januar die feuchtesten sind.

NICHT VERGESSEN Warme Kleidung, trotz des Golfstroms.

BESTE ZEIT Mai bis Juni, wenn es am trockensten ist und der Sommer vor der Türe steht.

NÄCHSTER FLUGHAFEN Reykjavik

UNTERKUNFT Alle Arten von Übernachtungsmöglichkeiten in verschiedenen Preisklassen. Die Lebenskosten in Island sind jedoch sehr hoch, was sich auch in den Preisen für Hotels und andere Unterkünfte widerspiegelt.

Jökulsárlón (**3**) ist der größte Gletschersee in Island, obwohl er erst 1934/35 durch eine Gletscherschmelze entstand.

Geysire und Gletscher

Während der Besuch der Blauen Lagune eine Wohltat für den Körper ist, erfüllt einen die Besichtigung einiger der Geysire und Gletscher Islands mit Demut. Vatnajökull ist mit 8100 km² der größte Gletscher Europas.

An einigen Stellen ist das Eis fast 1006 m dick, und darunter liegen mehrere aktive Vulkane. Dadurch kommt es zu dem seltsamen Phänomen, dass ein Vulkan gelegentlich unterhalb des dicken Eises des Vatnajökull ausbricht. Dabei entsteht ein sogenannter Tuya. Das ist ein sehr seltener, steilwandiger Vulkan mit flacher Spitze.

Ein weiteres Phänomen in Island sind Geysire. Island besitzt sogar das Original – den Großen Geysir –, der Namensgeber für das Naturspektakel ist, wobei sich das Wort Geysir vom isländischen Wort gjósa (»ausbrechen«) ableitet. Erste Berichte über die Aktivität von Geysiren in dieser Gegend gehen bis ins 12. Jahrhundert zurück. Der Große Geysir konnte früher Wasser bis zu 61 m in die Luft schleudern. Er ist jedoch launisch und bleibt mitunter jahrelang inaktiv, um dann wieder mehrmals am Tag auszubrechen. Viel zuverlässiger ist da der in der Nähe gelegene Strokkur-Geysir, dessen Ausbrüche den ganzen Tag lang im Abstand von fünf bis zehn Minuten erfolgen und dessen Wassersäule eine Höhe von 25 bis 35 m erreicht.

Die Insel Surtsey (**4**) ist erst im Jahr 1963 aufgetaucht.

Wasserfälle

Um hautnah zu erleben, wozu die Kräfte des Wassers imstande sind, müssen Sie zum Dettifoss-Wasserfall in Nordostisland reisen. Island ist mit Wasserfällen übersät, eine Folge der ständigen Regenfälle, und der Dettifoss gilt aufgrund des Volumenflusses und der Fallhöhe als der energiereichste Wasserfall Europas. Er ist etwa 100 m breit und 45 m hoch. Nach starkem Regen bekommt man hier die enormen Kräfte der Natur vorgeführt und versteht, warum die Menschen unentwegt auf der Suche nach Wegen sind, um diese Energie für sich zu nutzen. Der Dettifoss liegt im Jökulsárgljúfur-Nationalpark, und in der Nähe befinden sich noch zwei andere kleinere, aber dennoch energiereiche Wasserfälle: Hafragilsfoss und Selfoss. *Foss* ist ein altnordischer Ausdruck für Wasserfall oder Kraft und wird auch in Nordengland verwendet, wo es beispielsweise in den Yorkshire Dales einen Wasserfall namens Janet's Foss gibt.

Welterbestätten

Island kann sich auch zweier UNESCO-Welterbestätten rühmen, die sowohl das alte als auch das neue Gesicht dieser seltsamen Insel repräsentieren. Der Nationalpark Thingvellir entstand im Jahr 1928. Neben den Naturschönheiten, die der Park aufweist, wurde im Jahr 930 hier auch das isländische Parlament gegründet. Es gehört damit zu den ältesten Parlamenten der Erde. Im Gegensatz dazu ist die andere UNESCO-Welterbestätte, die Insel Surtsey, noch ganz jung. Sie entstand infolge eines Vulkanausbruchs auf dem Meeresboden, der 1963 einsetzte und vier Jahre andauerte. Zurzeit sind faszinierende Studien im Gange, um herauszufinden, wie es Samen, Pflanzen, Tieren, Vögeln und Bakterien gelingt, die neue Insel zu besiedeln, die nun den südlichsten Teil Islands bildet. Selbst heute noch befindet sich diese bemerkenswerte Insel in einem ständigen Wandel.

Der Name des Godafoss (**5**) bedeutet »Götterwasserfall«.

Der Strokkur (**7**) wird auch Butterfass genannt, obwohl sein Name eigentlich »Zylinder« bedeutet.

Reykjavik soll 870 n. Chr. entstanden sein und ist die nördlichste Hauptstadt der Welt (**6**).

Etwa im 9. Jahrhundert brachten die Wikinger Pferde auf die Insel, die noch heute wild umherziehen.

IRLANDS JUWEL: DER SÜDWESTEN

Die irischen Countys Kerry und Cork verkörpern den ganzen Reiz Irlands und zählen zu der Art von Orten, wo man sofort hinziehen will – und viele Besucher tun das auch!

JEDE NATION HAT SO IHRE PRÜGELKNABEN, die Länder, deren Einwohner angeblich dumm sind. Die Amerikaner machen sich über Polen lustig, die Briten über Iren. Die Iren wiederum witzeln über die Bewohner von Kerry. »Wie bekommt man einen Einwohner von Kerry dazu, aufs Dach eines Pubs zu klettern? Man sagt ihm: Die Getränke gehen aufs Haus.« Zweifelsohne kostet das einen Einwohner von Kerry nur ein müdes Lächeln, immerhin weiß er, dass er nicht dumm sein kann, wenn er im schönsten Teil Irlands lebt.

–> Reeks

Reeks ist eine häufige Bezeichnung für Berge in Irland. Man nimmt an, dass sie sich von dem Wort rick (Heuhaufen) ableitet.

Die beiden Counties Kerry und Cork im äußersten Südwesten sind das Irland, wie man es von den Postkarten kennt. Ein Irland grüner Felder, freundlicher Gesichter, traditioneller Musik in gastfreundlichen Pubs, ausgezeichneter Küche und einfach eines jener besonderen Fleckchen Erde, an denen sich ein Gefühl des Wohlbehagens einstellt, sobald man die frische Luft einatmet.

Hier scheint man auch mehr landschaftliche Reize für sein Geld zu bekommen als anderswo. Die Küstenlinie ist von Meeresarmen, Flüssen und Buchten zerklüftet und zeichnet sich durch imposante Klippen, malerische Häfen, die höchsten Berge Irlands und mehrere langgezogene Halbinseln aus, von denen jede ihren eigenen Reiz hat.

Ring of Kerry

Die bekannteste und meistbesuchte dieser Halbinseln ist die Iveragh-Halbinsel, die eher unter ihrem inoffiziellen Namen bekannt ist: Ring of Kerry. Der Ring ist

Der Carrantuohill (1) im Hintergrund ist der höchste Berg Irlands und nicht ganz leicht zu besteigen.

–> AUF EINEN BLICK

EINWOHNER County Cork 480 000, County Kerry 140 000

WÄHRUNG Euro

KLIMA Aufgrund der Berge ist das Gebiet eines der regenreichsten Irlands, obwohl der Golfstrom es auch zum mildesten Teil des Landes macht. Im Sommer wird es nie zu heiß und im Winter nie zu kalt. Man muss aber mit der Möglichkeit rechnen, an einem Tag alle vier Jahreszeiten zu erleben.

NICHT VERGESSEN Regenbekleidung, gute Wanderschuhe, einen gesunden Appetit.

BESTE ZEIT Jede Jahreszeit ist gut. Im Sommer ist es zwar am schönsten, aber auch der Andrang am größten.

NÄCHSTER FLUGHAFEN Cork International Airport.

UNTERKUNFT Überall sämtliche Arten in sämtlichen Preiskategorien.

Die St.-Colman-Kathedrale in Cobh (2) entstand 1868. Mit ihrem Turm und ihrer erhöhten Lage überblickt sie den Hafen und ist schon von Weitem zu sehen.

Im Hafen von Kinsale (**3**) gehen Yachten aus der ganzen Welt vor Anker. Ihre Besitzer zieht es aufgrund des guten Rufes hierher, den die Stadt auch in kulinarischer Hinsicht genießt.

Wenn Sie auf Ihrer Reise entlang des Ring of Kerry (**4**) nie das Auto verlassen, verpassen Sie höchstwahrscheinlich einige der schönsten Strände Irlands.

Der Leuchtturm am Hafen von Dingle (**5**) wurde 1885 errichtet, um es den Booten zu erleichtern, die heimtückischen Felsen zu umschiffen.

Auf traditionelle Musiker wie diese im Bullman Pub in Kinsale (**3**) trifft man häufig, wenn man im Südwesten Irlands umherreist.

eine Panoramastraße, die 177 km rund um die Halbinsel verläuft. Sie gilt als eine der schönsten, wenn nicht als die schönste Straße Irlands. Sie ist so populär, dass Busse den Ring nur gegen den Uhrzeigersinn befahren dürfen, damit sie auf den engen Straßen und unübersichtlichen Kurven nicht aufeinandertreffen und der Verkehr ins Stocken gerät. Autofahrer befahren den Ring daher lieber im Uhrzeigersinn, damit sie anstatt des Anblicks eines dahinschleichenden Busses die Landschaft genießen können.

Und was für eine Landschaft das ist! Die Straße schlängelt sich durch Berge und vorbei an Seen. Sie bietet einen herrlichen Ausblick aufs Meer und Buchten wie etwa Dingle Bay. Sie führt durch malerische Städtchen und Dörfer. Rastplätze laden dazu ein, die Aussicht und die trotz des steten Verkehrs frische Luft zu genießen. Einer der klassischen Rastplätze ist Ladies' View, wo der Ausblick auf das Land und die Seen nie zu enden scheint.

Am Ostende der Iveragh-Halbinsel liegt der höchste Gebirgszug Irlands, der den seltsamen Namen Macgillycuddy's Reeks trägt. Die Macgillycuddys waren ein hier ansässiger Clan, nach dem die Berge im 18. Jahrhundert benannt wurden. Der Gebirgszug erstreckt sich über mehr als 19 km und umfasst nicht nur Irlands höchsten Berg, Carrantuohill (1041 m), sondern auch die einzigen zwei anderen Berge Irlands, die höher als 1000 m sind, sowie mehr als hundert Berge, die über 610 m messen.

Dingle-Halbinsel

Nördlich der Iveragh-Halbinsel und der Macgillycuddy's Reeks liegt die Dingle-Halbinsel, ein weiterer wunderschöner Ort dieses Teils von Irland. Am Ostende überquert man beim Übertritt zur Halbinsel die Slieve Mish Mountains, gefolgt vom Mount Brandon, Irlands höchstem Berg außerhalb der Macgillycuddy's Reeks. Am äußersten Ende der Halbinsel hat man den westlichsten Punkt des irischen Festlandes erreicht. Jenseits davon liegen nur noch die Blasket Islands, und der nächste Halt ist schon Nordamerika.

Cork

Nicht alle Sehenswürdigkeiten der Region liegen in Kerry. Cork verfügt über ganz eigene Reize und hat sich in den letzten Jahren dank seiner ausgezeichneten Küche einen Namen gemacht. Das gilt insbesondere für die Hafenstadt Kinsale, die heute als die Gourmethauptstadt Irlands bekannt ist. Das Kinsale Food Festival, das alljährlich im Oktober stattfindet, ist ein Riesenevent und sicherlich ein guter Zeitpunkt, um der Stadt einen Besuch abzustatten. Doch auch entlang der ganzen Küste findet man gute Restaurants, in denen frische Meeresfrüchte zu den beliebtesten Gaumenfreuden zählen. Im County Cork liegt auch Ballymaloe House, das als eines der schönsten Hotels des Landes gehandelt wird und nach Meinung vieler das beste Restaurant Irlands besitzt.

Das beste Restaurant des Landes, die höchsten Berge, die schönste Panoramastraße und noch unzählige andere Attraktionen, die zu nennen den Rahmen sprengen würde – es besteht kein Zweifel, dass dieses Fleckchen im Südwesten Irlands zu den reizvollsten Teilen Europas gehört. Wenn Sie hier mit den Leuten sprechen, werden Ihnen Menschen aus ganz Europa begegnen, die hierher auf Besuch kamen und geblieben sind. Seien Sie also gewarnt.

Neben seinen reizvollen, farbenfrohen Gebäuden besticht Kinsale (3) durch den guten Ruf seiner kulinarischen Produkte.

DIE KÜSTE VON ANTRIM

Die Küste von Antrim in Nordirland raubt einem mit ihren Naturschönheiten, darunter der Giant's Causeway, schlichtweg den Atem.

VIELE TEILE DER IRISCHEN KÜSTE sind herrlich, doch es gibt einige Gebiete, die durch besondere Schönheit bestechen. Dies gilt etwa für die nördliche Küste des County Antrim, die mit unterschiedlichsten Sehenswürdigkeiten aufwartet, etwa mit dem UNESCO-Weltnaturerbe Giant's Causeway, den Wildtieren auf der küstennahen Insel Rathlin, der außergewöhnlichen Carrick-a-Rede-Hängebrücke, der ältesten legalen Whiskey-Brennerei der Welt und malerischen Sandstränden, so weit das Auge reicht.

Der Giant's Causeway

Der berühmteste Ort entlang der Küste ist der Giant's Causeway (»Damm des Riesen«), der 1986 in die Liste der Weltnaturerbestätten aufgenommen wurde. Es ist ein seltsamer und schaurig-schöner Ort, und die meisten würden dem britischen Schriftsteller Dr. Samuel Johnson widersprechen, der meinte: »Sehenswert, ja, aber nicht wert, eigens hinzureisen.«

Im Jahr 2007 besuchten über hunderttausend Menschen den Causeway und machten ihn somit zur größten Touristenattraktion Nordirlands. Seit 1740, als eine Dublinerin mit einer Zeichnung der seltsamen Felsformationen die Öffentlichkeit auf den Causeway aufmerksam machte, ist er ein beliebtes Reiseziel. Diese Formen bildeten sich vor etwa 60 Millionen Jahren, als eine Reihe von Vulkanausbrüchen Lava in eine Senke im Boden trieb. Als die Lava abkühlte und

Die Säulen des Giant's Causeway **(1)** sind bis zu 11 m hoch, und in ihren Zwischenräumen verbergen sich einige seltene Pflanzen.

-> AUF EINEN BLICK

BEVÖLKERUNG Nordirland 1 700 000

WÄHRUNG Pfund Sterling

KLIMA Obwohl das Klima gemäßigt ist, gilt das alte irische Sprichwort, wonach man an einem Tag alle vier Jahreszeiten erleben kann, auch für Nordirland. Seien Sie allzeit auf Regen gefasst. Im Sommer wird es selten heißer als 30° C, im Winter hingegen können die Temperaturen unter den Gefrierpunkt sinken.

NICHT VERGESSEN Kleidung für alle Jahreszeiten, Fernglas und Fotoapparat.

BESTE ZEIT Jede Zeit bietet sich aus anderen Gründen an, obwohl man den tiefen Winter besser meidet.

NÄCHSTER FLUGHAFEN Der Belfast International Airport liegt etwa 64 km südlich von Bushmills und dem Giant's Causeway.

UNTERKUNFT Entlang der Küste von Nordantrim gibt es eine Vielzahl an Hotels und guten Gästehäusern. Gemütliche Bed and Breakfasts sind bekannt für ihre heimelige Atmosphäre und ihr üppiges Frühstück!

Über die Hängebrücke in Carrick-a-Rede (2), die 23 Meter über der Wasseroberfläche schwebt, gelangen jedes Jahr eine Viertelmillion Menschen auf die küstennahe Insel.

Rathlin Island (**3**) ist jener Punkt Irlands, der Schottland am nächsten liegt. Die Insel ist das Refugium Zehntausender Seevögel, die sich hier in großen Kolonien wie dieser sammeln.

wieder zu Stein erstarrte, entstanden an die vierzigtausend einzigartige, zumeist hexagonale Säulen, die den Giant's Causeway bilden.

Soweit die Version der Geologen, doch es gibt eine viel amüsantere Legende darüber, wie der Causeway zu seinem Namen kam: Einst trieb sich an der Nordküste ein irischer Riese namens Finn MacCool herum und konnte von hier aus über die Meerenge nach Schottland blicken, wo sein Erzrivale Benandonner lebte. Finn errichtete den Causeway und forderte Benandonner zum Kampf auf, doch als sein Rivale näherkam, erkannte Finn, dass der schottische Riese viel größer war als er. Sogleich eilte er zu seiner Frau, um sie um Rat zu bitten. Diese verkleidete ihren Mann als Baby und gab ihn vor Benandonner als Finns Kind aus. Benandonner hastete zurück nach Schottland und bangte um sein Leben: Wenn das das Baby war, wie groß mochte dann der Vater wohl sein? Er zerstörte den Causeway hinter sich, weshalb heute nur noch ein Teil davon vor der Küste zu sehen ist.

Es gibt aber noch viel mehr, als den Causeway zu entdecken. Die Gegend ist auch ein Naturschutzgebiet mit kilometerlangen Wanderwegen, von denen einige den Causeway-Küstenstrich entlang verlaufen. Hier findet man auf beinahe 6,5 km atemberaubende Klippen, die bis zu 90 m in die Höhe ragen – wahrhaft eine Küste von gigantischen Ausmaßen.

Carrick-a-Rede

Östlich des Causeway erstreckt sich vor der Küste die Insel Carrick-a-Rede, deren Name »Fels im Weg« bedeutet. Diese kleine Insel liegt genau auf der Route der Lachse zu ihren Laichplätzen, weshalb die ansässigen Fischer hier einst in der entsprechenden Jahreszeit eine reiche Ausbeute machten. Um leichter auf die Insel zu gelangen, errichteten sie eine Hängebrücke, die noch heute genutzt wird – jedoch mittlerweile hauptsächlich als Touristenattraktion. Von Juni bis September findet man hier noch immer Lachse und auch Fischer, doch die Fischbestände sind zurückgegangen und der Handel ist nicht mehr so lukrativ wie in früheren Zeiten. Die Brücke wird im Winter abgebaut, da das Betreten zu gefährlich wäre.

Die Insel Rathlin

Von Carrick-a-Rede aus kann man an klaren Tagen die Insel Rathlin mit Schottland im Hintergrund sehen. Bis nach Rathlin sind es von hier aus nur 10 km, doch die Überfahrt kann ganz schön stürmisch werden. Es ist aber ein erhebendes Gefühl, wenn im Nebel plötzlich die Klippen der Küste auftauchen.

Die Insel übt eine enorme Anziehungskraft auf Vögel aus, und somit auch auf Ornithologen: Die Royal Society for the Protection of Birds (RSPB) besitzt ein großes Naturschutzgebiet auf der Insel.

Auf Rathlin gibt es einige Unterkünfte und ein paar alte Sehenswürdigkeiten sowie wunderschöne Wanderwege. Als einzige bewohnte Insel vor der nordirischen Küste verfügt Rathlin über einen ganz eigenen Charme und eine eigene Kultur.

Bushmills

Irland hat auch sein eigenes Getränk: den Irish Whiskey. Er wird nicht nur anders geschrieben als der schottische Whisky, er schmeckt auch anders. Am Rande des kleinen Ortes Bushmills steht die älteste legale Whiskeybrennerei der Welt. Sie wurde 1608 legalisiert, obwohl man annimmt, dass hier Whiskey schon mindestens vierhundert Jahre vorher hergestellt wurde. Die Brennerei liegt nur 3 km vom Giant's Causeway entfernt, und das Wasser, das für den Bushmills-Whiskey verwendet wird, fließt über eben jene Felsen. Die Brennerei ist zwar alt, dürfte aber nicht bis in die Zeit von Finn MacCool zurückreichen, obwohl man sich das nach dem einen oder anderen Gläschen Whiskey gerne einreden lässt.

Rings um den Giant's Causeway findet man ungewöhnliche Felsformationen wie diese (**1**).

Dunluce Castle (**5**) thront auf einer der steilsten Klippen der irischen Nordküste.

Die Küste von Nordantrim (**4**) weist einige malerische Buchten mit langen, oft verlassenen Sandstränden auf.

AMSTERDAM: STADT ÜBER DEM WASSER

Amsterdam wurde wie Venedig über dem Wasser errichtet, und egal, wo Sie in der Stadt spazieren, überall liegt Ihnen Geschichtsträchtiges zu Füßen.

EIN SPAZIERGANG DURCH AMSTERDAM ist ein unvergessliches Erlebnis, denn die niederländische Hauptstadt ist wahrlich ein von Menschenhand geschaffenes Wunder. Amsterdam ist insofern einzigartig, als die Stadt auf Sümpfen und Wasser entstand. Sie vereint die glitzernde Schönheit ihrer Kanäle mit der Lebendigkeit eines alten europäischen Hafens und der beispiellosen Aufgeschlossenheit der Einwohner.

Diese Freiheit zeigt sich auch auf den Straßen, wo die Menschen auf ihren klapprigen Fahrrädern über die Kopfsteinpflaster rattern und die Kanäle entlangfahren. Oft gehen oder fahren sie auch über Wasser, und das nicht nur beim Überqueren der Kanäle. Viele der wichtigsten Straßen der Stadt waren einst Wasserstraßen, der großartige, riesige Bahnhof ist über Wasser gebaut, und selbst der Königliche Palast liegt auf sumpfigem Marschland. An diesem Ort dürfte eigentlich gar keine Stadt existieren.

Centraal Station

Die meisten Besucher kommen am Hauptbahnhof Amsterdam Centraal an, dem Hauptverkehrsknotenpunkt der Stadt, wo Reisende von Amsterdams internationalem Flughafen Schiphol die Stadt erreichen. Sollten Sie hier ankommen, treten Sie besser vorsichtig auf, da Sie über 8687 Holzpfeiler schreiten, die den auf drei künstlich angelegten Inseln errichteten Bahnhof tragen. Einst gab es hier nur Wasser. Segelschiffe aus Niederländisch-Indien kehrten mit Muskatnüssen und Gewürznelken an Bord zurück, die Fischer der Küste legten hier an, um ihren Fang zu verkaufen.

Doch 1876 beschloss die niederländische Regierung in Den Haag, den neuen Bahnhof auf diesem Gebiet anstatt im Süden der Stadt, wie es der Wunsch der Stadtverwaltung gewesen wäre, errichten zu lassen. Die Bauarbeiten begannen 1882, nahmen sieben Jahre in Anspruch und stellen damit das größte Bauvorhaben in Amsterdam im gesamten

Amsterdam Centraal (1), der Hauptbahnhof, ist der Hauptverkehrsknotenpunkt für Züge, Straßenbahnen, Taxis, Fähren und Fahrräder.

Überall in der Stadt kann man die Kanäle entlangspazieren (2).

–> AUF EINEN BLICK

EINWOHNER 750 000

WÄHRUNG Euro

KLIMA Warme, doch keine heißen Sommer, milde und selten frostige Winter. Es gibt aber häufig Phasen mit feuchtem, kühlem Wetter. Regenfall ist das ganze Jahr über möglich.

NICHT VERGESSEN Regenschirm oder -mantel, gutes Schuhwerk.

BESTE ZEIT April und Mai sind die trockensten Monate, Juli und August die wärmsten.

NÄCHSTER FLUGHAFEN Schiphol, 17,5 km südwestlich der Stadt, mit guten Zugverbindungen.

UNTERKUNFT Hotelbetten sind oft knapp, daher sollten Sie im Voraus buchen. Es gibt zahlreiche reizvolle Häuser entlang der Kanäle, oft aber mit vielen Treppen und ohne Lift.

Die Fassade des Hauses von Anne Frank (**3**) lässt nichts von all dem erahnen, was sich im Inneren abspielte.

Amsterdams Rotlichtviertel (**4**) zieht viele neugierige Touristen an, obwohl es nicht jedermanns Sache ist.

Schon viele haben eine Bootsfahrt auf den Kanälen von Amsterdam genossen, so auch Sir Winston Churchill und Nelson Mandela.

19. Jahrhundert dar. Die Pläne stammten von dem niederländischen Architekten Pierre Cuypers, der damals gerade die Arbeit an seinem anderen Meisterwerk in Amsterdam, dem Rijksmuseum, abgeschlossen hatte.

Egal, was man von dem Bau hielt, jeder wollte dieses aufregende neue Wunderwerk sehen, und am Tag seiner Eröffnung kauften 14 000 Menschen eine Bahnsteigkarte. Die Windkraft war von der Dampfkraft abgelöst worden. Die Kanäle mussten zunehmend Straßen weichen, damit genügend Platz für die wachsende Bevölkerung zur Verfügung stand.

Dam

Wenn Sie den Bahnhof verlassen und die vor Ihnen liegende Hauptstraße namens Damrak hinunterspazieren, gehen Sie noch immer auf Wasser. Im späten 13. Jahrhundert war diese Straße ein Wasserkanal, durch den die Amstel ins Meer floss. Wenn Sie den Dam, den geschäftigen Hauptplatz mit dem Königlichen Palast, erreichen, befinden Sie sich an einem Ort, an dem einst ein paar Fischerfamilien an den Ufern der Amstel lebten. Doch die Amstel war unberechenbar und änderte oft ihren Lauf durch das seichte Sumpfland. Daher schlossen sich die Fischerfamilien zusammen und errichteten den Damm, der dieser außergewöhnlichen Stadt seinen Namen geben sollte: den Amstel-Damm.

Doch das Leben hier brachte einige Herausforderungen mit sich, und in der Mitte des 17. Jahrhunderts benötigte die mittlerweile florierende Stadt Amsterdam ein neues Rathaus. Das alte Gebäude war niedergebrannt, was in dieser wasserreichen Gegend überraschend oft vorkam. Doch zur Errichtung dieses neuen Rathauses, das das bis dato größte Europas werden sollte, mussten zuerst nicht weniger als 13 659 Holzpfeiler tief ins Sumpfland gerammt werden. 1795 fielen die Franzosen in Amsterdam ein, und 1808 hatte Louis Bonaparte die Idee, dass sich das Rathaus eigentlich besser als Königlicher Palast machen würde – was es bis zum heutigen Tag geblieben ist.

Pferde in Kanälen

Südlich des Hauptplatzes liegt die belebte Einkaufsstraße Kalverstraat, und sollten Sie es etwas mühsam finden, sich einen Weg durch die Menschenmassen zu bahnen, bedenken Sie, dass Sie in früheren Zeiten hierher hätten schwimmen müssen. Hier wurde Amsterdams Historisches Museum auf einer ehemaligen Insel errichtet, wo Sie allerlei Wissenswertes über die Bedeutung der Kanäle in Amsterdam erfahren. Besonders ein Ausstellungsstück erinnert an die Gefahren des Lebens am Wasser: Ein Mann mit dem vielsagenden Namen J. C. Sinck erfand einen Hebezug, mit dem man Pferde aus dem Kanal ziehen konnte. Oft genug kam es vor, dass jemand in den Kanal fiel, und Kanäle haben es so an sich, dass man nur schwer wieder herauskommt. Für Pferde ist es noch viel schwieriger. Mit dem von ihm entwickelten Kran auf der Hinterseite eines Fuhrwerks verdiente Sinck ein Vermögen. Damals besaßen die meisten Familien nur ein Pferd, und niemand konnte es sich leisten, dass sein wertvollstes Hab und Gut dem Wasser zum Opfer fiel. Heute fallen kaum mehr Pferde in die Kanäle. Sehr wohl aber der eine oder andere, der zu tief ins Glas geschaut hat, was leider oft auch tödlich enden kann.

Das Rijksmuseum (5) ist seit Beginn der Renovierungsarbeiten im Jahr 2003 nur teilweise zugänglich. 2013 soll es wieder vollständig geöffnet sein.

DIE FJORDE AN NORWEGENS WESTKÜSTE

Die beeindruckenden Fjorde entlang der norwegischen Westküste wurden vom Magazin *National Geographic* einmal als die beste Reisedestination der Welt beschrieben.

Norwegens Fjorde wie hier der Hardangerfjord (1) wirken bei guten Sichtverhältnissen fast zu schön, um wahr zu sein.

ES BRAUCHT DREI MILLIONEN JAHRE, bis ein Fjord entsteht, aber nur eine Sekunde, bis Besuchern angesichts einer solch majestätischen Schönheit der Atem stockt. Die Westküste Norwegens verfügt über einige der spektakulärsten Fjorde der Welt. Hier gräbt sich das Meer tief ins Landesinnere, als wollte es die Berge erreichen. Stellen Sie sich einige der tiefsten Schluchten der Erde vor, lassen Sie sie dann zur Hälfte im Meer versinken, fügen Sie Wasserfälle hinzu, platzieren Sie auf beiden Seiten ein paar Dörfer, Obstgärten und grüne Weideflächen und runden Sie das Ganze mit blauem Himmel, weißen Wolken und ein paar schneebedeckten Gipfeln ab. Atmen Sie dann die kühle, frische Luft ein, und Sie werden sehen, wie erhebend es ist, an einem Fjord zu stehen.

Die Fjorde entstehen in einem langsamen, aber einfachen Prozess. Gletscher, die sich in Richtung Meer bewegen, schneiden u-förmige Täler in die Landschaft. Wenn die Gletscher schließlich schmelzen, strömt das Meer in die Täler ein und füllt sie auf. Ein ungewöhnliches Charakteristikum von Fjorden ist, dass sie oft tiefer sind als die Meere in ihrer Umgebung. Die Gletscher haben sehr tiefe Täler ausgehoben. Wo sie auf das Meer treffen, haben sie jedoch

–> AUF EINEN BLICK

WÄHRUNG Norwegische Krone

KLIMA Die Westküste ist (für skandinavische Verhältnisse) warm und feucht. Der Regen ist das ganze Jahr über beständig, im Winter jedoch am stärksten. Gewöhnlich liegen die Sommertemperaturen entlang der Küste bei etwa 18 °C.

NICHT VERGESSEN Regenschirm und Regenmantel, Fernglas zum Beobachten der Wildtiere.

BESTE ZEIT Sommer, wenn das Wetter am besten ist und die Tage lang sind.

NÄCHSTE FLUGHÄFEN Der Flughafen Bergen liegt 20 km südlich des Stadtzentrums. Außerdem gibt es einen Flughafen in Ålesund.

UNTERKUNFT Unzählige Übernachtungsmöglichkeiten in den Städten entlang der Route wie Bergen, Flora und Ålesund.

Es bedarf wohl keiner Erklärung, wie der Wasserfall Die Sieben Schwestern im Geirangerfjord (2) zu seinem Namen kam.

Der Preikestolen am Lysefjord (**5**) ragt 600 m über das Wasser.

Der Eresfjord (**3**) ist eine beliebte Gegend für Wanderungen.

Die Stabkirche Borgund stammt aus dem späten 12. Jahrhundert und liegt in der Nähe des Sognefjords (**4**).

Selbst Kreuzfahrtschiffe wirken angesichts der Größe des Geirangerfjords (**2**), eines der beliebtesten und schönsten Fjorde Norwegens, wie Zwerge.

eine große Menge an Sedimenten abgeladen. Daher sind Fjorde im Eingangsbereich manchmal seicht, doch in der Mitte extrem tief. Norwegens Sognefjord nördlich von Bergen (dem Haupttor zu den Fjorden an der Westküste) hat eine maximale Tiefe von 1308 m.

Der Größte

Der Sognefjord ist Norwegens größter Fjord und der zweitlängste der Welt nach dem Scoresbysund in Grönland. Er ist besonders spektakulär, da er vom Meer aus eine 204 km tiefe Schneise ins Landesinnere schlägt. Er erreicht eine maximale Tiefe von 1308 m, doch zum Meer hin gibt es eine Stelle, an der er weniger als 100 m tief ist. Der Sognefjord beeindruckt aber nicht nur durch Zahlen, sondern vor allem durch seine majestätische Schönheit. Segelt oder wandert man ihn entlang, so kommt es einem vor, als bewege er sich endlos in beide Richtungen von einem weg – wie eine dunkelblaue Schlange, die sich durch die Berge windet. Die steilen Hänge zu beiden Seiten sind mancherorts in saftiges Grün getaucht, an anderen Stellen geben sie den Blick auf das raue Felsgestein frei. Hie und da finden sich Gemeinden, die entlang der Fjorde in dieser atemberaubenden Kulisse angesiedelt sind, obwohl die Fjorde auch von heftigen Regenfällen und eisiger Kälte heimgesucht werden können.

Als ob der Sognefjord nicht schon selbst unglaublich schön wäre, zweigt von ihm auch noch der Nærøyfjord ab, einer der beiden Fjorde an der Westküste, die von der UNESCO in die Liste der Weltnaturerbestätten aufgenommen wurden.

Der Nærøyfjord ist zwar nur 17 km lang, doch er gilt zusammen mit dem Geirangerfjord laut UNESCO als archetypische Fjordlandschaft, die zu den schönsten der Welt zählt. Wasserfälle stürzen mit ohrenbetäubendem Getöse die steilen Hänge beider Fjorde hinab. Von ihnen verlaufen Flüsse zu den Gletscherseen und schaffen eine Szenerie, die man unbedingt einmal im Leben gesehen haben muss.

Der Geirangerfjord ist der andere Fjord auf der Liste der UNESCO, obwohl der Schutz durch die Vereinten Nationen in zweierlei Hinsicht gefährdet ist: einerseits durch die Natur, anderseits durch den Menschen. Gefahr seitens des Menschen besteht aufgrund von Plänen, Stromleitungen über den Fjord verlaufen zu lassen. Dadurch würde der Geirangerfjord von der Liste der UNESCO gestrichen werden.

Die natürliche Bedrohung ist noch besorgniserregender: Es könnte zu einer völligen Zerstörung eines Großteils des Geirangerfjords kommen. Das Åkerneset-Gebirge droht in den Fjord zu stürzen, wodurch der Wasserstand steigen und eine Flut entstehen würde, die zur Zerstörung einiger Siedlungen in der Umgebung führen würde. Daran erkennt man, dass die enormen Kräfte, die die Fjorde entstehen ließen, noch immer aktiv sind.

Südlich von Bergen liegt der Hardangerfjord, Norwegens zweitgrößter Fjord nach dem Sognefjord. Er ist 179 km lang und verläuft zum Großteil entlang der Folgefonnhalbinsel, auf der jene drei Gletscher liegen, die zusammen als Folgefonnagletscher bekannt sind. Der größte von ihnen, der Søndre Folgefonna, liegt 1660 m über dem Meer und bietet einen atemberaubenden Anblick, wenn man den Hardangerfjord entlangfährt. Die drei Gletscher zusammen bilden den Nationalpark Folgefonna, der als schönster Norwegens gilt.

Bergen

Ausgangs- und Endpunkt vieler Ausflüge zu den westlichen Fjorden ist Bergen, Norwegens zweitgrößte Stadt. Hier legen die Passagierschiffe an und nehmen die Passagiere auf, die die Fjorde erkunden möchten. Zudem gibt es hier eine große Fischindustrie. Tatsächlich ist der Fischmarkt eine der Attraktionen der Stadt. Das Bergen Aquarium zählt zu den schönsten in Europa. Doch eine Stadt bleibt schließlich bloß eine Stadt, und nach ein oder zwei Tagen wird es Sie mit Sicherheit in Richtung Fjorde ziehen.

Der alte Anlegeplatz von Bergen (6) stammt aus dem 14. Jahrhundert und wurde von der UNESCO zum Weltkulturerbe erklärt.

DIE SCHOTTISCHEN HIGHLANDS

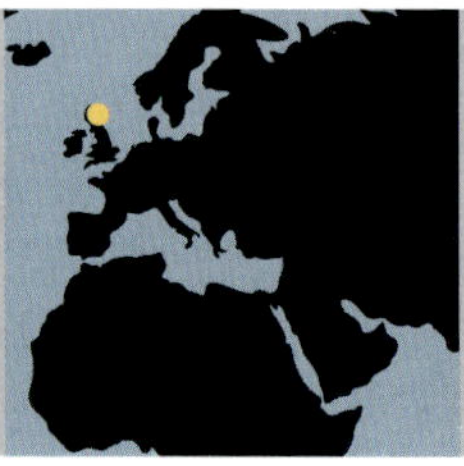

Die Highlands, die gern als eines der schönsten Gebiete Europas beschrieben werden, sind der ideale Ort für alle, die dem Alltagstrott entfliehen möchten.

Ein stolzer Dudelsackbläser sorgt für die typische Highland-Atmosphäre.

Ullapool (1) zählt zwar weniger als 1500 Einwohner, ist aber dennoch die größte Siedlung in diesem entlegenen Teil Schottlands.

DIE HIGHLANDS UMFASSEN etwa die Hälfte des schottischen Festlandes und liegen nördlich und westlich der Highland Boundary Fault. Diese verläuft von Arran an der Westküste nach Stonehaven im Osten und trennt das Land in die südlichen Lowlands und die nördlichen Highlands. Über die genauen geografischen Grenzen ist man sich nicht ganz einig, doch eines steht zweifelsohne fest: Das schottische Hochland zählt zu den atemberaubendsten und faszinierendsten Flecken in Europa.

Die Highlands sind die ältesten Berge Europas. Einige Felsen sind 3000 Millionen Jahre alt und gehören somit zu den ältesten der Erde. Die Highlands bildeten sich in der Zeit der sogenannten Kaledonischen Orogonese vor etwa 400 Millionen Jahren, während der die Berge im Norden Großbritanniens, in Irland und in Westnorwegen entstanden. Der Name leitet sich von der lateinischen Bezeichnung für Schottland – *Caledonia* – ab. Später folgte die Eiszeit, die die Täler aushob und die Berge bildete, die durch Wind und Regen im Laufe von Millionen Jahren weiter geformt wurden und jene Landschaft entstehen ließen, die wir heute kennen.

Ben Nevis

Die schottischen Highlands sind selbst für europäische Standards nicht besonders hoch. Ihr höchster Punkt, Ben Nevis, ist der höchste Berg Großbritanniens, doch er ist mit einer Höhe von 1344 m im Vergleich zum höchsten Berg Europas, dem Elbrus im Kaukasus (5642 m), ein Zwerg. Jedes Jahr erreichen über einhunderttausend Menschen den Gipfel des Ben Nevis, und obwohl einige von ihnen die steile Nordwand meistern, wählt die große Mehrheit den Wanderweg, der sich die Südseite des Berges hinaufschlängelt. Das heißt aber nicht, dass es ein leichter Aufstieg wäre – bei einem Wetterumschwung können diese Berge Opfer fordern.

Wo sich Berg und Meer treffen

Obwohl die Highlands natürlich von den Bergen dominiert werden, zeichnet sich die Region auch durch ausgedehnte, wunderschöne Küstenabschnitte aus. Eine der bezauberndsten Gegenden ist Wester Ross, die Westküste von Ross-shire, wo sich die Highlands bis zur Küste erstrecken und über Sandstränden emporragen. Hier trifft man auch auf hübsche Städte

Ben Nevis **(2)** ist das Dach der Britischen Inseln und viel härter zu erklimmen, als es aussieht, wie unerfahrene Bergsteiger immer wieder feststellen müssen.

-> AUF EINEN BLICK

EINWOHNER 270 000

WÄHRUNG Pfund Sterling

KLIMA Die Western Highlands zählen zu den feuchtesten Gebieten Europas, obwohl im Osten der Region weniger Regen fällt. Regen ist zu jeder Zeit möglich, auch wenn die Sommer trockener sind. Es handelt sich auch um den kältesten Teil Großbritanniens, die Temperaturen steigen selbst im Sommer nie zu hoch. Die Winter aber können bitterkalt mit reichlich Schnee ausfallen.

NICHT VERGESSEN Insektenschutzmittel gegen die allseits verbreiteten Mücken, Regenbekleidung, Wanderstiefel.

BESTE ZEIT Von Juni bis August stehen die Chancen auf gutes Wetter am besten. Dann sind die Tage lang, und es finden viele Veranstaltungen statt. Viele Orte sind außerhalb der Tourismussaison von Ostern bis Oktober geschlossen, und die Winter eignen sich nur für Skifahrer und die hartgesottensten Reisenden. Im tiefen Winter sind die Straßen oft gesperrt.

NÄCHSTER FLUGHAFEN In Inverness im Osten gibt es einen internationalen Flughafen.

UNTERKUNFT Eine große Auswahl an komfortablen Bed and Breakfasts und Pensionen zu guten Preisen sowie einige Luxushotels.

Mit einer Länge von 176 km ist der Spey (**3**) der zweitlängste Fluss in Schottland, 16 km kürzer als der Tay.

wie Ullapool, das 1788 als Hafen für den Heringfang gegründet wurde und noch immer ein aktiver Fischerhafen ist. Heute ist es ein Paradies für Wanderer und Naturliebhaber. Zudem ist es bei Lesern für sein Buchfestival und bei Musikern für seine aktive Förderung aller Arten von traditioneller Musik bekannt.

Ullapool liegt in jenem Teil Schottlands, der sich Gàidhealtachd nennt. In dieser Region wird noch heute die schottisch-gälische Kultur hochgehalten, zu der die schottisch-gälische Sprache gehört, obwohl sie nicht überall aktiv gesprochen wird. Im Allgemeinen lässt sich sagen, je weiter nördlich und westlich man gelangt, desto tiefer sind die Traditionen verwurzelt, und desto wahrscheinlicher ist es, Gälisch zu hören. Weit genug im Westen, in Neufundland, vernimmt man ebenso schottisches Gälisch. Diese starken und stolzen Traditionen machen das Reisen in den Highlands zu einem ganz anderen Erlebnis als in den Lowlands: ein Erlebnis fernab des jenseits der Grenze gesprochenen »Sassenach English«. Sassenach ist eine moderne Form des gälischen Ausdrucks für Sachse: *Sasunnach*.

Highland Lochs

In Wester Ross befindet sich Loch Maree, der mit einer Länge von 20 km der längste Loch nördlich von Loch Ness ist. Auf seiner riesigen Wasseroberfläche sind über 30 Inseln verteilt, von denen viele mit Kiefernwäldern bedeckt sind und an die riesigen Nadelwaldflächen erinnern, die es einst in den Highlands gab. Loch Maree ist eine der schönsten Sehenswürdigkeiten der gesamten Region – und das heißt etwas, da die Region nur so vor Schönheiten strotzt.

Die bekanntesten sind natürlich die Highland Lochs, vor allem Loch Ness. Loch Ness liegt südwestlich von Inverness, der inoffiziellen Hauptstadt der Highlands, und erstreckt sich 37 km über einen Teil des Great Glen. Der Loch ist stellenweise über 229 m tief und verströmt natürlich eine geheimnisvolle Atmosphäre, die Stoff für allerlei Mythen bietet.

Der Whisky Way

Nach Verkostung einer der populärsten Spezialitäten der Highlands – Whisky – dürfte es Ihnen leichter fallen, ein Monster in Loch Ness zu sehen. Der Speyside Way ist ein 105 km langer Fußpfad, der entlang des Spey von Buckie nach Aviemore hinunter verläuft, einige Seitenpfade inklusive. Er führt Sie nicht nur durch eine wunderschöne Landschaft, sondern lässt Sie auch auf einige Namen stoßen, die allen Whiskyliebhabern ein Begriff sind, so etwa Macallan, Glenfiddich und Glenlivet.

Cairngorms

Der Spey fließt durch einen der beeindruckendsten Teile der gesamten schottischen Highlands – den Cairngorms Nationalpark. Er ist mit einer Fläche von 3799 km² der größte Nationalpark in Großbritannien, und es gibt sogar Pläne, ihn noch auszuweiten. Er ist besonders als Winterskiort bekannt, vor allem in der Gegend rund um Aviemore, und beherbergt viele der Glanzpunkte der Highlands: Bergkulissen, Lochs, Flüsse, Wanderwege, Whisky und Wildtiere. Im Highland Wildlife Park leben sogar Wölfe, die hier bis zum 18. Jahrhundert wild umherstreiften. Und wer kann schon sagen, ob sie das nicht eines Tages wieder tun werden? Immerhin sind wir in den wilden Highlands.

Es heißt, dass man mehrmals auf den Ben Nevis (2) steigen muss, um eine so gute Aussicht wie diese genießen zu können.

Der Geruch im Keller einer Brennerei ist unverkennbar und regt dazu an, eine der Spezialitäten des schottischen Hochlands zu probieren.

Ullapool (1) liegt am Loch Broom und wurde erst 1788 gegründet. Die Stadt wurde von dem englischen Architekten Thomas Telford geplant.

DIE SCHOTTISCHEN INSELN

Schottland kann mit fast achthundert Inseln aufwarten – von Giganten wie der Isle of Lewis oder Harris bis zu kleinen Fleckchen wie Eilean Donan im Loch Duich.

ES IST SCHON DIE BLOSSE VIELFALT der schottischen Inseln, die sie so attraktiv für Reisende macht. Etwa 130 von ihnen sind bewohnt. Sie reichen von der südlichsten Insel, Arran, die südlicher als die englische Stadt Berwick-upon-Tweed liegt, bis zur Insel Unst im Archipel der Shetland-Inseln, der nördlichsten der bewohnten Inseln. Zwischen den beiden liegen rund 483 km und das gesamte Gebiet Schottlands.

Die Shetland-Inseln

Die Shetland-Inseln zählen zu den bekanntesten und beliebtesten Inselgruppen und liegen jenseits der Nordostspitze von Schottland zwischen der Nordsee und dem Atlantischen Ozean. Eigentlich sind sie schon näher bei Norwegen als bei der schottischen Hauptstadt Edinburgh, und die Einwohner sehen sich ohnehin zuerst einmal als Shetländer und dann erst als Schotten. Die Hauptinsel ist Mainland, mit 969 km^2 die drittgrößte schottische Insel und die fünftgrößte aller Britischen Inseln – zu denen auch Großbritannien und Irland gehören.

Die Shetland-Inseln sind ein Paradies für Wanderer und Naturliebhaber, da die Natur hier noch unberührt ist. Hier tummeln sich Robben, Fischotter, Papageientaucher, Wale, Delfine, Schweinswale, Sturmvögel, Iltisse, Schneehasen und viele andere Lebewesen, die man nirgendwo sonst zu Gesicht bekommt.

Man findet auch uralte Siedlungen, da Shetland seit mindestens 1500 v. Chr. besiedelt ist. Allein an der Stätte Jarlshof stößt man auf Überreste aus der Bronzezeit, der Eisenzeit, der Zeit der Pikten und der Wikinger, ein mittelalterliches Bauernhaus und ein Herrenhaus aus dem 17. Jahrhundert. Sie alle erinnern uns daran, wie viele Schichten Geschichte unterhalb der Haut der Gegenwart verborgen sind.

Die Orkneys

Zwischen den Shetland-Inseln und dem schottischen Festland liegen die Orkney-Inseln, oder einfach nur Orkneys. Sie sind von John O'Groats aus sichtbar. Auch hier finden sich uralte Fundstätten, darunter Skara Brae, die am besten erhaltene Siedlung der Jungsteinzeit in Europa. Die Weltkulturerbestätte umfasst zehn Gebäude und bietet Einblicke in das Leben der Bauern und Fischer um 3000 v. Chr.

Fünftausend Jahre sind seither vergangen, aber viele Menschen auf den Orkneys leben noch heute von Landwirtschaft und Fischfang.

–> AUF EINEN BLICK

EINWOHNER 100 000

WÄHRUNG Pfund Sterling

KLIMA Das Klima variiert stark zwischen den einzelnen Inselgruppen, jedoch ist jederzeit mit Regen zu rechnen. Die Sommer können prachtvoll sein, aber sie sind nicht unbedingt heiß – selbst auf südlicheren Inseln wie Islay liegt die Durchschnittstemperatur im August bei nur 16 °C. Auf den Shetland-Inseln erreichen die Temperaturen im Winter Minusgrade, Schneefall und Frost dauern aber meist nicht lange an.

NICHT VERGESSEN Kleidung für jedes Wetter, da die Bedingungen mehrmals am Tag wechseln können.

BESTE ZEIT Im Sommer ist am meisten los und man hat die besten Chancen auf warmes, trockenes Wetter, doch selbst dann besteht keine Garantie.

NÄCHSTER FLUGHAFEN Von den meisten schottischen Städten und von London aus gibt es Direktflüge auf die Shetland-Inseln, Orkney und die Hebriden.

UNTERKUNFT Auf vielen Inseln bieten Pubs und Pensionen sowie kleine Hotels in den Hauptorten einfache, gemütliche Übernachtungsmöglichkeiten. Unbedingt im Voraus buchen, da die Anzahl der freien Zimmer in der Hochsaison beschränkt ist.

The Storr (2) ragt 719 m über dem Loch Fada empor. Der Gipfel, hier etwas rechts zu sehen, ist als Old Man of Storr bekannt.

Dank der 1995 eröffneten Skye Bridge (ganz links, 1) können Besucher nun schneller die Insel Skye erreichen.

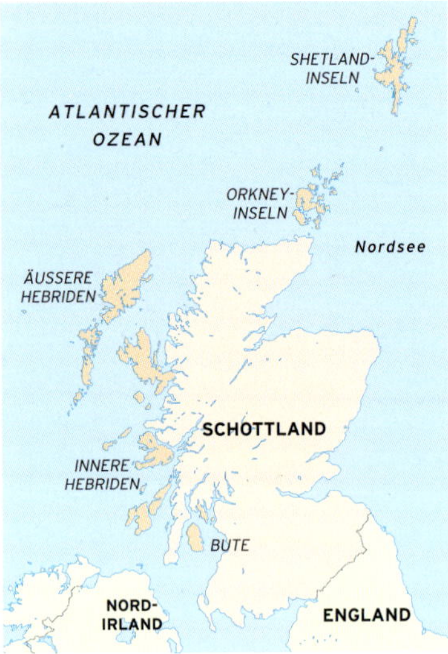

Kisimul Castle auf der Insel Barra (**5**) ist eines der ältesten Schlösser Europas. Es stammt aus dem 11. Jahrhundert und wurde nie erobert.

Die schottischen Inseln warten mit vielen uralten Überresten auf, wie diesem Steinkreis (**3**), dem Ring von Brodgar auf den Orkneys.

Der Wasserfall (**4**) bei Loch Mealt auf der Isle of Skye stürzt 91 m über die Klippen in die Tiefe.

Auch die Musik genießt hier eine lange Tradition – wie auf allen Inseln, in denen sich die Gemeinschaft selbst unterhalten musste und Lieder und Geschichten von einer Generation an die nächste weitergegeben wurden.

Skye

An der Westküste von Schottland liegt ein weiterer Streifen atemberaubender Inseln, die mit unterschiedlichsten Traditionen und Landschaften aufwarten. Weniger isoliert als die Shetland-Inseln oder selbst die Orkneys, ist Skye nun mit dem Festland über die umstrittene, 570 m lange Skye Bridge verbunden. Diese Nähe zum Festland bedeutet, dass Skye an Touristen gewöhnt ist. Seit 1897 das Eisenbahnnetzwerk die Ortschaft Kyle of Lochalsh erreichte, war es für die Stadtbewohner viel einfacher, hierher zu reisen. Die Insel ist jedoch die zweitgrößte aller schottischen Inseln und somit groß genug, dass man den Touristenmassen leicht ausweichen kann. Mit der Fähre erreicht man vier kleine Inseln mit jeweils weniger als hundert Einwohnern: Canna, Rum, Eigg und Muck.

Groß und klein

Nördlich von Skye in den Äußeren Hebriden liegt die größte Insel, die so groß ist, dass sie zwei Namen hat: Lewis und Harris. Der nördliche Teil der Insel ist Lewis und der südliche Harris, was mitunter einige Verwirrung stiftet. Harris ist die hügeligere Hälfte der Insel und besitzt über dreißig Berge, die über 300 m hoch sind. Die Insel ist sogar so groß, dass sie über eine richtige Stadt verfügt: Stornoway mit etwa 8000 Einwohnern – fast ein Drittel der Bevölkerung der ganzen Äußeren Hebriden.

Im Gegensatz dazu weist die Insel Barra nur 1300 Einwohner auf und misst von Nord nach Süd bloß 13 km. Doch selbst auf dieser kleinen Fläche findet

man die vielen Eigenarten, die diese Inselgruppe so attraktiv machen – hohe und imposante Berggipfel, Sandstrände, uralte Fundstätten, traditionelle Musik und warmherzige Menschen.

Queen of the Hebrides

Weiter südlich und nur 40 km von der irischen Küste entfernt liegt Islay, auch als »The Queen of the Hebrides« bezeichnet. Sie ist vor allem für eines bekannt – ihre Whiskybrennereien. Derzeit sind acht aktiv, eine weitere ist in Planung. Zu ihnen zählen solch klingende Namen wie Bowmore, Ardbeg, Bruichladdich, Lagavulin und Laphroaig, angeblich das Lieblingsgetränk von Prince Charles. Die Insel hat aber weitaus mehr vorzuweisen als nur Whisky, so etwa keltische Kreuze in entlegenen Friedhöfen, Sandstrände, Steinadler und andere Wildtiere. Bei einem Spaziergang entlang der Küste begegnet man Robben oder Seeottern.

Islays Nachbarinsel Jura ist kleiner und ruhiger. Diese Insel teilen sich 180 Menschen und 6000 Rehe. Der Rückzugsort für Wanderer und Naturliebhaber wird von drei runden Berggipfeln dominiert, die als Paps of Jura bekannt sind. Die Namen der Berge umgibt etwas Geheimnisvolles – wie auch die Insel selbst und alle anderen schottischen Inseln.

Der kleinste heißt Beinn a' Chaolais, was so viel wie Berg der Wasserstraße bedeutet. Der nächsthöchste ist Beinn Shiantaidh (Heiliger Berg), und der größte mit 785 m ist Beinn an Òir (Berg des Goldes). Die Namen bestechen durch ihren singenden Klang und eine Schönheit, die auf die Menschen und das Land zurückzuführen ist. Diese Schönheit findet man überall auf den schottischen Inseln und nirgendwo sonst auf der Welt.

Die jungsteinzeitliche Siedlung Skara Brae auf den Orkneys (6) führt die Besucher in eine Zeit vor 5000 Jahren zurück. Hier findet man auch eine originalgetreue Nachbildung eines der Häuser.

EDINBURGH WÄHREND DES FESTIVALS

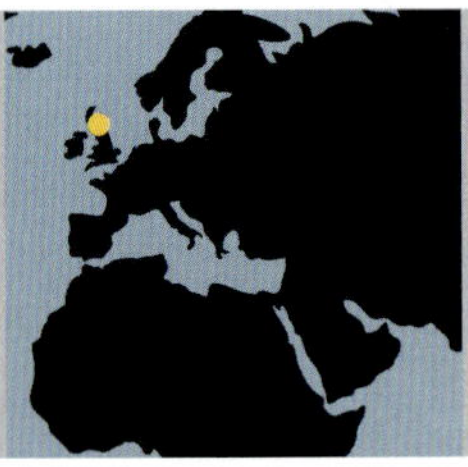

Schottlands geschichtsträchtige Hauptstadt verwandelt sich dank des größten Kunstfestivals der Welt jeden Sommer in eine Hochburg für Kunstliebhaber.

Das Edinburgh Military Tattoo findet seit 1950 statt und ist ein populärer Bestandteil des Edinburgh Festivals (1).

VOM HISTORISCHEN VIERTEL rund um Edinburgh Castle bis zur eleganten »New Town« sprüht die Hauptstadt Schottlands nur so vor Energie. Sie gilt im Vergleich zur anderen großen Stadt Schottlands, Glasgow, als vornehm, doch das würde wohl auf die meisten anderen Städte im Vergleich zu Glasgow zutreffen. Dem Besucher bietet Edinburgh eine erfrischende Mischung aus Tradition und Avantgarde, wie etwa das Military Tattoo zum einen und das berühmte Fringe-Kulturfestival zum anderen beweisen, die beide im August stattfinden.

Edinburgh wurde einst dank seiner Progressivität und Kultiviertheit als Athen des Nordens bezeichnet. Der weltbekannte schottische Schriftsteller Sir Walter Scott, dessen Denkmal auf der Princes Street thront, beschrieb die Stadt als »Empress of the North« (Kaiserin des Nordens). 1437 wurde sie zur Hauptstadt von Schottland, und ihr neues Parlamentsgebäude ist eine herausragende, moderne Sehenswürdigkeit.

Das Parlamentsgebäude steht gegenüber dem Palace of Holyroodhouse, der offiziellen Residenz der Königin in Schottland. Es ist somit eine Erinnerung an die schwierige Beziehung zwischen der britischen Monarchie und dem Wunsch vieler Schotten nach einer gewissen Unabhängigkeit.

Kunsthauptstadt

Edinburgh ist mit vielen sehenswerten Galerien, Museen, Veranstaltungsorten und einem bedeutenden literarischen Erbe auch die Kunsthauptstadt des Landes. Das Writers' Museum widmet sich dem Leben und Schaffen von Sir Walter Scott, Robert Louis Stevenson und Robert Burns. Die ersten beiden wurden in Edinburgh geboren, Burns war ein regelmäßiger Besucher der Stadt. Das Museum spielt natürlich auch beim Festival eine Rolle. Dieses besteht eigentlich aus mehreren Festivals, die alle zur selben Zeit stattfinden, darunter das Edinburgh International Book

–> AUF EINEN BLICK

EINWOHNER 450 000

WÄHRUNG Pfund Sterling

KLIMA Trotz der nördlichen Lage genießt Edinburgh ein mildes Klima. An manchen Tagen im Winter fällt die Temperatur unter den Gefrierpunkt, doch bittere Kälte und Schnee sind selten. Selbst im Hochsommer erreicht die Temperatur nur gelegentlich mehr als 18 °C. Regen ist zu jeder Jahreszeit möglich, obwohl die Stadt diesbezüglich unter dem schottischen Durchschnitt liegt.

NICHT VERGESSEN Regenschirm auch im Sommer und etwas zum Überziehen für kühle Abende.

BESTE ZEIT Wenn Sie zum Festival möchten, müssen Sie lange im Voraus buchen, da die Karten immer schnell weg sind. Ansonsten gibt es eigentlich keinen ungünstigen Zeitpunkt für einen Besuch.

NÄCHSTER FLUGHAFEN Edinburgh hat seinen eigenen internationalen Flughafen 14 km westlich des Stadtzentrums.

UNTERKUNFT Alle Arten von Übernachtungsmöglichkeiten von Luxushotels bis zu gemütlichen Gästehäusern, die oft viel Komfort für wenig Geld bieten.

Die Princes Street wurde nach den Söhnen von King George III. benannt, der zur Zeit des Baus der Straße am Ende des 18. Jahrhunderts den britischen Thron innehatte (2).

Das schottische Parlamentsgebäude (3) ist einer der gelungensten Neubauten in Edinburgh.

Der Ross Fountain (1) wurde 1862 für die Weltausstellung in London konstruiert und später in 122 Teilen nach Edinburgh gebracht.

Traditionelle Musikkapellen sind genauso Bestandteil des Edinburgh Festivals wie die Avantgarde.

Festival. Ende August und Anfang September finden hier so viele Veranstaltungen statt, dass für einen Besuch genauso viel Planung erforderlich ist wie beim Military Tattoo.

Neben dem Book Festival und dem offiziellen Edinburgh International Festival gibt es auch das berühmte Fringe Festival, das wie das Hauptfestival erstmals 1947 stattfand. Dann wären da noch das Jazz and Blues Festival, das International Television Festival und das Edinburgh Art Festival, das ein Teil des Edinburgh International Festival ist. Bei diesem Angebot verwundert es kaum, dass die Besucher oft durch die Straßen irren und stirnrunzelnd einen Blick auf Stadtpläne, Programme und Straßenschilder werfen.

Spaß muss sein

Wenn man während der Festivalzeit durch die Straßen spaziert, weiß man nie, wer oder was einem begegnen wird. Es könnten Musiker oder Zauberer sein, Dichter oder Performance-Künstler, die Sie zu einer Vorstellung locken wollen, um eine kleine Spende bitten oder einfach nur ihr Können unter Beweis stellen. Wenn Sie nicht im Voraus buchen, kann es leicht sein, dass die heiß begehrten Tickets ausverkauft sind, obwohl man oft erst im letzten Moment erfährt, welche Tickets eigentlich so heiß begehrt sind. Häufig ziehen aufstrebende neue Comedy Stars die Aufmerksamkeit auf sich, man bekommt aber auch etabliertere Aufführungen zu sehen.

Wenn die Sonne scheint, was zur Festivalzeit oft der Fall ist, gibt es keine schönere Stadt, in der man sein möchte. Eigentlich gibt es das ganze Jahr über keine schönere Stadt. Das Stadtzentrum hat mehr als 4500 denkmalgeschützte Bauten, seine zwei Teile – Old Town und New Town – wurden gemeinsam in die Liste der UNESCO-Weltkulturerbestätten aufgenommen. Und dennoch ist die Stadt lebendig und wirkt nicht konserviert.

Old Town, New Town

Die Old Town verläuft rund um die Royal Mile, die lange Straße zwischen Edinburgh Castle an einem Ende und dem Palace of Holyroodhouse und dem Scottish Parliament am anderen. Edinburgh Castle liegt auf dem Gipfel des Castle Rock und ist von vielen Punkten der Stadt aus gut sichtbar. Castle Rock ist ein etwa 122 m hoher Vulkanfels, und innerhalb der Mauern befindet sich das älteste Gebäude der Stadt – die winzige St. Margaret's Chapel aus dem 12. Jahrhundert.

Edinburghs andere Hauptverkehrsader ist die Princes Street. Um sie herum erstreckt sich New Town. Sie ist nur im Vergleich zu Old Town »neu«, da sie größtenteils zwischen der Mitte des 18. und des 19. Jahrhunderts entstand. Zur Zeit ihrer Errichtung lebten in der Old Town bereits rund 80 000 Menschen, sodass mehr Platz notwendig war.

Das Ergebnis war eine Reihe von eleganten Straßen und Gebäuden, darunter das ehrwürdige Balmoral Hotel, das Scott Monument, die National Gallery of Scotland und die Royal Scottish Academy (RSA).

Die Aufgabe der RSA ist die Förderung der schottischen Gegenwartskunst, eine Aufgabe, die auch das Edinburgh International Festival Jahr für Jahr vorzüglich erfüllt.

–> Sir Walter Scott

Sir Walter Scott wurde 1771 in Edinburgh geboren und erzielte weltweit Erfolge mit seinen Romanen wie *Waverley* über die letzte jakobitische Rebellion, *Ivanhoe*, der im England des 12. Jahrhunderts spielt, und *Quentin Durward*, die Geschichte eines schottischen Söldners im Dienste Ludwigs XI. Scott schrieb auch Gedichte, darunter *The Lady of the Lake* und *The Lay of the Last Minstrel*. Er ist einer der bekanntesten und beliebtesten schottischen Schriftsteller.

Das Fringe Festival widmet sich voll und ganz den Straßenkünstlern.

IM LAND DER MITTERNACHTSSONNE

Im Sommer geht die Sonne über dieser magischen Landschaft nie unter – als ob sie wollte, dass die Besucher jeden einzelnen Moment in einem der letzten wilden Refugien der Erde genießen können.

DAS LAND DER MITTERNACHTSSONNE bezeichnet ein Band im Norden der Erdkugel innerhalb des Polarkreises, das sich über Alaska, Kanada, Grönland und Teile Skandinaviens und Russlands erstreckt. Schweden ist jedoch jener Ort, der mit einer der atemberaubendsten Kulissen und einigen der letzten Wildnissen Europas aufwarten kann.

Der Zugang zum schwedischen Land der Mitternachtssonne erfolgt über die nördlichste Stadt des Landes, Kiruna, die 146 km nördlich des Polarkreises liegt. Sie verfügt über Straßen- und Bahnverbindungen zum Rest des Landes, und ihr Flughafen ist der nördlichste Schwedens. Ab Ende Mai kann man hier für etwa sechs Wochen die Mitternachtssonne erleben. Das gegenteilige Phänomen, die Polarnacht, in der die Sonne nie aufgeht, ist bei Besuchern weniger gefragt.

Kiruna ist die Hauptstadt der Region Kiruna, der größten Region Schwedens. Die Gegend erfreut sich großer Beliebtheit, da sie mit sechs Flüssen und etwa 6200 Seen aufwarten kann. Zudem trifft man hier auf Schwedens höchsten Berg, Kebnekaise (2104 m), und wunderschöne Weißbirkenwälder.

Hier kommt man in den Genuss einer Skifahrt unter der Mitternachtssonne, kann die vom Eis zugefrorenen Seen entlangjoggen, durch silbern glitzernde Wälder spazieren oder sogar zu Mitternacht auf einem der nördlichsten Plätze Europas Golf spielen.

Der Südgipfel des Kebnekaise ist deshalb so außergewöhnlich, da er bald seinen Status als höchster Gipfel Schwedens verlieren könnte. Im Kebnekaisemassiv gibt es zwei größere Gipfel, wobei der Südgipfel der höhere ist, da er permanent von einem Gletscher bedeckt ist. Dieser Gletscher geht jedoch aufgrund der globalen Erwärmung zurück, und wenn diese Entwicklung im gleichen Tempo voranschreitet, wird der gletscherfreie Nordgipfel bald der höchste im Land sein.

Sonnenauf- und -untergang gehen am Paittasjärvi (1) ineinander über: Die Sonne senkt sich, als ob sie unterginge, nur um sogleich wieder aufzusteigen.

Das Polarlicht tanzt am Himmel über Kiruna (**2**), der nördlichsten Stadt Schwedens.

–> AUF EINEN BLICK

WÄHRUNG Schwedische Krone

KLIMA Trotz seines Breitengrads ist der Großteil Schwedens dank des Golfstroms das meiste Jahr über überraschend mild. In Nordschweden beträgt die Höchsttemperatur im Juli, dem wärmsten Monat, durchschnittlich aber nur 17 °C, und im kältesten Monat, Januar, liegt die tägliche Höchsttemperatur bei durchschnittlich -10 °C. Der Schneefall setzt im September ein, und der Schnee bleibt mitunter bis Mai liegen. Regen fällt gewöhnlich im Zuge heftiger Stürme, selbst im Sommer.

NICHT VERGESSEN Warme und wasserfeste Kleidung!

BESTE ZEIT Von Mai bis Mitte Juli geht die Sonne nie unter, und man kann tatsächlich die Sonne um Mitternacht sehen.

NÄCHSTER FLUGHAFEN Kiruna ist die nördlichste Stadt Schwedens, und ihr Flughafen ist der nördlichste Flughafen.

UNTERKUNFT Gute Übernachtungsmöglichkeiten in den größeren Städten, darunter das Jukkasjärvi Ice Hotel, das jedes Jahr aus Eis gebaut wird und als größter Iglu der Welt gilt.

Der Name der Stadt Kiruna (**2**) leitet sich von dem Wort Girun (Schneehuhn) ab.

Die malerische Winterlandschaft spiegelt sich in den stillen Gewässern Nordschwedens.

Einige Rentiere ziehen wild in Schweden umher, und viele von ihnen landen im Kochtopf.

–> Die Mitternachtssonne

Auf der Nordhalbkugel tritt das Phänomen der Mitternachtssonne am Polarkreis auf. Es ist von April bis August zu beobachten, obwohl dies je nach Breitengrad variiert. Zu dieser Zeit des Jahres ist die nördliche Achse der Erde Richtung Sonne geneigt, die daher nie hinter den Horizont sinkt, während sich die Erde um sie dreht. Am Nordpol dauert der Vorgang ein halbes Jahr an, doch je weiter man sich nach Süden bewegt, desto mehr nimmt diese Zeitspanne ab, bis sie, gerade unterhalb des Polarkreises, nur einen Tag im Jahr dauert. Die meisten Orte Nordschwedens erleben dieses Spektakel von etwa Ende Mai bis Mitte Juli.

Land der acht Jahreszeiten

Der hohe Norden des Landes, wo Schweden, Finnland und Norwegen aufeinandertreffen und die Samen leben, wird auch das Land der acht Jahreszeiten genannt. Hier richten die Samen ihr Leben auf die Wanderungen und Gewohnheiten ihrer Rentiere aus, wobei sich der Winter über sechs Monate im Jahr erstreckt. Der Frühwinter setzt im November ein und dauert zwei Monate, dann kommt der Winter, gefolgt von Frühling-Winter, und erst im April setzt der eigentliche Frühling ein. Darauf folgen Frühsommer und Sommer, Frühherbst und Herbst, und im Nu steht der Winter wieder vor der Tür.

Polarlicht

Menschen kommen an Orte wie diesen, um das zu sehen, was sie nirgendwo sonst beobachten können: Eine weitere Attraktion in den Ländern, in denen die Mitternachtssonne scheint, ist ein noch seltsameres und magischeres Naturphänomen – das Polarlicht. Die Aurora Borealis, wie sie wissenschaftlich heißt, tritt in Polarregionen sowohl auf der nördlichen als auch der südlichen Halbkugel auf. Aurora ist die lateinische Bezeichnung für »Morgenröte« und boreas die Bezeichnung für »Nordwind«, was darauf hinweist, wodurch genau das Polarlicht verursacht wird. Die vollständige und detailreiche wissenschaftliche Erklärung, bei der es um Atome und Moleküle, Protonen und Elektronen sowie die Magnetosphäre der Erde geht, zeigt, dass man manchmal das Wissenschaftliche beiseite lassen und sich auf das Magische konzentrieren muss. Und das Polarlicht ist in der Tat magisch, diese gespenstischen, umherwirbelnden Lichter aus Silber und Blau, Rot und Grün und Farben dazwischen, die sich, so möchte man meinen, ganz nach Lust und Laune nur ganz zart oder ähnlich einem spektakulären Feuerwerk zeigen.

Wenn Sie nicht die Möglichkeit haben, im Sommer das Land der Mitternachtssonne zu bereisen und die endlosen Tage zu erleben, können Sie auch im Winter dorthin fahren, wenn die Sonne zwar nie aufgeht, sich aber eher die Polarlichter zeigen und vor dem dunklen Hintergrund deutlich erkennbar sind. Auch im Sommer können Sie die Polarlichter beobachten, vielleicht wenn Sie zuerst eine Mitternachtswanderung machen und dann die ganze Nacht wach bleiben. Doch egal zu welcher Jahreszeit, in Europas wildem Norden gibt es immer Magisches zu erleben.

Der Kebnekaise (3) ist der höchste Berg in Schweden. Zwischen ihm und dem Nordpol gibt es keinen höheren Punkt. Wanderwege führen über den Gletscher, der den Gipfel krönt, bis zur Bergspitze.

DIE BERGKETTEN VON SNOWDONIA

Die bergige Landschaft von Snowdonia in Nordwales lockt mit einigen der reizvollsten Kulissen des Landes, bezaubernden Dörfern und allem Guten, was Wales zu bieten hat.

Der See Llyn Idwal (1) ist nach dem Sohn eines frühen Prinzen von Wales benannt, der hier angeblich ertränkt worden sein soll.

DIE REGION SNOWDONIA einschließlich des Nationalparks Snowdonia ist einer der Teile von Wales, die am stärksten von der Tradition geprägt sind. Hier spricht ein Großteil der Bevölkerung noch immer Walisisch, mancherorts bis zu 65 Prozent. Sie ist auch eine der schönsten Ecken des Landes, wenn nicht sogar die schönste, und beheimatet den höchsten Berg der Nation, Mount Snowdon (1085 m). Hier gibt es mehrere Bergketten, und diese umfassen alle walisischen Berge über 914 m sowie Aran Fawddwy, den höchsten britischen Berg südlich von Snowdon mit einer Höhe von 905 m. Von diesen Bergen bietet sich ein einzigartiger Ausblick, und an Tagen, an denen der Himmel klar ist, hat man nicht nur die Möglichkeit, einen Großteil von Nordwales zu sehen, sondern auch bis nach Irland, Nordirland, England, zur Isle of Man und sogar zum 322 km entfernten Schottland jenseits der Irischen See zu blicken.

Derzeit erklimmen alljährlich etwa fünfhunderttausend Menschen den Snowdon, womit er zumindest bei dieser Größenordnung den Mount Everest übertrifft. Und die Tatsache, dass sogar eine Zahnradbahn hinaufführt, macht das ganze Unterfangen noch weniger spektakulär. Einige Menschen klettern oder wandern dennoch lieber bis zum Gipfel. Obwohl es sich um den höchsten Berg in Wales handelt, zählt der Gipfel selbst nicht zu den ruhigsten Plätzen der Gegend.

Selbst einige der entlegeneren Gebiete sind nur im Vergleich beschaulicher, da sich die gesamte Gegend bei Kletterern, Wanderern, Mountainbikern und anderen Freizeitsportlern ungeheurer Beliebtheit erfreut. Wie beim englischen Lake District muss man sich oft darauf gefasst machen, dieses umwerfend schöne Fleckchen Erde mit anderen teilen zu müssen.

Snowdonia Nationalpark

Es gibt jedoch genügend Platz für jedermann. Der Snowdonia Nationalpark, der 1951 entstand und der erste von drei Nationalparks in Wales war, erstreckt sich über eine Fläche von 2131 km^2. Die meisten Menschen assoziieren ihn aufgrund des Namens Snowdon mit den Bergen, doch er besticht auch durch eine 60 km lange Küste, die zur Gänze als Naturschutz-

Mit Mount Snowdon in der Ferne (**2**) macht dieses Panorama deutlich, warum die Gegend so speziell ist.

Wanderungen im Nationalpark Snowdonia (links, **3**) sind ein einmaliges Erlebnis.

–> AUF EINEN BLICK

EINWOHNER 26 000

WÄHRUNG Pfund Sterling

KLIMA Das Klima ist recht mild, doch die Berge bringen das meiste Jahr über viel Regen. Im Winter kann es besonders in höheren Lagen kalt sein, und es ist Vorsicht geboten, wenn man zu dieser Zeit zu Wanderungen aufbricht. Die Sommer sind gewöhnlich sehr angenehm, ohne dass es zu heiß wird. Die Monate mit dem meisten Sonnenschein sind Mai und Juni.

NICHT VERGESSEN Kleidung für alle Wetterbedingungen, gute Wanderschuhe, Mobiltelefon für Notfälle.

BESTE ZEIT Hinsichtlich des Wetters empfehlen sich Mai und Juni sowie der Hochsommer. Der Winter ist nur etwas für Hartgesottene.

NÄCHSTER FLUGHAFEN Der Flughafen Manchester liegt etwa 145 km nordöstlich von Snowdonia.

UNTERKUNFT Große Auswahl in den Städten in und rund um den Nationalpark wie Caernarfon, Barmouth, Harlech und Dolgellau.

Der Cadair Idris (**4**), der hier im Winterkleid zu sehen ist, zählt zu den beliebtesten Bergen in Wales. Er liegt an den Seen Llynnau Cregennen.

gebiet ausgezeichnet ist. Das macht Snowdonia so ungewöhnlich, da es sich um einen Nationalpark handelt, in dem man sowohl klettern als auch windsurfen kann.

Der Park hat aber noch viel mehr zu bieten: Hier finden sich römische Festungen, Grabkammern aus der Steinzeit, Schieferbrüche sowie einige der ältesten Felsen der Welt und zwei bedrohte endemische Spezies. Dies ist zum einen eine Käferart namens »Snowdon beetle« (Chrysolina cerealis), die aufgrund ihrer schillernden Farbe auch als »rainbow beetle« bekannt ist, und zum anderen die sogenannte »Snowdon lily« (Späte Faltenlilie). Auch Wildziegen leben hier. Snowdonia besitzt nicht weniger als siebzehn nationale Naturreservate, mehr als jeder andere Nationalpark in England und Wales.

Das Loch in der Mitte

Snowdonia ist auch aufgrund seiner Einwohner besonders. Hier leben etwa 26 000 Menschen, und auch sie haben zum Reiz der Landschaft von Snowdonia beigetragen. Ein ungewöhnliches Kennzeichen des Nationalparks ist, dass er als einziger ein Loch in der Mitte aufweist! Die Stadt Blaenau Ffestiniog war lange Zeit für Schieferabbau bekannt. Die Snowdonia-Schieferbrüche und die mit Schiefer gedeckten Dächer sind ebenso Teil der Kulisse und der Geschichte wie die römischen Festungen und die Flora und Fauna. Doch als der Park 1951 entstand, ging die Schieferindustrie stark zurück, und die Bestimmungen des Nationalparks hätten eine weitere industrielle Entwicklung behindert. Daher wurde rund um Blaenau Ffestiniog ein Loch ausgespart, das etwas Leichtindustrie erlaubte und somit den Einwohnern Arbeit für die Zukunft sicherte.

Ein Nationalpark muss versuchen, sämtliche Bedürfnisse der Menschen zu vereinbaren, und das schließt besonders diejenigen ein, die innerhalb seiner Grenzen leben, das Land bewirtschaften und hier schon seit unzähligen Generationen ansässig sind. Der Nationalpark Snowdonia ist ein besonders gutes Beispiel dafür, was möglich ist. Er zieht begeisterte Kletterer und Mountainbiker ebenso an wie Freizeittouristen, die eine gemütliche Fahrt mit der Bahn auf die Spitze des Mount Snowdon bevorzugen. Seit nunmehr fast sechzig Jahren meistert der Park diesen Balanceakt bravourös.

–> Land des Adlers

Die walisische Bezeichnung für diese Gegend ist *Eryri*, das walisische Wort für »Hochland«, wenngleich sie auch eine hübsche Ähnlichkeit mit *eryr*, dem walisischen Wort für »Adler«, aufweist.

Die 30 m hohen Aber Falls in der Nähe von Bangor (**6**) liegen am Nordrand von Snowdonia.

Die leichteste Art, zur Spitze des Snowdon zu gelangen, ist mit der Zahnradbahn zu fahren (**2**).

Die Ffestiniog Railway (**5**) verläuft von der Küste durch den Nationalpark.

SÜDEUROPA

»Alle Reisen haben eine heimliche Bestimmung, die der Reisende nicht ahnt.«

Martin Buber, österreichischer Philosoph, 1878–1965

DUBROVNIK: WIEDERGEBORENE STADT

Was der Mensch erbaut, kann er auch wieder zerstören. Doch wie Dubrovnik gezeigt hat, kann er es auch wieder aufbauen, um die Perle der Adria erneut zum Erstrahlen zu bringen.

IM KRIEG IST NICHTS HEILIG, wie die Bevölkerung von Dubrovnik – und der Welt – weiß. Die Altstadt wurde 1979 zur UNESCO-Welterbestätte ernannt, was bedeutet, dass sie als ein Ort von außergewöhnlicher kultureller Bedeutung gilt, der geschützt und bewahrt werden soll. Dies hat die serbischen Truppen jedoch nicht davon abgehalten, die vorwiegend von Kroaten besiedelte Stadt in den Jahren 1991–1992, während des blutigen Niedergangs des ehemaligen Jugoslawien, zu bombardieren. Die Welt konnte nur mit Entsetzen zusehen, wie die charakteristischen roten Ziegeldächer von Bomben getroffen und die strahlend weißen Wände in Schutt und Asche gelegt wurden.

Doch was das Böse im Menschen zu zerstören sucht, kann das Gute wieder aufbauen, und das Maß, in dem die Restaurierung von Dubrovnik in den Jahren seit 1992 vorangeschritten ist, ist bemerkenswert. Die Stadt wurde erneut zur »Perle der Adria«, wie sie einst der britische Dichter Lord Byron nannte.

Probleme bei der Restaurierung

Natürlich ging die Restaurierung nicht ganz ohne Probleme vonstatten, und das ironischerweise aus dem Grund, dass die Stadt zur Welterbestätte ernannt worden war. Das bedeutet, dass die Restaurierungen im Originalstil der Bauten erfolgen mussten, doch da ihre Errichtung so weit zurücklag, waren viele der ursprünglichen Baumaterialien nicht mehr verfügbar. All die bemerkenswerten Dachziegeln stammten nämlich von einer ortsansässigen Fabrik, die schon lange Zeit geschlossen war. Es erwies sich als unmöglich, genau die gleichen Ziegel aufzutreiben, und nach ausgiebiger Suche wurde deutlich, dass Exemplare aus anderen Teilen Kroatiens und Frankreich am ehesten an das Original herankamen. Dennoch waren die leichten Farbabweichungen erkennbar, und so wurden abwechselnd neue und alte Ziegel eingearbeitet, damit der Unterschied weniger offenkundig war. Mit der Zeit wird zweifelsohne die Witterung das Ihre zur Vereinheitlichung der Farbe beitragen.

Auch die Mauern der Gebäude erwiesen sich als problematisch. Die meisten von ihnen waren aus weißem Kalkstein aus der Region, von einem Steinbruch, der inzwischen nur noch eine begrenzte Menge an Stein liefern konnte. Somit musste der Stein für die augenscheinlichsten Reparaturen verwendet werden. Für die Stellen, an denen die Ausbesserungsarbeiten nicht so auffallend waren, fand man eine ähnliche Steinart.

Stadtmauern

Den besten Blick auf die Altstadt genießt man bei einem Spaziergang entlang der außergewöhnlichen Stadtmauern von Dubrovnik, die etwa 2 km lang um die Stadt verlaufen. Auch sie wurden 1991–1992 bombardiert und erlitten 111 direkte Einschläge. Doch zum Glück war der Schaden reparabel, sodass sie nun in altem Glanz erstrahlen. Bis zu Beginn der Bombardements waren die Mauern seit dem 15. Jahrhundert unverändert geblieben. Damals wurden sie zum letzten Mal befestigt, um die Stadt gegen die Truppen des osmanischen Reichs zu schützen.

Die Mauern entstanden vorwiegend zwischen dem 13. und 15. Jahrhundert und wurden auf Befestigungsanlagen aus dem 9. Jahrhundert errichtet. Ursprünglich war der Großteil der Mauern etwa 1,5 m dick. Doch da mehr Gefahr von der Landseite als von der Meeresseite drohte, wurden die Mauern, die ins Land hinein zeigen, im Laufe der Jahre verstärkt, sodass sie an manchen Stellen fast 2 m messen. Die Schutzmauern zum Meer hin wurden zwar hie und da verstärkt, besitzen aber mehr oder weniger ihre ursprüngliche Breite.

Placa

Dubrovniks Hauptstraße Placa verläuft 300 m zwischen dem Pile- und Ploce-Tor an der Ost- und der Westmauer. Sie wurde erstmals im 11. Jahrhundert

Ein Spaziergang auf den Mauern der Altstadt ist ein idealer Ausgangspunkt, um Dubrovnik zu erkunden. Von hier aus bietet sich ein fantastischer Ausblick, etwa auf die Insel Lokrum (1).

–> AUF EINEN BLICK

BEVÖLKERUNG 45 000

WÄHRUNG Kuna

KLIMA Dubrovnik ist geprägt durch ein angenehmes Mittelmeerklima mit trockenen und heißen Sommern, die durch Meeresbrisen abgeschwächt werden, sowie milden Wintern, in denen am meisten Regen fällt.

NICHT VERGESSEN Sonnencreme, doch auch etwas Warmes zum Anziehen, da die Temperaturen schwanken können. Seien Sie auf gelegentliche Mittelmeerstürme gefasst.

BESTE ZEIT Frühling und Herbst sind ideal.

NÄCHSTER FLUGHAFEN Der Flughafen Dubrovnik liegt etwa 24 km von der Stadt entfernt. Taxis und Busse bringen die Flugreisenden in die Altstadt. Derzeit ist aufgrund des enormen Besucherandrangs ein neuer Terminal in Bau.

UNTERKUNFT Größtenteils in Ferienhotels entlang der Küste, einige unweit der Altstadt. In der Altstadt zu übernachten ist ein ganz besonderes Erlebnis, und es gibt eine Fülle an Privatzimmern, die viel Leistung und Komfort bieten.

Die marmorgepflasterte Placa (2) ist die wichtigste Flaniermeile der Stadt und teilt die Altstadt in zwei Teile.

Die Ziegeldächer der Altstadt von Dubrovnik sind leider aufgrund der notwendigen Restaurierung mitunter uneinheitlich.

Die riesige Glocke des markanten Glockenturms der Stadt (**3**) wiegt über 2000 kg.

Die romanische Kathedrale (**5**) wurde nach dem Erdbeben von 1667 im 18. Jahrhundert wiedererbaut.

Der Onofrio-Brunnen (**4**) ist der ideale Rastplatz für müde und durstige Touristen.

angelegt und litt ebenfalls in den Monaten der Bombardierung. Doch auch diese prachtvolle alte Straße wurde renoviert und ist heute wieder der Ort, an dem die Leute flanieren und shoppen. Hier finden auch sämtliche Stadtfeste statt.

Eine viel größere zerstörerische Kraft als die Bombardierung durch die serbischen Truppen hatte ein Erdbeben, das sich am 6. August 1667 ereignete. Dabei wurden die meisten bedeutenden Gebäude von Dubrovnik zerstört und über 5000 Menschen getötet.

Zuvor hatte es in Dubrovnik und auf der Placa viele hübsche Renaissancebauten gegeben. Einer der wenigen, der das Erdbeben heil überstanden hat, ist der Sponza-Palast.

Er wurde 1516 errichtet und diente als städtische Zollstelle, später als Münz- und Schatzamt. Heute ist hier das Staatsarchiv untergebracht, eine fast tausend Jahre alte Sammlung – so alt wie die Placa und sogar älter als die Stadtmauern. Daher ist hier auch der ideale Ort für den Gedenkraum für die Opfer der Bombardierung und Belagerung von Dubrovnik in den 1990er Jahren – einer Zeit, zu der eine Weltkulturerbestätte Gefahr lief, für immer zerstört zu werden.

Die hübschen Gebäude mit ihren roten Dächern bilden einen fröhlichen Kontrast zum Blau der Adria.

DIE KROATISCHEN INSELN

Mit mehr als tausend Inseln und Inselchen umfasst Kroatien einen grandiosen Teil der Adria, der für Urlauber alles bereithält, was man sich nur wünschen kann.

GRIECHENLAND MAG ZWAR DOPPELT SO VIELE Inseln haben, doch Kroatien umfasst die zweitgrößte Gruppe im Mittelmeer. Erst in jüngster Zeit ist das Land zu einer beliebten Urlaubsdestination avanciert, doch seitdem Touristen seine Schönheit entdeckt haben, hat das Land einen unaufhaltsamen Aufschwung erlebt.

Hier findet man an die 700 Inseln und rund 450 Inselchen, Klippen und Riffe. Davon sind weniger als 50 bewohnt, doch die Zahlen schwanken, da manche nur temporär bewohnt sind, während auf anderen die Bevölkerungszahl so stark sinkt, dass sie schließlich ganz verlassen werden. Mindestens ein Dutzend der Inseln haben das Jahr über weniger als hundert Einwohner. Die Insel Krk ist mit einer Fläche von 407 km^2 und etwa 18 000 Einwohnern am bevölkerungsreichsten. Die Insel Cres ist genauso groß, hier leben das ganze Jahr über aber nur etwa 3000 Menschen. Für diejenigen, die sich bei den griechischen Inseln besser auskennen: Cres und Krk haben zusammen etwa die Größe von Zakynthos.

Hvar

Eine der beliebtesten Inseln ist Hvar, die von den Gipfeln ihrer Berge bis zu den Sandstränden und geheimen Buchten alles zu bieten hat, was man sich von einer Urlaubsinsel nur erträumen kann. Der höchste Berg der Insel ist der 626 m hohe Sveti Nikola. Im Sommer sind die Berge mit Hektaren von grünen Weinstöcken bedeckt, die auf eine reiche Ernte hoffen lassen. Hier findet man auch Olivenhaine und strahlend blaue Lavendelfelder, die an die Provence erinnern. Die Gegend ist schlichtweg ein Eldorado für Wanderer und Naturliebhaber.

Der Strand Zlatni Rat auf der Insel Brač verändert sich je nach Wind und Gezeiten, verliert jedoch nie seine spitze Form (1).

Die Brücke zwischen Krk (2) und dem Festland ist mit einer Gesamtlänge von 1430 m eine der längsten Betonbrücken der Welt.

→ AUF EINEN BLICK

EINWOHNER 120 000

WÄHRUNG Kuna

KLIMA Die kroatischen Inseln weisen ein typisches Mittelmeerklima mit heißen, trockenen Sommern und milden Wintern auf.

NICHT VERGESSEN Strandkleidung, Wanderausrüstung, einen guten Sprachführer; genügend Bargeld, wenn man umherreist.

BESTE ZEIT Sommer

NÄCHSTE FLUGHÄFEN Rijeka für den Norden, Zadar im Zentrum und Dubrovnik für die südlichen Inseln.

UNTERKUNFT Die größeren Inseln bieten eine Auswahl an preisgünstigen Pensionen bis zu schicken Hotels. Auf den kleineren Inseln müssen Sie mitunter mit einfacheren Unterkünften vorliebnehmen.

Die Insel Krk (oben, **2**) ist eine der beliebtesten und bevölkerungsreichsten Inseln Kroatiens. Sie ist für ihren Wein sowie ihre Küche, Kultur und landschaftlichen Reize bekannt.

Der Hektorovic-Palast auf Hvar (**3**) prägt seit seiner Errichtung zu Beginn des 16. Jahrhunderts das Stadtbild.

Die Geschichte der Kathedrale (**2**) von Krk reicht mindestens bis ins 12. Jahrhundert zurück.

Kroatiens Frankopan-Schlösser sind nach dem angesehenen Adelsgeschlecht benannt, das einst in Krk regierte.

–> Nationalpark Brijuni

Auf den Brijuni-Inseln, die unter Naturschutz stehen, finden sich noch jene wilden Hirsche, die einst viele der Inseln bewohnten. Außerdem gibt es Spuren von Dinosauriern. Die Inseln dienten einst als private Sommerresidenz des kommunistischen Präsidenten Tito.

Palmen in Hvar (**3**) zeugen vom milden Klima der Adria.

Viele stellen sich ihre Trauminsel folgendermaßen vor: ein endloser Strand und ein Ort, an dem man die Nacht zum Tag macht. Hvar bietet all das mit langen Sandstränden, auf denen sich im Hochsommer meist junge Italiener und Kroaten tummeln. Doch es gibt auch genügend ruhige Buchten, in denen man sich fühlt, als ob einem die heiße Sonne und das blaue Meer ganz allein gehörten.

Brač

Brač ist ein weiteres beliebtes Urlaubsdomizil mit Bergen, die jene von Hvar noch übertrumpfen. Der höchste Berg ist der Veits-Berg, oder Vidova Gora, der mit 778 m der höchste Punkt in der Adria ist. Neben Weintrauben, Oliven und Lavendel gedeihen hier Zitronen, Orangen und Feigen, die für eine farbenprächtige Landschaft und besondere Gaumenfreuden in den Restaurants sorgen.

Brač darf auch einen der beliebtesten Urlaubsorte der Inseln, die alte Stadt Bol, ihr Eigen nennen. Hier findet sich einer der meistfrequentierten und ungewöhnlichsten Strände im Mittelmeer, Zlatni Rat, das Goldene Horn. Der Strand hat die Form eines fast perfekten V und schmiegt sich an das bewaldete Festland an. Es handelt sich vorwiegend um einen Sandstrand, doch es gibt auch viele kleine Kieselsteine, die sich mit der starken Strömung bewegen und so den Eindruck erwecken, der Strand verschiebe sich leicht. Das Wasser ist gewöhnlich glasklar, sodass man beim Schwimmen auf die Muster der Steine und Felsen am Meeresgrund blicken kann.

Krk

Wenn Brač ein Goldenes Horn hat, so setzt Kroatiens größte Insel Krk noch eins drauf – immerhin ist die Insel seit Jahrhunderten als Goldene Insel bekannt. Dank ihrer Nähe zum kroatischen Festland ist sie fast so lange bei Urlaubern beliebt, wie sie bewohnt ist, und seit 1980 ist sie dank einer Straßenbrücke zum Festland noch leichter erreichbar. Die Insel ist in den Sommermonaten besonders belebt, da die Lage an der Nordadria Urlauber aus Slowenien, Italien, Deutschland und Osteuropa und auch von weiter weg anzieht, die hierher per Auto oder Flugzeug kommen. Dadurch versprüht die Insel ein internationales Flair und kann sich eines lebendigen Nachtlebens in den warmen Sommernächten rühmen.

Krk hat auch in geschichtlicher und kultureller Hinsicht einiges zu bieten mit Kirchen und Klöstern, von denen manche aus dem 11. und 12. Jahrhundert stammen. Zudem wartet Krk mit sieben alten Schlössern auf. Hier werden sieben verschiedene Dialekte der kroatischen Sprache gesprochen, die Zahl sieben hat also eine fast magische Bedeutung für die Ortsansässigen – es heißt, dass die Kroaten hier seit dem 7. Jahrhundert leben und ihre Kultur pflegen.

Die Insel Lopud (4) zählt zu den Elaphiten, von denen die meisten klein und unbewohnt sind. Lopud hat etwa 200 Einwohner.

Elaphiten

Ein Teil des Reizes der kroatischen Inseln liegt in den Gegensätzen, auf die man hier stößt. Nicht alle von ihnen sind groß und belebt. Die Elaphiten etwa sind eine Gruppe dreier kleiner Inseln mit insgesamt weniger als tausend Einwohnern und keinem einzigen Auto. Die unberührte Natur erinnert noch an jene Zeit, als sie ihren Namen bekamen, vom Griechischen elafos (»Hirsch«) – Zeiten, in denen die Zahl der hier lebenden Hirsche die der Einwohner übertraf. Auch heute noch hat man, wenn man die Pfade entlangwandert und die Fülle an Limetten, Zitronen, Orangen, Mandeln, Feigen, Oliven und Weintrauben sieht, das Gefühl, dass die Natur hier mehr Bedeutung hat als der Mensch. An Orten wie diesem offenbaren sich die wahren Reize der kroatischen Inseln mit ihrer saftig grünen Landschaft, dem nahezu idealen Klima, gutem Essen und Trinken und den freundlichen Menschen, die sich wirklich glücklich schätzen, in solch einem Paradies zu leben.

ATHEN: STADT SEIT 2500 JAHREN

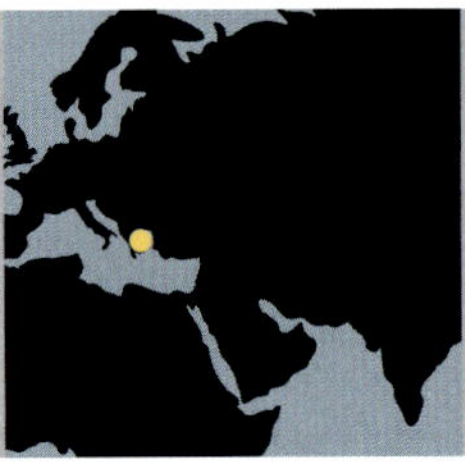

Athen ist der Geburtsort der europäischen Demokratie sowie der Tragödie und der Philosophie. Die Olympischen Spiele 2004 haben außerdem eine neue goldene Ära in der Stadt eingeleitet.

ATHEN ERLEBTE SEINE GOLDENE ÄRA zwar im 5. Jahrhundert v. Chr., doch das 21. Jahrhundert ist gerade dabei, sich als so etwas wie ein modernes goldenes Zeitalter für die Stadt zu erweisen.

Die Rückkehr der Olympischen Spiele nach Athen im Jahr 2004 war ein entscheidender Faktor für die Erneuerung der Stadt, die sich in einem stetigen Wandel befindet. Athen hat seit jeher aufgrund seiner Geschichte und Monumente viele Besucher angelockt, doch selbst seine Bewunderer wussten, dass die Hotels, Restaurants und öffentlichen Verkehrsmittel – mit wenigen Ausnahmen – nicht mit jenen anderer europäischer Hauptstädte mithalten konnten.

In den letzten paar Jahren hat sich in der Stadt aber eine bemerkenswerte Wandlung vollzogen. Nun scheint es an jeder Ecke ein schickes Hotel zu geben, wo man zuvor danach suchen musste. Immer mehr Restaurants werden mit den begehrten Michelin-Sternen ausgezeichnet, während andere mit einer neuen Art der griechischen und internationalen Küche auftrumpfen, von der man vor zehn Jahren noch nichts wusste. All das geht einher mit einer enormen Qualitätssteigerung des griechischen Weins. Vergessen Sie Retsina, und denken Sie lieber an die Goldmedaillen bei den internationalen Weinwettbewerben.

Es gibt auch ein brandneues, effizienteres U-Bahnsystem, das dafür sorgt, dass die Besucher bereits bei ihrer Ankunft einen positiven Eindruck erhalten. Athen lockt nun mit einem modernen Flughafen und einer bequemen und schnellen U-Bahnlinie direkt ins Herz der Stadt anstelle des heruntergekommenen Flughafens und einer unliebsamen Begegnung mit dem Bussystem oder den berüchtigten Taxifahrern, die die Neuankömmlinge gerne übers Ohr hauten.

Das antike Athen

Trotz all dieser Veränderungen kommen die meisten Besucher dennoch wegen der antiken Monumente hierher. Und es hat wahrhaft etwas Magisches an sich, aus der modernen Metro auszusteigen, auf die Straßen einer betriebsamen, modernen Stadt zu gelangen und dann hochzublicken und ein Gebäude zu sehen, das seit 2500 Jahren das Stadtbild dominiert. Und es handelt sich auch nicht um irgendein Gebäude, son-

Der Stadtberg Lykabettus (1) überblickt Athen, in dem Antike und Moderne zusammentreffen.

–> AUF EINEN BLICK

EINWOHNER 750 000

WÄHRUNG Euro

KLIMA Mild im Winter, obwohl es mitunter kurz schneit; häufige Hitzewellen und wenig Regen im Sommer, warm und trocken im Frühling und Herbst.

NICHT VERGESSEN Sonnencreme, Ohrenstöpsel (manche Hotels sind recht laut).

BESTE ZEIT Frühling und Herbst, auch Winter, im Sommer herrscht jedoch unerbitterliche Hitze.

NÄCHSTER FLUGHAFEN Der internationale Flughafen Athen-Eleftherios Venizelos liegt 20 km östlich des Stadtzentrums und verfügt über eine Anbindung zu Metro und Bussen.

UNTERKUNFT In jüngster Zeit haben viele neue Boutique-Hotels ihre Pforten geöffnet, zudem gibt es eine Fülle an günstigen, sauberen und komfortablen Unterkünften.

Über Jahrhunderte hinweg wurde der Parthenon (2) bombardiert und geplündert und Teile seiner Baudekoration wurden von Lord Elgin nach London gebracht. Trotzdem steht er immer noch erhaben auf der Akropolis, einer der bedeutendsten Bauten der Welt.

dern um eines der schönsten, die je errichtet wurden: den Parthenon.

Mag sein, dass gerade ein Kran im Zuge eines Restaurierungsprojekts darüberschwebt – er besticht dennoch durch seine Einfachheit. Wenn er dann bei Nacht in strahlendes Licht getaucht ist, wird offenkundig, dass man in einer besonderen Stadt ist. Hier war der Geburtsort der Demokratie in Europa. Hier, in jenem Goldenen Zeitalter, liegen die Ursprünge der modernen europäischen Tragödie und Philosophie. Es war das Zeitalter von Sokrates und Plato, von Sophokles, Euripides und anderen Tragödiendichtern.

Akropolis

Niemand sollte er bei seinem ersten Besuch in Athen versäumen, die Akropolis (»Oberstadt«) emporzusteigen, den Berg, auf dem der Parthenon und andere Monumente errichtet wurden und um den herum die Stadt entstand.

Der Parthenon war ein der Stadtgöttin Athene gewidmeter Tempel, der sowohl als Ort der Götterverehrung als auch als Schatzkammer diente. Er ist von den Überresten anderer Bauten umgeben: dem Erechtheion, dem Niketempel und den Propyläen, die den Haupteingang zur Akropolis bilden.

Die Akropolis bietet auch einen guten Ausblick auf Athen und einige andere Sehenswürdigkeiten aus dieser goldenen Ära. Viele von ihnen sind erhalten geblieben und bei einem Spaziergang durch die Stadt (der Großteil der wichtigsten Sehenswürdigkeiten ist zu Fuß erreichbar) trifft man auf mehr bedeutende archäologische Stätten als wahrscheinlich in jeder anderen Stadt der Welt. Selbst bei den jüngsten Grabungsarbeiten für die U-Bahn stieß man auf neue Funde, von denen manche in die Stationen selbst einbezogen wurden. Beim Bau des Neuen Akropolis-Museums wurden Überreste einer prähistorischen athenischen Siedlung zutage gefördert, die nun Teil der Struktur des Gebäudes ist. Zudem findet man überall in der Stadt weitere kleine Funde, die unter Glaskuppeln geschützt von den Passanten bewundert werden können.

Antike Agora

Die Agora unterhalb der Akropolis am Rande des Stadtteils Plaka war der Markt- und Versammlungsplatz des antiken Athen und entstand im 6. Jahrhundert v. Chr. Der Hauptplatz und die Fundamente einiger Straßen, Läden und anderer Gebäude sind noch zu sehen. Es braucht nicht viel Fantasie, um sich

Auf dem Turm der Winde (3) thronte einst eine Bronzefigur, die nicht nur die Richtung des Windes anzeigte, sondern auch, mit welcher der acht Windgottheiten er assoziiert wurde.

vorzustellen, wie die Alten Griechen hier einst ihre Einkäufe tätigten und über die aktuellsten Ereignisse in der Stadt diskutierten. Besonders das Museum der Agora ist einen Besuch wert, nicht nur wegen seiner Ausstellungsstücke, sondern auch aufgrund der Tatsache, dass es sich in der restaurierten Stoa des Attalos befindet, einem reizvollen Gebäude mit Säulengängen, das noch in seinem ursprünglichen Glanz aus dem 2. Jahrhundert v. Chr. erstrahlt.

Fast dasselbe gilt für den achteckigen Turm der Winde, der im 2. Jahrhundert v. Chr. vom Astronomen Andronikos von Kyrrhos erbaut wurde. Auf jeder Seite kann man noch immer die Reliefdarstellungen erkennen, die die acht Windgötter zeigen. Nicht mehr erhalten ist allerdings die Bronzefigur des Triton, die auf der Spitze thronte und die Windrichtung anzeigte.

Dies sind nur ein paar der großen Kostbarkeiten und Tempel, die es in Athen zu sehen gibt, ganz abgesehen von den modernen Museen, den Märkten und dem Nationalen Archäologischen Museum, das eines der bedeutenden Museen in einer der bedeutenden Städte der Welt ist. Wahrhaft eine goldene Stadt.

Das Zappeion (**4**) ist ein Konferenzzentrum und ein Ausstellungsgebäude. Im Jahr 1896 wurde es zudem für die ersten Olympischen Spiele der Neuzeit genutzt.

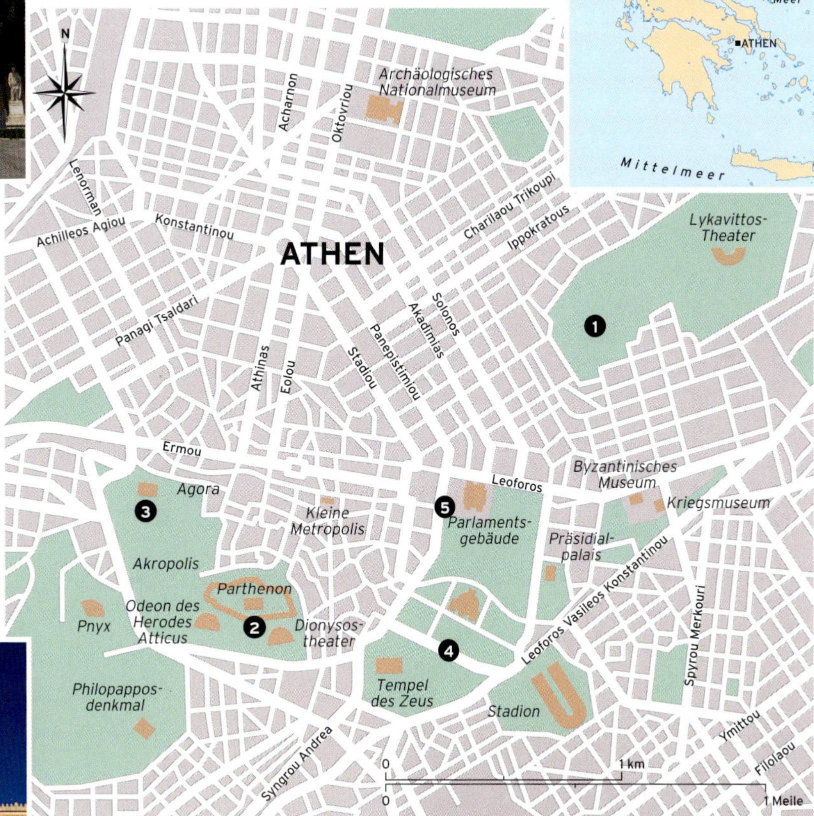

Das griechische Parlament (**5**) besteht im Gegensatz zum Parlament manch anderer Länder aus nur einer Kammer.

Die Stoa des Attalos (**3**) wurde im 3. Jahrhundert n. Chr. zerstört. Sie wurde jedoch in den 1950er Jahren originalgetreu wiederaufgebaut.

SANTORIN UND DIE GRIECHISCHEN INSELN

Die Ägäischen Inseln sind die schönsten Inseln im Mittelmeer und die Kykladen die schönste Inselgruppe. Das Juwel unter ihnen allen ist Santorin.

Neben seiner Geschichte und der malerischen Lage wartet Santorin (1) wie viele griechische Inseln mit traumhaften Stränden auf.

DIE INSEL SANTORIN mit ihren atemberaubenden Klippen und der großen, kraterförmigen Bucht entstand durch den wahrscheinlich größten Vulkanausbruch, den die Erde je erlebt hat. Es wird angenommen, dass der Vulkan gegen 1650 v. Chr. ausbrach, die Insel in sich zusammenfiel, das Meer einflutete und eine Caldera entstand, die ihresgleichen sucht.

Die Explosion war so stark, dass sie Asche in die Atmosphäre schleuderte und wahrscheinlich eine riesige Flutwelle entstand, die bis zur Insel Kreta lief. Man nimmt an, dass dies der Grund für den Untergang der minoischen Kultur auf Kreta war, obwohl es unterschiedliche Theorien dazu gibt. Jedenfalls fällt der Untergang dieser Zivilisation etwa in dieselbe Zeit, und der Vulkanausbruch auf Santorin hat bestimmt eine Gefahr bedeutet, aber ein Zusammenhang ist nicht bewiesen.

Akrotiri

Sicher ist aber, dass der Ausbruch die Stadt Akrotiri ausradierte, und die Jähheit der Katastrophe hatte einen ähnlichen Effekt wie im Falle des Vesuvs und Pompejis: Die Stadt wurde für die Nachwelt konserviert. Im Gegensatz zu Pompeji wurden jedoch keine menschlichen Überreste gefunden, was darauf hindeutet, dass die Stadt evakuiert wurde und die Einwohner von dem bevorstehenden Ausbruch wussten.

Akrotiri war eines der beliebtesten Ausflugsziele auf Santorin (auch unter dem griechischen Namen Thira bekannt), ist jedoch zurzeit Besuchern nicht zugänglich. Ein riesiges Dach war über der Stätte errichtet worden, um sie vor den Elementen, besonders der sengenden Sommersonne, zu schützen, doch im Jahr 2005 stürzte es ein. Das Areal ist wahrscheinlich nicht vor 2010 wieder zugänglich. Die Fundstücke

–> AUF EINEN BLICK

EINWOHNER Santorin 12 500

WÄHRUNG Euro

KLIMA Mittelmeerklima mit Temperaturen bis zu 30 °C im Hochsommer und sehr wenig Regen zu dieser Jahreszeit. Der meiste Regen fällt im Winter, aber es friert selten. Die Zwischensaisonen sind angenehm warm, Regen ist aber gelegentlich möglich.

NICHT VERGESSEN Badesachen wie Sonnencreme, Sandalen und eine Matte für schwarze Sandstrände sowie ein griechischer Sprachführer.

BESTE ZEIT Frühsommer und Herbst sind schön, vermeiden Sie aber die gleißende Hochsommerhitze.

NÄCHSTER FLUGHAFEN Flughafen Santorin

UNTERKUNFT Ein Riesenangebot an Unterkünften in allen Preisklassen (überall auf den Inseln), von einfachen Privatzimmern bis zu luxuriösen 5-Sterne-Kur- und Boutique-Hotels.

Aufgrund der Form der Insel Santorin (1) sind ihre Häuser und Kirchen wild durcheinandergemischt und schmiegen sich an die Hänge – ein spektakulärer Anblick.

Rotes Vulkangestein bildet eine farbenprächtige Kulisse für das alte Dorf Imerovigli auf Santorin (1).

Santorin (1) ist ein beliebtes Ziel für Kreuzfahrten.

sind jedoch im archäologischen Museum in Thira, der Hauptstadt der Insel, untergebracht. Es ist also dennoch möglich, diese fast viertausend Jahre alten Relikte zu besichtigen, um sich ein Bild vom Leben von damals machen zu können. Santorin war auch Teil der hochentwickelten minoischen Kultur: Mobiliar, Wandfresken und eine einmalige goldene Steinbock-Statuette zählen zu den Glanzpunkten.

Viele Besucher sind von den archäologischen Fundorten fasziniert, und auf den größeren Inseln wie Kreta und Rhodos gibt es unzählige davon zu sehen. Die Insel Delos in der Nähe von Mykonos, ebenfalls in den Kykladen, ist eine einzige riesige Fundstätte. Die unglaublichen archäologischen Schätze sind nur ein Aspekt der griechischen Inseln, und ihre große Anziehungskraft liegt in der Summe der vielen einzelnen Dinge, die sie zu bieten haben. Natürlich gibt es auch diejenigen, die lieber einfach den ganzen Tag am Strand verbringen.

Strände und Boutique-Hotels

Obwohl Santorin auf den ersten Blick eher felsig anmutet, hat es einige gute Strände – und das in verschiedenen Farben! Der Anblick von schwarzem oder rotem Sand, dem Ergebnis der vulkanischen Aktivität, ist anfangs verblüffend, man findet aber auch einige traumhafte weiße Sandstrände, wie es sie auf vielen Inseln gibt. Ein Nachteil des schwarzen Sandes liegt darin, dass er die Hitze anzieht. Wenn Sie also meinen, ein goldener Sandstrand im August sei heiß unter den Füßen, haben Sie schwarzen Sand noch nicht erlebt.

Der Reiz der griechischen Inseln lag lange Zeit in ihrer Unberührtheit. Das Leben hier war einfach – Strände zum Baden, ein paar Museen und archäologische Fundstätten, gute Wanderrouten, ein einfaches Abendmahl aus frischem Fisch, und das alles begleitet von gutem Wetter und freundlichen Menschen. Auf einer griechischen Insel wird man mehr lächelnde Gesichter sehen als an den meisten anderen Orten.

Obwohl diese Art des Urlaubs noch immer möglich ist, sofern Sie eine der ruhigeren Inseln wählen, haben sich andere Inseln wie Mykonos, Kreta und Santorin in den letzten Jahren enorm gemausert, zum Teil aufgrund der Olympischen Spiele in Athen 2004. Dieser sogenannte »Olympische Effekt« hat neben einem generellen Wandel der griechischen Lebensweise zahlreiche Boutique-Hotels und exzellente Restaurants auf den populäreren Inseln mit sich gebracht. Das einfache Leben ist noch da, wenn Sie es wollen, doch nun steht den Besuchern auch eine andere Option offen.

Andere Inseln, andere Sitten

Santorin ist zweifelsohne eine der reizvollsten der griechischen Inseln, doch viele Menschen zieht es nach Griechenland, weil jede Insel anders ist – und dabei doch auch gleich. Eine Reise nach Griechenland ist ein bisschen so, als wenn man aus einer Pralinenschachtel auswählen würde. Jede Praline schmeckt köstlich, unterscheidet sich aber ein wenig von den anderen. Manche Menschen wählen immer wieder dieselbe Geschmacksrichtung, andere wiederum möchten jedes Mal etwas Neues. Bei fast zweihundert bewohnten Inseln im Ägäischen und Ionischen Meer ist das eine Pralinenschachtel, die nie leer ist!

Die gesamte Insel Delos (**2**) ist eine bedeutende archäologische Fundstätte.

Oia ist ein malerisches Dorf auf Santorin (**1**), mit Gebäuden, die sich wie Puzzlestücke ineinanderfügen.

Wildblumen verleihen Náxos (**4**) und vielen anderen Inseln im Frühling und Frühsommer zusätzlichen Reiz.

Sonnenuntergang ist die beste Tageszeit, um jenen Teil der Stadt Mykonos (**3**) zu genießen, der als Klein-Venedig bekannt ist.

DELPHI: ZENTRUM DES UNIVERSUMS

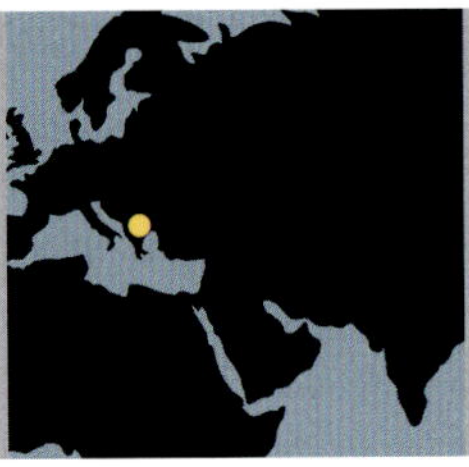

Den Alten Griechen galt Delphi als Mittelpunkt der Erde. Heute zählt es zum Weltkulturerbe und jeder, der die Ruinen besichtigt, begreift sofort, warum.

NÄHERT MAN SICH DEN ANTIKEN RUINEN von Delphi, wandelt man auf Pfaden, die mindestens dreitausend Jahre zurückreichen. Kommt man von Athen, wie viele es auf einem Tagesausflug tun, beschreitet man die gleichen Wege wie einst die Pilger, die ab dem 12. Jahrhundert v. Chr. hierher kamen, um das berühmteste Orakel der Antike um Rat zu fragen.

Das Orakel war eine Kombination aus Wahrsagerin und weiser Frau, durch die der Gott Apollon sprach. Apollon war einer der bedeutendsten Götter, der Gott der Wahrheit und Prophezeiung. Daher glaubte man, dass er fähig sei, den Menschen Ratschläge in persönlichen oder gesellschaftlichen Angelegenheiten zu erteilen. Die Menschen reisten Hunderte von Kilometern für eine Audienz beim Orakel von Delphi an, wobei der siebente Tag jedes Monats als günstigster Zeitpunkt galt.

Das Orakel wurde unter den älteren Bäuerinnen der Region auserwählt und durfte keinen charakterlichen Makel aufweisen. Sie saß auf einem Dreifuß oberhalb einer Erdspalte, unter der angeblich der Körper des Drachen Python, der von Apollon getötet worden war, verweste und mächtige Dämpfe verströmte. Man glaubte, dass das Orakel durch das Einatmen dieser Dämpfe imstande war, die Stimme Apollons zu vernehmen und die Zukunft vorherzusehen, obwohl die Antworten auf die Fragen in Rätseln erfolgten. Wie man später herausfand, strömten aus dieser Spalte tatsächlich natürliche Gase, die das Orakel wahrscheinlich in einen tranceartigen Zustand versetzten. Die Weissagungen wurden dann von den Oberpriestern des Apollon gedeutet, und die Ratsuchenden hinterließen im Gegenzug eine Opfergabe.

Das Schatzhaus der Athener in Delphi (1) ist nur eines von vielen, das errichtet wurde, um die Opfergaben hoffnungsvoller oder dankbarer Pilger unterzubringen.

Die Schatzhäuser

Vom 12. Jahrhundert v. Chr. bis zum 4. Jahrhundert n. Chr. pilgerten jedes Jahr unzählige Menschen zum Orakel. Dabei häuften sich viele Opfergaben an. Mehrere Schatzhäuser wurden errichtet, um Platz für diese zu schaffen. Diese Gebäude waren Zeichen des Danks verschiedener Menschen und Städte, darunter Argos und die Insel Korfu. Das heute rekonstruierte Schatzhaus der Athener ist eines der Prunkstücke der Anlage. Es wurde von den Bürgern von Athen errichtet, um dem Orakel für seine Ratschläge hinsichtlich der bevorstehenden Schlacht von Salamis zwischen den Griechen und Persern zu danken. Die Athener befolgten den Ratschlag und errangen einen bedeutenden Sieg.

Ein weiteres Schatzhaus wurde von den Bewohnern der Insel Sifnos gebaut, die über reiche Silber- und Goldvorkommen verfügte, die der Insel zu großem Wohlstand verholfen hatten. Eine aufwendige und kostbare Schatzkammer wurde in der Hoffnung errichtet, dass Apollon auch in Zukunft der Insel wohlgesinnt sein möge.

Beim Aufstieg zu den antiken Ruinen bietet sich eine Vielzahl an Möglichkeiten, um eine Verschnaufpause einzulegen und die wunderschöne Naturkulisse von Delphi zu genießen. Es ist nicht nur dem Orakel zu verdanken, dass der Ort das Zentrum der griechischen Welt wurde, sondern auch der schönen

–> Museum von Delphi

Direkt neben dem Ausgrabungsgelände liegt das moderne archäologische Museum von Delphi, in dem viele Fundstücke ausgestellt sind. Glanzstück der Sammlung ist eine als Wagenlenker von Delphi bekannte Bronzestatue. Sie wurde in den Ruinen des zweiten Apollon-Tempels gefunden, der bei einem Erdbeben 373 v. Chr. zerstört wurde.

–> AUF EINEN BLICK

WÄHRUNG Euro

KLIMA Heiß im Sommer, obwohl dank der Berge etwas kühler als in Athen. Aus demselben Grund kalt im Winter.

NICHT VERGESSEN Ordentliches Schuhwerk und Geduld, wenn Sie zur Hochsaison dort sind.

BESTE ZEIT Spätfrühling und Frühherbst sind gute Zeiten. Am besten, man plant den Besuch früh am Morgen oder am Ende des Tages, um den Touristenströmen zu entgehen.

NÄCHSTER FLUGHAFEN Flughafen Athen-Eleftherios Venizelos, etwa 201 km südöstlich von Delphi.

UNTERKUNFT Eine große Auswahl an Hotels in der Stadt Delphi. Wenn Sie jedoch ein eigenes Auto zur Verfügung haben, ist es viel interessanter, in dem Bergdorf Arachova, 11 km von Delphi entfernt, zu übernachten.

Der Apollontempel (2) liegt hoch oben im Gelände von Delphi und bietet einen ausgezeichneten Ausblick auf die Umgebung.

Umgebung. Delphi liegt am Fuße des Parnass, oberhalb eines Tals, das sich in einem Strudel aus grünen Olivenbäumen bis hinunter zum Golf von Korinth erstreckt. Dieser ist einer der größten Olivenhaine in ganz Griechenland und bietet eine atemberaubende Kulisse.

Apollon-Tempel und Umgebung

Obwohl der Tempel heute in Trümmern liegt und keine Spur einer Erdspalte mehr zu erkennen ist, soll hier das Orakel für die Weissagungen gesessen haben. Die Ruinen stammen von dem Tempel, der im 4. Jahrhundert v. Chr. erbaut wurde und jenen ersetzte, der einem Erdbeben zum Opfer gefallen war. Zuvor hat hier ein noch anderer Tempel aus dem 7. Jahrhundert v. Chr. gestanden, und als dieser errichtet wurde, waren bereits seit über 500 Jahren Menschen hierher gepilgert.

Viele Besucher kommen nur zum Tempel und kehren dann wieder um oder müssen zum wartenden Bus zurückkehren. Deshalb ist es in der Umgebung der Stätte gewöhnlich ruhiger, sodass sich ein weiterer kurzer Aufstieg allemal lohnt. Hier finden sich die beeindruckenden Überreste eines riesigen Theaters aus dem 4. Jahrhundert v. Chr., in dem 5000 Menschen Platz fanden. Noch etwas weiter stößt man auf ein Stadion, das von unten nicht zu sehen ist, jedoch gut erhalten geblieben ist. Es bot Platz für 7000 Zuschauer, die sich hier alle vier Jahre einfanden, um den Pythischen Spielen beizuwohnen. Diese wurden zu Ehren von Apollon abgehalten und fanden immer im Jahr vor den Olympischen Spielen statt.

Hier im oberen Bereich des Ausgrabungsgeländes von Delphi findet man am ehesten Muße, sich hinzusetzen und über diesen außergewöhnlichen Ort und die Massen von Pilgern zu sinnieren, die hierher strömten, viele von ihnen entlang der Heiligen Straße, die von Athen nach Delphi führte. Und heute kommen sie sogar in noch größeren Massen.

Das riesige Theater (rechts, 5) von Delphi bot den Zuschauern nicht nur einen Ausblick auf das übrige Gelände, sondern auch auf die malerische Umgebung.

Das Heiligtum der Athena Pronaia mit der Tholos liegt im unteren Bereich des Parnass, nur einen zehnminütigen Spaziergang vom Museum entfernt.

Säulen wie diese säumen die Heilige Straße (4).

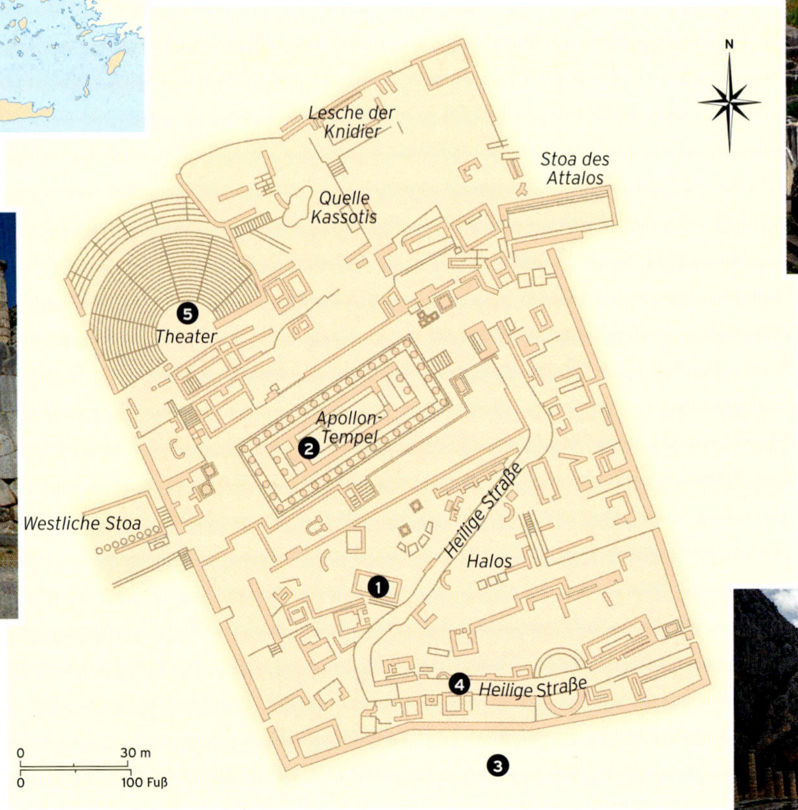

Das Tal, das sich unterhalb des Geländes von Delphi (3) erstreckt, führt bis zum Golf von Korinth.

DIE KLÖSTER VON METEORA

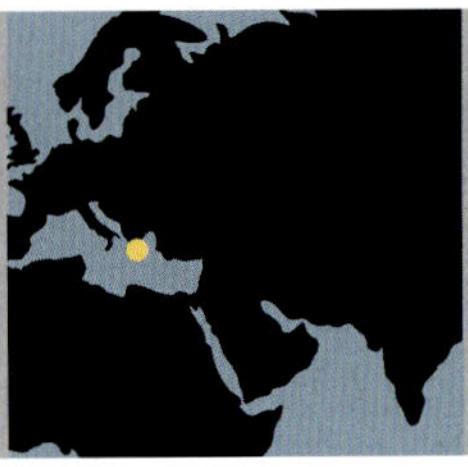

Diese religiösen Rückzugsorte auf den Felsen der thessalischen Ebene hängen wie Schlösser in der Luft, als wollten sie nach dem Himmel greifen.

IN GRIECHENLAND GIBT ES ZWEI außergewöhnliche Klosterstätten. Die bekanntere ist der Berg Athos, eine sogenannte Mönchsrepublik nahe der zweitgrößten Stadt Griechenlands, Thessaloniki. Athos ist der Name des Berges und zugleich der Halbinsel, auf der er in der Region von Chalkidiki liegt. Der Berg Athos ist bekannt dafür, dass hier Frauen keinen Zutritt haben, obwohl mehrmals schon Frauen, mit oder ohne Erlaubnis, den Berg besuchten.

Die meisten, egal ob Mann oder Frau, kommen nicht näher an den Berg heran als bei einer Bootsfahrt rund um die Halbinsel, bei der sie einen Blick auf die Klöster erhaschen. Manche Klöster liegen an spektakulären Orten, auf Klippen, während andere im Landesinneren versteckt sind. Niemand hat dort Zutritt, es sei denn, er besitzt eine der wenigen Genehmigungen, die täglich ausgegeben werden, meist an Leute, die ein paar Tage innere Einkehr suchen.

Der Besuch von Meteora stellt einen vor das genau gegenteilige Problem: Hier ist so viel los, dass es einem schwer fällt, den klösterlichen Frieden zu finden, der Eremiten und Mönche hierher geführt hat. Dennoch gibt es keinen Ort auf der Welt, der mit Meteora vergleichbar wäre. Schon der erste Anblick dieser Klöster, die auf den dunklen Felsen thronen, ist ehrfurchtgebietend. Es ist ein fast surrealer Anblick, eine bizarre Kulisse, die mit nichts vergleichbar ist. Es verwundert kaum, dass der Name Meteora »Felsen in der Luft« oder »in der Luft schwebend« bedeutet.

Der erste Mann, der in einer Höhle auf einem dieser Felsen gelebt haben soll, war ein Eremit namens Barnabas, etwa 985 n. Chr. Der Gedanke einer Kolonie von Eremiten mag zwar wie ein Widerspruch in sich anmuten, doch genau das folgte hier, als immer mehr Menschen an diesen faszinierenden Ort in der thessalischen Ebene kamen und sich mühevoll eine Lebensgrundlage aufbauten, um hier näher bei Gott zu sein.

Das erste Kloster

Im Jahr 1336 kam ein Mönch namens Athanasios von Athos nach Meteora und gründete das erste Kloster, Megaló Meteoró. Die Höhle, in der Athanasios lebte, ist am Eingang zum noch heute existierenden Kloster zu sehen. Es steht auf einem der Felsen in einer Höhe von 534 m und ist eines der dreizehn Klöster, die in Meteora erhalten geblieben sind.

Das Kloster Varlaám besitzt einen hübschen Garten auf der Spitze des Felsens.

Es bleibt ein Rätsel, wie die Klöster von Meteora (1) errichtet wurden, und es ist eine Herausforderung, sie in so gutem Zustand zu erhalten.

–> AUF EINEN BLICK

WÄHRUNG Euro

KLIMA Wie im Großteil Griechenlands ist es hier im Sommer sehr heiß. Zugleich ist es auch die trockenste Jahreszeit, obwohl es auf dem Festland zu jeder Zeit regnen kann. Die Winter können kalt sein.

NICHT VERGESSEN Frauen sollten einen Schal oder ein Schultertuch mitnehmen, um die nackten Schultern zu bedecken, Röcke sollten mindestens übers Knie reichen. Auch Männer sollten angemessene Kleidung tragen und kurze Hosen und nackte Schultern vermeiden.

BESTE ZEIT Die Sommer können zwar heiß sein, dafür ist aber mit gutem Wetter zu rechnen. Auch Spätfrühling und Frühherbst eignen sich für eine Reise.

NÄCHSTER FLUGHAFEN Thessaloniki, Griechenlands zweitgrößte Stadt, liegt 161 km nordöstlich von Meteora.

UNTERKUNFT Hotels und andere Unterkünfte gibt es in dem Dorf Kastráki in der Nähe der Felsen sowie in der Stadt Kalampáka, etwa 2 km entfernt.

BESUCH Im Prinzip kann man mehrere Klöster an einem Tag zu Fuß besuchen, was aber sehr anstrengend ist. Jeden Morgen bringt ein Bus Besucher von Kalampáka und Kastráki nach Meteora und fährt am Nachmittag wieder zurück. Als Alternative bietet sich das Taxi an. Fragen Sie besser vor Ort nach aktuellen Besuchertouren, da es kein Tourismusbüro in der Nähe gibt.

Das Kloster Agía Triáda ist Schauplatz des James-Bond-Films »In tödlicher Mission« und verfügt noch heute über die alte Seilwinde, mit der einst Vorräte und Besucher nach oben gebracht wurden.

Einst gab es hier vierundzwanzig. Sechs der dreizehn Klöster sind öffentlich zugänglich, doch nicht alle zur selben Zeit, damit die Mönche und Nonnen Frieden und Ruhe finden können.

Die Errichtung der Klöster

Die Frage, die sich natürlich jeder stellt, ist, wie die Klöster überhaupt errichtet wurden. Leider weiß das niemand genau, obwohl es mehrere Theorien dazu gibt. Sie beginnen damit, dass Athanasios bei seiner Ankunft von einem Adler auf den Gipfel gebracht wurde. Diejenigen, die später kamen, mussten pragmatischer und vor allem einfallsreicher sein, um sich selbst und das Baumaterial die steilen Bergwände hinaufzuschaffen.

Eine Möglichkeit ist, dass man mit Hilfe von Drachen leichte Seile über die Spitzen der Felsen gleiten ließ. An diesen leichten Seilen waren stärkere Seile angebracht, die dann hochgezogen werden konnten, sodass man Strickleitern bauen konnte. Eine andere Theorie besagt, dass Holzleitern aneinandergebunden wurden und einen langen und nervenaufreibenden Aufstieg boten. Oben angelangt, wurden Flaschenzüge errichtet, damit Menschen und Güter hinauftransportiert werden konnten. Auf die Frage, wie oft die Seile ausgetauscht werden, antworteten die Mönche gewöhnlich: »Jedes Mal, wenn sie reißen.«

Die Felsen von Meteora

Die Felsen, auf denen die Klöster gebaut sind, sind wahrscheinlich um die sechzig Millionen Jahre alt und enstanden im Tertiär – der Zeit zwischen dem Aussterben der Dinosaurier und dem Beginn der letzten großen Eiszeit.

Damals war die thessalische Ebene ein riesengroßer See oder ein gewaltiges Binnenmeer, das von den Flüssen und Strömen gespeist wurde, die vom Pindos-Gebirge herabflossen. Die Gewässer nahmen in ihrem Verlauf Gestein und andere Sedimente mit, die sich über Jahrtausende im See ansammelten. Eine Naturkatastrophe führte dazu, dass das Land um den See einbrach und die Gewässer in Richtung Ägäis flossen. Sie ließen Sedimentgesteine zurück. Wind, Regen und Erdbeben trugen nach und nach die weicheren Sandsteinfelsen ab, sodass die härteren Felsen in Form der Säulen, die wir heute sehen, zurückblieben. Es gibt auch Spekulationen, dass die Felsen aus der Erdoberfläche durch Bewegungen der tektonischen Platten hochgetrieben wurden.

Wie die Felsen und die Klöster auch immer entstanden sein mögen, das Ergebnis ist ein einzigartiger und unvergesslicher Teil der Welt.

Dieser riesige Felsen in der thessalischen Ebene (1) lässt die Inspiration und Mühe erahnen, die hinter dem Bau der Klöster steckt.

DIE KANÄLE VON VENEDIG

Venedig zählt mit seinen Kanälen und Brücken, seiner Geschichte und seinen Geheimnissen, die ihresgleichen suchen, zu den schönsten Städten der Welt.

Dank des hohen Mittelbogens der Rialtobrücke (1) konnten bei ihrer Eröffnung 1591 auch Schiffe unter ihr passieren. Über 250 Jahre lang war sie die einzige Brücke über den Canal Grande.

WÄHREND DIE MEISTEN STÄDTE aus einem Zusammenspiel von Siedlern und Wasserquellen entstehen, gründet sich die Stadt Venedig sozusagen auf Flüchtlinge und Sümpfe. Man nimmt an, dass sich erstmals 1500 v. Chr. ein keltischer Stamm – die Veneter – in der sumpfigen Lagune niederließ. Jene dunstigen Inseln, die immer wieder Überflutungen ausgesetzt waren und fernab vom Festland lagen, waren nicht unbedingt besonders einladend, sodass die Stadt Venedig sozusagen der reinen Verzweiflung zu verdanken ist. Ab etwa dem 2. Jahrhundert n. Chr. flüchteten immer mehr Menschen aus den nahe gelegenen römischen Städten vor der ständigen Bedrohung durch Eindringlinge wie die Germanen, Westgoten und die Heere unter Attila dem Hunnenkönig. Sie suchten Unterschlupf in Siedlungen in der Lagune Venedigs in der Hoffnung, ihr Schicksal zum Besseren zu wenden und hier in Frieden leben zu können.

Entstanden ist daraus La Serenissima Repubblica – die Erlauchteste Republik. Jene von Sumpflandschaft geprägten Siedlungen, die von Flüchtlingen errichtet wurden, um den einfallenden Imperien zu entkommen, sollten sich selbst zum Großimperium erheben, in dem reger Handel mit dem Rest der Welt getrieben wurde und das über 1000 Jahre lang von mächtigen Dogen regiert werden sollte.

Die Entstehung der Kanäle

Der Bau der Kanäle war eine Notwendigkeit. Ursprünglich flossen Bäche durch die Lagunen, die

–> AUF EINEN BLICK

EINWOHNER 270 000

WÄHRUNG Euro

KLIMA Die Besucher kommen nach Venedig trotz und nicht wegen des Klimas. Der Hochsommer ist gewöhnlich heiß und feucht, der Winter kalt und trocken, obwohl es das ganze Jahr über regnen kann. Frühling und Herbst sind angenehm, doch gibt es zu dieser Zeit häufig Überschwemmungen.

NICHT VERGESSEN Wasserfeste Kleidung, auch Stiefel, wenn man zur potenziellen Überschwemmungszeit anreist.

BESTE ZEIT Vermeiden Sie den Karneval, das Filmfestival und den Hochsommer. Viele bevorzugen trotz Kälte und drohendem Regen den Winter als Reisezeit.

NÄCHSTER FLUGHAFEN Der Flughafen Marco Polo liegt auf dem italienischen Festland, ein paar Kilometer nördlich der Stadt, mit Bus- und Wassertransportverbindungen nach Venedig.

UNTERKUNFT Aufgrund seiner Popularität verfügt Venedig über zahlreiche Hotels in allen Kategorien, von schlicht und preiswert bis luxuriös. Die Preise sind überraschend günstig, ausgenommen in den Hochsaisonen.

Die historische Regatta findet auf dem Canal Grande (2) am ersten Sonntag im September statt und bietet die Gelegenheit, Gondolieri und andere Bootsmänner in ihren schönsten Kostümen zu bewundern.

Die Kirche Santa Maria della Salute (**3**) stammt aus dem Jahr 1682 und thront auf 1 156 627 Holzpfählen.

Mönche ermöglichten den Bau der Kirche San Giorgio Maggiore (**4**), als sie das Marschland im 9. Jahrhundert trockenlegten; hier vom Campanile des Markusplatz aus gesehen (**5**).

Die Seufzerbrücke (**6**) wurde im Jahre 1600 erbaut. Ihr Name geht jedoch auf das 19. Jahrhundert zurück und wurde durch Lord Byron bekannt.

Der Markusplatz (**5**) wurde als schönster Festsaal Europas bezeichnet, er ist jedoch immer wieder Überflutungen ausgesetzt.

–> Bellini

Der Bellini ist ein venezianischer Cocktail aus dem Saft eines weißen Pfirsichs und Prosecco. Es gibt mehrere Abwandlungen des Rezeptes, darunter solche mit Pfirsichschnaps oder Pfirsichpüree, wenn die Früchte gerade nicht Saison haben. Das Getränk sollte nur dann frisch gemixt werden, wenn die Pfirsiche reif sind. Der Cocktail wurde in Harry's Bar vom Chefbarkeeper Giuseppe Cipriani kreiert. Er gab ihm den Namen, weil ihn der pfirsichrosa Farbton an eine bestimmte Farbe in einem Gemälde Bellinis erinnerte.

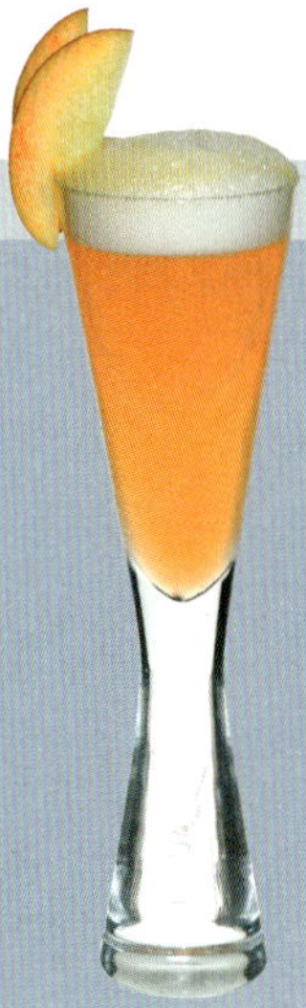

jedoch durch die von den Flüssen herangeschwemmten Ablagerungen verschlammten.

Um den Fluss des Wassers aufrechtzuerhalten, leiteten die Venezianer die natürlichen Ströme in Kanäle um, die sie kontrollieren konnten. Deshalb beschreiben viele der circa 150 Kanäle der Stadt eine leichte Kurve: Sie folgen den ursprünglichen natürlichen Wasserläufen.

Wer kann, sollte die Stadt per Boot erreichen. Die beste Anfahrt bietet sich vom Flughafen, von wo öffentliche Fähren und private Wassertaxis die Besucher über die Lagune und durch die Kanäle der Stadt führen. Hier eröffnet sich dem Besucher die ganze Magie der Stadt mit ihren Palazzi und Piazze, Märkten und Brücken, die sich alle wunderbar vom Wasser aus bestaunen lassen. Venedig ist einfach einzigartig!

Canal Grande

Andere Städte haben Prachtstraßen wie die Champs-Élysées, Fifth Avenue oder Oxford Street – Venedig hat seinen Canal Grande. Kein Besucher sollte einen Spaziergang am Kanal entlang verpassen. Vom Vorplatz des Bahnhofs geht es mit dem Schiff der Linie 1 den kurvig verlaufenden Canal Grande entlang, bis dieser in die Lagune in der Nähe des Markusplatzes mündet. Vom Canal Grande aus lassen sich viele der Schätze der Stadt bestaunen. Spätestens dann muss man Truman Capote recht geben, der meinte: »Venedig ist so, wie wenn man eine ganze Pralinenschachtel in einem Zug genießt.« Zu den Leckerbissen des Canal Grande zählen unter anderem der Fischmarkt sowie der Obst- und Gemüsemarkt, die Rialtobrücke, Dutzende Palazzi, die Brücke Ponte dell'Accademia und die Galerie dell'Accademia, die Peggy-Guggenheim-Sammlung, das Gritti Palace Hotel, die imposante Kirche Santa Maria della Salute aus dem 17. Jahrhundert und schließlich – dort, wo der Kanal in die Lagune mündet – der Ausläufer des Markusplatzes und der Dogenpalast. Allein dieser Ausflug führt an Dutzenden Sehenswürdigkeiten vorbei, die der Stadt ihren Reiz verleihen.

Der Canal Grande führt den Besucher zurück zu den Ursprüngen der Stadt, als der Fluss Brenta auf seinem Weg durch die Lagune zur Adria die umgekehrte S-Form des heutigen Kanals vorzeichnete. In der Stadt gibt es etwa 400 Brücken über die Kanäle, jedoch führen nur vier davon über den Canal Grande, der stellenweise 91 m breit ist. Die beeindruckendste ist selbstverständlich die Rialtobrücke.

Die Rialtobrücke

Die erste Brücke im Stadtteil Rialto wurde etwa 1180 errichtet und war kaum mehr als eine hölzerne Plattform. Rialto war eine der frühesten Siedlungen in Venedig. Der Name stammt von »riva alto« (hohes Flussufer).

In weiterer Folge entstand hier der wichtigste Markt der Stadt, der bis heute erhalten geblieben ist. Durch den Markt drängten immer mehr Fußgänger in die Gegend, und auch immer mehr und immer größere Schiffe wollten passieren.

Daher wurde 1250 eine Holzbrücke mit einem aufklappbaren Mittelteil errichtet, sodass auch Schiffe durchfahren konnten. Jedoch war die Brücke nicht sonderlich stabil, und so stürzte sie eines Tages unter der Last der Dutzenden Schaulustigen ein, die einer Bootsparade beiwohnen wollten. Schließlich wurde 1591 die heutige Brücke aus Stein errichtet. Sie ähnelt ihrer Vorgängerin aus Holz insofern, als an den Seiten Läden errichtet wurden und sie – zum Vorteil der Schiffe – über einen hohen Mittelbogen verfügt, jedoch gibt es einen wichtigen Unterschied: Sie steht noch immer, und das schon seit über 400 Jahren. Die Rialtobrücke symbolisiert heute Venedig wie sonst nur die Kanäle. Nirgendwo auf der Welt gibt es eine vergleichbare Brücke, und natürlich auch nirgendwo eine vergleichbare Stadt.

Der Dogenpalast (4) stammt aus dem frühen 14. Jahrhundert, hat sein Aussehen im Laufe der Zeit jedoch stark verändert.

DIE CINQUE TERRE

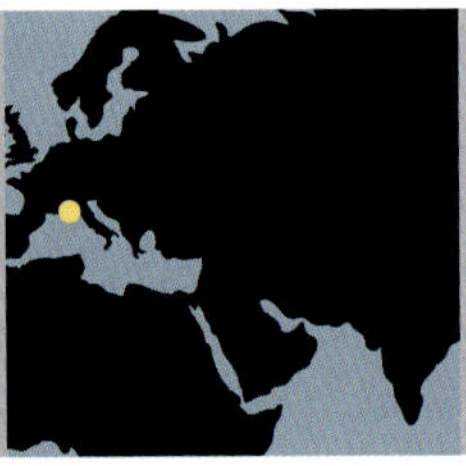

Die Region der Cinque Terre an der ligurischen Küste wurde aufgrund ihrer besonderen landschaftlichen Reize zum UNESCO-Welterbe erklärt.

Der Kieselstrand von Monterosso ist ein beliebter Ort, um die Sonne und das MIttelmeer zu genießen (**1**).

DIE FÜNF LIGURISCHEN DÖRFER, aus denen die Cinque Terre (fünf Länder) bestehen, sind ein ganz besonderer Teil Italiens. Sie liegen an der Küste südlich von Genua, wo in den engen Talkesseln einige wenige Häuser Platz finden. Zum Schutz der Fischerboote wurden kleine Häfen angelegt, und Terrassen wurden errichtet, um den Anbau von Wein und Oliven zu ermöglichen.

Italien pur

Der unwiderstehliche Charme der Cinque Terre besteht darin, dass sich das typische Leben – trotz des Touristenansturms – wenig verändert hat. Obwohl die Dörfer heute an das Bahnnetz angebunden bzw. auch per Schiff erreichbar sind und natürlich auf dem Fußweg, stellen der Anbau von Wein und Oliven sowie die Fischerei weiterhin die Haupteinkommensquelle – noch vor dem Tourismus – dar. Die Touristen mögen kommen und gehen, was bleibt, sind das Land und das Meer!

Dem eigentümlichen Charakter der Region ist es wohl zu verdanken, dass die Gegend trotz Tourismus praktisch unberührt geblieben ist. Aber es herrscht Platzmangel, und die wenigen, praktisch zwischen

Die Weinlese in Riomaggiore (rechts, **2**) erfordert einige ausgeklügelte Lösungen für die Herausforderungen, die durch die Landschaft entstehen.

–> AUF EINEN BLICK

EINWOHNER 6000

WÄHRUNG Euro

KLIMA Das Mittelmeerklima bringt heiße, jedoch nie ganz trockene Sommer und milde Winter mit sich. Regen kann zu jeder Jahreszeit fallen, mit Stürmen und Regenschauern im Frühling und Herbst. Diese können sogar die Fußwege unkenntlich machen, prüfen Sie also immer das Wetter im Voraus.

NICHT VERGESSEN Eine gute Wanderkarte oder einen Wanderführer, für den Fall, dass Sie den Hauptpfad verlassen müssen; einen italienischen Sprachführer oder ein Wörterbuch.

BESTE ZEIT Im September findet die Weinlese und im November die Olivenernte statt. Dann kommt man auf Wanderungen besser in direkten Kontakt mit Land und Leuten.

NÄCHSTER FLUGHAFEN Der Flughafen Genua liegt etwa 80 km nordwestlich von Monterosso.

UNTERKUNFT In jedem der Dörfer gibt es Übernachtungsmöglichkeiten, Sie müssen jedoch im Voraus buchen. Wenn Sie außerhalb der Hauptsaison reisen, finden Sie vielleicht auch spontan eine Unterkunft. Die beiden größten Orte, Riomaggiore und Monterosso, stellen jeweils die Endpunkte dar, und die meisten Menschen suchen sich hier eine Übernachtungsmöglichkeit.

Die Häuser von Riomaggiore (2) sind dicht aneinandergedrängt und schmiegen sich an die steilen Hänge der ligurischen Landschaft.

Corniglia (**3**), das kleinste und abgelegenste der Dörfer, ist die mühsame, einstündige Wanderung bergaufwärts in jedem Fall wert.

Die meisten Familien in den Cinque-Terre-Dörfern besitzen ein Fischerboot, um sich selbst und die Restaurants mit Meeresspezialitäten versorgen zu können.

Mit einer Fülle an versteckten Wegen, seinem eigenen Dialekt und ohne Straßen bietet Vernazza die Möglichkeit, ganz und gar dem Alltag zu entfliehen (**4**).

die Felsen gequetschten Siedlungen erlauben kaum weitere Ausdehnung. Es gibt nur wenige Übernachtungsmöglichkeiten, und die meisten Besucher kommen nur für einen Tagesausflug mit den Regionalzügen von Genua im Westen und La Spezia im Osten. Die schönste Tageszeit in der Region ist jedoch der Abend, wenn sich der ganze Trubel wieder gelegt hat.

Die fünf Dörfer

Die Dörfer (von Westen nach Osten) sind Monterosso al Mare, Vernazza, Corniglia, Manarola und Riomaggiore, und jedes von ihnen ist einzigartig. Die gesamte Region ist als Nationalpark geschützt. Am besten erkundet man die Gegend zu Fuß, da die Dörfer über alte Gehwege miteinander verbunden sind – gelegentlich gibt es auch Unterstützung durch moderne Hilfsmittel, die den Besucher bis zu den Felsgipfeln bringen oder durch die Zitronenhaine und Felder bis ins nächste Dorf.

Der wohl eindrucksvollste Ort ist Riomaggiore, wo pastellfarbene Häuser an den steilen Klippen emporragen. Das Dorf wurde im 8. Jahrhundert von griechischen Flüchtlingen gegründet. Andere Orte der Gegend sind noch älter. Corniglia geht auf die Römer zurück. Der Name stammt vom Geschlecht der Cornelier, die damals das Land besaßen.

Auch Manarola hat römische Ursprünge. Der Name stammt vom Lateinischen *manium arula*, einem kleinen Tempel, der den »Mani«, den Seelen der Toten, gewidmet war. Vernazza geht angeblich auf das Jahr 1000 zurück und soll von befreiten Sklaven gegründet worden sein. Monterosso wurde 1217 als Dorf gegründet, obwohl sich hier bereits 1201 ein Schloss befand. Diese Kombination aus Geschichte, Landschaft und Menschen erklärt die Entscheidung der UNESCO nur allzu gut – und jeder Besucher wird das bestätigen!

Ausflüge

Vom einen Ende zum anderen sind es nur rund 11 km, eine Strecke, die man zu Fuß mühelos in fünf Stunden zurücklegen kann. Es ist ein langsamer Spaziergang, da es auf der Strecke immer wieder steile Anstiege und Gefälle gibt. Man sollte auch nicht vergessen, dass Teile des Küstenweges gelegentlich gesperrt

sind, weshalb man auf andere Strecken ausweichen muss. Daher ist es ratsam, sich vor dem Aufbruch einen Wanderführer zu besorgen.

Aber diese Wanderung sollte man ohnehin gemächlich genießen. Schließlich geht es ja nicht darum, so schnell wie möglich von A nach B zu kommen. Machen Sie ein Picknick und nehmen Sie ein Buch zur Hand, vielleicht ein italienisches Wörterbuch: Auf dem Spaziergang könnten ein paar Italienischkenntnisse durchaus nützlich sein, um mit den Einheimischen zu plaudern, besonders im September bei der Weinlese oder im November bei der Olivenernte. Möglicherweise werden Sie sogar zum Mithelfen eingeladen!

Der kurze Weg zwischen Riomaggiore und Manarola ist einer der beliebtesten und auch bekannt als Via Dell'Amore – »Straße der Liebe«. Von einem Dorf zum nächsten ist es nur ein 15-minütiger Spaziergang auf vorwiegend ebenem Gelände, der daher dementsprechend populär ist. Die Aussicht ist nicht besonders, und ein Teil der Strecke wurde asphaltiert, um Bergstürze zu verhindern. Ein anderer Teil führt durch einen Durchgang, wo sich Liebespaare an den Wänden verewigt haben. Das Ganze hat durchaus einen volkstümlichen Charme, natürlich auf eine »urbane« Art und Weise, aber es steht in einem so krassen Gegensatz zur Gegend, dass man leider sagen muss, dass die Straße der Liebe weit hinter die Erwartungen zurückfällt.

Zwischen Genua im Westen und La Spezia im Osten verkehren regelmäßig Züge, die in allen fünf Dörfern der Cinque Terre halten. Tagsüber gibt es zwei Züge pro Stunde, weshalb es kein Problem ist, an einem Tag hin- und zurückzufahren und dazwischen einen Teil des Pfades entlangzuspazieren oder auch den gesamten Weg. Von La Spezia verkehren auch Fähren entlang der Küste und bieten einen atemberaubenden Ausblick vom Meer aus. Die Fähren verkehren in weniger regelmäßigen Abständen und brauchen natürlich etwas länger.

Manarola (5) ist kein geeigneter Ort für Menschen, die lieber zurückgezogen leben.

ROM: DIE EWIGE STADT

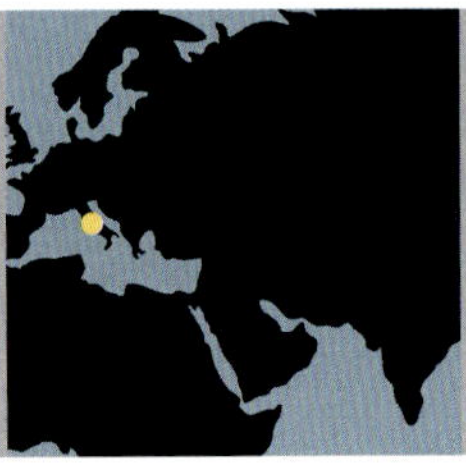

So wie Rom nicht an einem Tag erbaut wurde, ist auch für eine Besichtigung ein Tag kaum ausreichend. Selbst ein Monat würde der Stadt nicht genügend Rechnung tragen.

ROM GILT ALS DIE EWIGE STADT, und das Gefühl der Ewigkeit kann einen tatsächlich überkommen, besonders, wenn man im berüchtigten Verkehr festsitzt. Es heißt, dass es in Rom mehr zu sehen gibt als in jeder anderen Stadt der Welt – nicht zuletzt wird sie daher wohl auch Caput Mundi (Hauptstadt der Welt) genannt. Rom ist auch die Stadt der Sieben Hügel, wo sich der Geist der 3000-jährigen Besiedlung, Zivilisation und Hauptstadt des einst größten Reichs – des mächtigen Römischen Reichs – offenbart.

Der Legende nach wurde Rom von den Zwillingen Romulus und Remus im Jahr 753 v. Chr. gegründet. Archäologen sind sich zumindest einig, dass dieses Datum jenem Zeitpunkt entspricht, an dem sich die bäuerlichen Siedlungen auf den Hügeln zu erkennbaren Fundamenten der Stadt entwickelten. Romulus galt als erster König Roms; dann wird aus der Legende Geschichte. Etwa dreihundert Jahre lang war Rom Hauptstadt des Römischen Königreichs, dann etwa weitere fünf Jahrhunderte Hauptstadt der Römischen Republik und schließlich des Römischen Reichs.

Als wäre das nicht genug, sollte Rom auch zum Sitz einer der Weltreligionen werden, deren Oberhaupt in einer Stadt innerhalb der Stadt residiert. Rom ist tatsächlich eine der bemerkenswertesten Städte nicht nur Europas, sondern der ganzen Welt.

Kolosseum

Noch heute stechen auf jedem Stadtplan von Rom die Bauwerke des antiken Rom hervor. Das imposante Kolosseum war das größte, das jemals im Römischen Reich errichtet wurde. Nach einer Bauzeit von zehn Jahren wurde es 80 v. Chr. fertiggestellt.

Natürlich wurden im Laufe der Zeit wie auch bei jedem modernen Stadion Änderungen und Verbesserungen vorgenommen, wenngleich es heute eher zweifelhaft ist, dass ein Gebäude ganze 500 Jahre in Betrieb bleibt, wie es beim Kolosseum der Fall war. Fast zweitausend Jahre nach seiner Erbauung ist noch immer der Großteil erhalten. Die meisten Schäden sind durch Erdbeben entstanden und durch Diebe, die sich mit den Steinen aus dem Staub gemacht haben. Die Römer schufen Werke für die Ewigkeit.

Das Kolosseum in Rom (1) wurde zur Unterhaltung und für Hinrichtungen genutzt. Hier wurden sogar Seeschlachten nachgespielt.

–> AUF EINEN BLICK

EINWOHNER 2 700 000

WÄHRUNG Euro

KLIMA Dank des Mittelmeerklimas ist es in Rom den Großteil des Jahres über angenehm, obwohl es im Winter für eine Weile sehr kalt werden kann und im August unerträglich heiß. Regen ist das ganze Jahr über möglich, obwohl die trockensten Monate Mai bis August sind.

NICHT VERGESSEN Bequemes Schuhwerk, da es viel zu besichtigen gibt.

BESTE ZEIT April bis Juni und September bis Oktober sind gewöhnlich sehr angenehme Zeiten für einen Besuch.

NÄCHSTER FLUGHAFEN Der Flughafen Rom-Fiumicino liegt 26 km südwestlich der Stadt, mit Zug- und Busverbindungen ins Zentrum.

UNTERKUNFT In Rom gibt es keinen Mangel an Hotels aller Arten, doch wenn Sie direkt im Zentrum logieren möchten, müssen Sie mit einem Aufschlag rechnen. Manchmal bekommen Sie mehr für Ihr Geld, wenn Sie etwas außerhalb übernachten.

Heute ist ein Pantheon eine Grabstätte angesehener Personen, das ursprüngliche Pantheon in Rom (2) hingegen war ein den Göttern geweihtes Heiligtum.

Das Forum Romanum (**3**) war nicht nur Zentrum des städtischen Treibens, sondern auch Zentrum des gesamten Römischen Reichs.

Das Kolosseum fasste 50 000 Zuschauer, und die Geräuschkulisse während der Gladiatorenkämpfe muss atemberaubend gewesen sein. Die Arena wurde aber nicht nur für Gladiatoren- und Tierkämpfe genutzt. Es gab Nachstellungen verschiedener Schlachten, sogar Seeschlachten, damit die Römer wussten, was in jenen Kämpfen geschah, die zu Erhalt und Ausdehnung ihres Reichs gefochten wurden.

Es gab Theateraufführungen, aber auch öffentliche Hinrichtungen, und schließlich wurde das Kolosseum als Kirche, Schloss, Friedhof und Unterkunft eines religiösen Ordens genutzt. Und, nicht zu vergessen, als Kulisse für Konzerte von Größen wie Paul McCartney und Elton John. 2007 wurde es zu Recht in die Liste der »Neuen Sieben Weltwunder« neben Stätten wie dem Taj Mahal und Petra in Jordanien aufgenommen. Das Kolosseum schreibt weiterhin Geschichte. Es ist ein ewiges Bauwerk in der Ewigen Stadt.

Forum Romanum

Die Geschichte Roms hat ihren Ausgangspunkt im nahe gelegenen Forum, das im Zentrum der Stadt lag, die sich daraus entwickeln sollte. Da es neben dem Kolosseum liegt und sich hier die Ursprünge der Stadt befinden, besuchen die meisten Touristen das Forum, wenngleich es bei Weitem nicht so gut erhalten ist wie das Kolosseum. Um sich das damalige Leben hier vorzustellen, bedarf es schon mehr Fantasie. Die Größe des Ortes und die Anzahl an Gebäuden lassen jedoch keinen Zweifel an der Bedeutung der Stadt und erinnern daran, dass zumindest zur Zeit des Römischen Reichs die Stadt ihren Titel als Hauptstadt der Welt wirklich verdient hatte.

Pantheon

Nordwestlich des Forums befindet sich jenes Bauwerk, das wohl in seiner Bedeutung, seiner Grandezza und

Die Piazza del Popolo (**7**) war einer der Hauptplätze, über die man das antike Rom betrat.

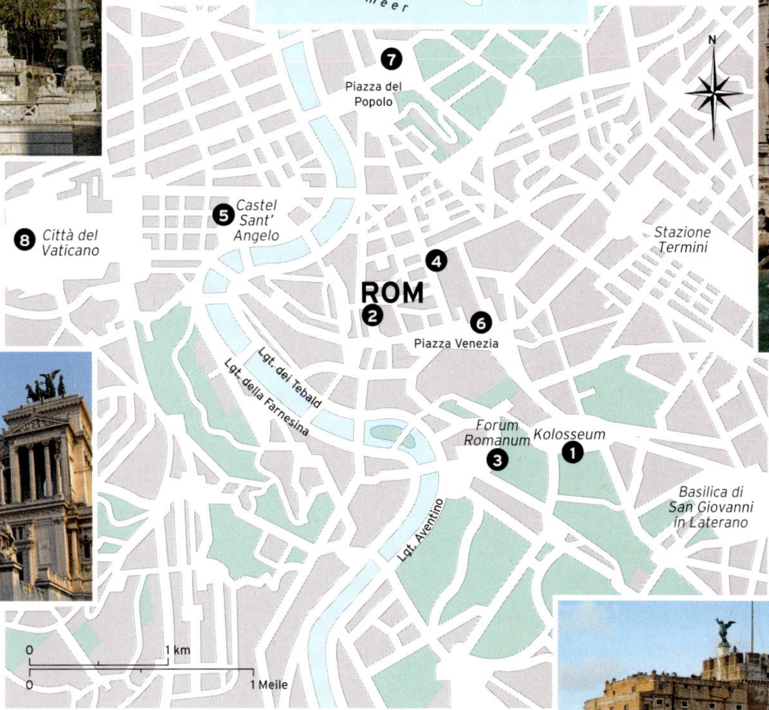

Der Trevi-Brunnen (**4**) ist einer der berühmtesten Plätze Roms.

Das Monumento Nazionale a Vittorio Emanuele II (**6**) wurde zu Ehren des ersten Königs des heutigen Italien errichtet.

Kaiser Hadrian ließ die Engelsburg (**5**) als Mausoleum für seine Familie errichten. Heute ist sie ein Museum.

dem gut erhaltenen Zustand als einziges in Rom mit dem Kolosseum konkurrieren kann – das Pantheon. Es ist sogar noch besser erhalten als das Kolosseum und geht etwa auf denselben Zeitraum zurück, nachdem es etwa 125 v. Chr. unter Kaiser Hadrian fertiggestellt wurde. Es gilt als das weltweit besterhaltene Bauwerk seiner Zeit.

Wenn das Gebäude schon von außen beeindruckend ist, so lässt das Innere den Besucher erst recht vor Ehrfurcht erstarren. Die Spitze des überwölbten Rundbaus hat einen Innendurchmesser und eine Innenhöhe von 43 m. Das Zentrum der Kuppel bildet ein offener Kreis mit einem Durchmesser von 9 m, durch den das Licht von außen hineinfällt und das Gebäude durchflutet, das sonst ziemlich dunkel wäre. Es gibt auch keine sichtbaren Bögen oder Träger, die die Kuppel stützen – sie sind da, aber sie sind gut verborgen in den Wänden des Gebäudes.

Das Innere des Pantheons muss man einfach mit eigenen Augen gesehen haben – so wie ganz Rom.

Bei einem Aufenthalt in der Ewigen Stadt darf die Besichtigung der Vatikanstadt (**8**) auf keinen Fall fehlen: Es handelt sich um den kleinsten unabhängigen Staat der Welt.

DAS ITALIEN DER RENAISSANCE

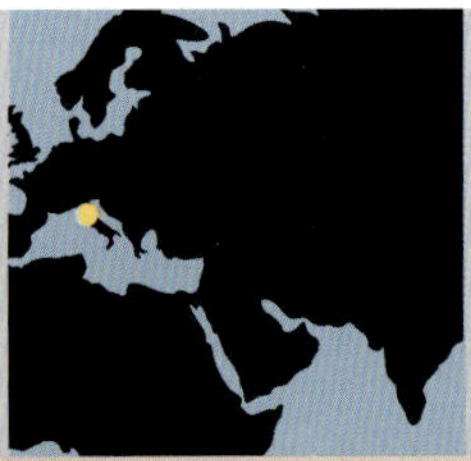

Die europäische Renaissance, jenes Zeitalter, in dem Kunst und Architektur eine neue Blütezeit erlebten, hatte ihren Ursprung in der Toskana und hier im Besonderen in Siena und Florenz.

Das warme Licht der Morgendämmerung über Florenz und dem Dom (1) erzeugt einen Anblick, den jeder Künstler nur allzu gern nachahmen würde.

DIE TOSKANA IST DIE WOHL BEKANNTESTE Region Italiens – und das aus gutem Grund. Die Landschaft bietet alles, was der Besucher sich von einer Region am Mittelmeer erhofft und erwartet – von Steinmauern umgebene Städte, die sich an einem friedlichen Nachmittag unter der heißen Sonne beim Gesang der Zikaden hinter Weinbergen erheben. Und genau diese Landschaft, das strahlende Licht und die herrlichen Farben, die man nur hier findet, haben Künstler wie Donatello und Michelangelo sowie Dutzende Architekten, Schriftsteller, Wissenschaftler, Bildhauer, Musiker und Denker inspiriert, die alle danach strebten, Großes zu schaffen. Ihre Werke veränderten zunächst die italienische Kultur und Gesellschaft, dann die in anderen Ländern Europas und beeindruckten schließlich die ganze Welt.

Die Bedeutung der Region erkennt man nicht zuletzt daran, dass zu dieser Zeit der toskanische Dialekt zur Sprache des ganzen Landes wurde. Die Renaissance dauerte nur rund zweihundert Jahre, vom späten 14. Jahrhundert bis Anfang des 17. Jahrhunderts, aber es war ein Zeitalter, in dem das Geistesleben weitreichende Veränderungen erfuhr. In der Literatur war es das Zeitalter von Francesco Petrarca, Giovanni Boccaccio und Niccolò Machiavelli.

Florenz

In der Architektur markierten der Bau der Kathedrale von Florenz und des Petersdoms in Rom die Verbreitung der Renaissancekultur im ganzen Land. Florenz wurde oft als schönste Stadt Italiens bezeichnet, deren Krönung die Basilica di Santa Maria del Fiore darstellt.

Besser bekannt ist diese als Duomo, nach der imposanten und einzigartigen Kuppel aus Backstein, die noch heute – fast 600 Jahre nach ihrer Fertigstellung – die Silhouette der Stadt dominiert.

Im Jahr 1436 wurde der Dom aus über vier Millionen Steinen erbaut – dies stellte eine enorme Herausforderung für den Architekten Filippo Brunelleschi dar. Bauwerke von Brunelleschi findet man in ganz Florenz, sie sind sozusagen Teil des Gewebes der Stadt; aber der Duomo geht nicht auf seine Planung zurück. Konzipiert wurde er vom Architekten und Bildhauer Arnolfo di Cambio, nachdem er den Auftrag zum Bau des bis dato größten Doms erhalten hatte, um Pisa und Siena auszustechen. Di Cambio konzipierte zwar pflichtgemäß den Dom, hatte aber keine Ahnung, wie das Vorhaben in die Tat umgesetzt werden könnte – allen anderen erging es ähnlich. Da trat Brunelleschi auf den Plan und meinte, ihm könnte das gelingen, wenngleich auch er nicht wusste, wie. Aber er hielt sein Wort, und heute sind der Duomo und die ganze Stadt Florenz der lebende Beweis für den Geist der Renaissance.

Siena

Siena, die ewige Rivalin von Florenz, ist die zweite toskanische Stadt, die den Geist der italienischen Renaissance am besten verkörpert. Sie ist Konkurrentin und hat doch einen ganz anderen Charakter. Als befestigte Stadt auf einem Hügel ist sie viel kleiner als das weitläufige Florenz, aber auch ihr Stadtzentrum wurde zum UNESCO-Weltkulturerbe ernannt. Die Fassade der Kathedrale wurde 1380 fertiggestellt, als der romanische und der gotische

–> AUF EINEN BLICK

EINWOHNER Toskana 3 600 000

WÄHRUNG Euro

KLIMA Die Bedingungen variieren zwischen den Hügeln und Tälern, doch generell ist das Klima mild, wenngleich viel Regen fällt. Juli und August sind die heißesten Monate mit einer Durchschnittstemperatur von etwa 30 °C. Im Winter kann sie in den Bergen unter den Gefrierpunkt fallen, in tieferen Lagen ist es hingegen milder.

NICHT VERGESSEN Wasserfeste Kleidung und Sonnencreme, die Biografie von Leonardo da Vinci von Charles Nicholl.

BESTE ZEIT Von April bis Juni und September bis Oktober ist die Wahrscheinlichkeit auf gutes Wetter und weniger Besucher am größten. Im Hochsommer herrscht geschäftiges Treiben.

NÄCHSTE FLUGHÄFEN Einige Flüge nutzen den kleinen Flughafen Amerigo Vespucci in Florenz, doch die meisten größeren Fluglinien fliegen den Aeroporto Galileo Galilei in Pisa, der etwa 80 km westlich von Florenz liegt, an.

UNTERKUNFT Ein großes Angebot an Übernachtungsmöglichkeiten aller Art in Florenz und Siena, doch im Hochsommer kann es überfüllt sein. Rechtzeitige Buchung ist daher empfehlenswert.

Die charakteristische, kunstvolle Fassade des Doms von Siena (**2**) wurde ab dem 13. Jahrhundert in zwei Phasen errichtet.

In der Toskana gibt es mehrere Kirchen, die für ihr Zebrastreifendekor bekannt sind.

Sanft geschwungene Hügel und goldenes Licht in der toskanischen Landschaft.

In Florenz (**1**) finden sich Statuen in Hülle und Fülle, besonders solche, die David darstellen, der zum Symbol der italienischen Renaissance wurde.

Baustil langsam dem leichteren und helleren Renaissancestil wichen. Damals zählte Siena zu den wichtigsten Städten Europas und war etwa so groß und bedeutend wie Paris.

Obwohl die Kathedrale und ihre Fassade fertiggestellt wurden, noch bevor die Renaissance tatsächlich Einzug gehalten hatte, zeigt das Innere bereits ein wenig den Geist des anbrechenden Zeitalters. In den Kapellen und an den Altären kann man Statuen und Gemälde zahlreicher Renaissancekünstler bewundern. Ein herausragendes Renaissancebauwerk der Stadt ist der Palazzo Spannochi auf der Piazza Salimberi, der heute das städtische Postamt beherbergt.

Leonardo da Vinci

Eine Stunde nördlich von Siena und westlich von Florenz liegt die kleine Stadt Vinci, die wohl nicht weiter interessant wäre, wenn hier nicht am 15. April 1452 in einem Bauernhaus am Stadtrand ein ganz besonderer Italiener geboren worden wäre. Sein Name: Leonardo di ser Piero da Vinci, Leonardo der Sohn von Piero aus Vinci, woraus später kurz Leonardo da Vinci wurde.

Da Vinci war ein ungewöhnlicher Mann, sozusagen die fleischgewordene Renaissance. Er war

Der Palazzo Pubblico (Rathaus) von Siena (**2**) stammt aus dem Jahr 1297. Mit der Errichtung seines Glockenturms, des Torre del Mangia, begann man im Jahr 1325.

Der Torre del Mangia (siehe oben) bietet einen beeindruckenden Ausblick auf die Piazza del Campo (rechts, **2**) und die Dächerlandschaft von Siena.

Schriftsteller, Maler, Wissenschaftler, Erfinder, Musiker, Ingenieur, Bildhauer und vieles mehr. In die Geschichte eingegangen ist er als Maler, der die Mona Lisa schuf, aber das ist nur ein kleiner Ausschnitt seines außergewöhnlichen Schaffens.

Er hatte einen rastlosen Geist voller Visionen, die seiner Zeit weit voraus waren – darunter Helikopter, Fallschirm, Segelflieger, Brücken, Hydraulikpumpen, Musikinstrumente, Schuhe, mit denen man auf dem Wasser gehen konnte, sogar ein primitives Auto.

Da Vinci studierte beispielsweise die Anatomie und die Flugbewegungen von Vögeln und machte genaue Aufzeichnungen mit Anmerkungen und Skizzen seiner – teils realistischen, teils eher abwegigen – Ideen für einen Flugapparat. Sein Erfindergeist entspricht genau dem Denken der Renaissance. Um einen Einblick in dieses herausragende Zeitalter zu bekommen, muss man nicht nur die Kathedralen und Paläste von Florenz und Siena und anderer toskanischer Städte besichtigen, sondern man sollte auch einen Abstecher ins Leonardo-Museum machen und das einfache Bauernhaus besuchen, in dem dieser große Mann als uneheliches Kind eines wohlhabenden Rechtsanwalts und eines armen Bauernmädchens geboren wurde.

ISTANBUL: AM RANDE EUROPAS

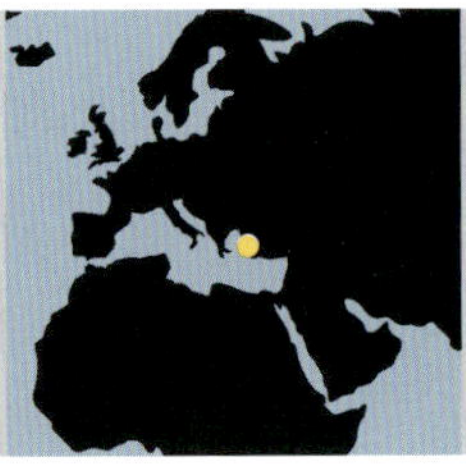

Einer der Reize des Reisens besteht darin, durch Länder zu fahren und zu beobachten, wie sich die Kultur langsam verändert. An den Rändern Europas gibt es keine andere Stadt, die so faszinierend ist wie Istanbul.

Die Süleymaniye-Moschee (1) überblickt den Bosporus und ist eines der markantesten Bauwerke in Istanbul.

EGAL, WELCHE STRASSE man in dieser riesigen, historischen Stadt entlangwandert, man vermeint stets, in Asien oder im Nahen Osten zu sein. Istanbul mutet auf den ersten Blick überhaupt nicht europäisch an. Der Lärm, das Getümmel, die Gerüche, die Hitze, der Verkehr, die Basare, Gesichter, Farben und der allgemeine Eindruck von Chaos – all das ist eindeutig uneuropäisch und vielmehr orientalisch. Doch zugleich nähert sich Istanbul gern an Europa an.

Istanbul hat immer nach Europa geblickt, wenn auch nicht in einer so wohlgesinnten Weise wie heute, wo die Türkei der Europäischen Union beitreten möchte. Eines der Probleme, das dazu vorher gelöst werden muss, ist die Frage der Besetzung des Nordteils der Insel Zypern durch türkische Truppen. Besonders für die Griechen ruft dies leidvolle Erinnerungen an die Jahrhunderte wach, in denen Griechenland von Konstantinopel aus (wie Istanbul bis 1930 genannt wurde) regiert wurde. Die beiden Nachbarn hatten nie ein einfaches Verhältnis zueinander und lagen miteinander im Zwist wie zwei Brüder, die zwar ein paar Gene verbindet, die aber sehr verschieden sind.

Und genau diese Grenze verleiht der bereits vielschichtigen Stadt eine weitere Dimension. Sie ist die größte Stadt der Türkei, aber nicht mehr die Hauptstadt, die 1923 nach Ankara verlegt wurde, als die moderne Türkische Republik entstand.

Ihr Name mag zwar weniger als hundert Jahre alt sein, sie selbst wurde aber bereits im 7. Jahrhundert v. Chr. gegründet. Sie wurde von Rom aus als die östlichste Hauptstadt des großen Römischen Reichs regiert, bevor sie selbst zum Zentrum des mächtigen

Der Galataturm (**5**) war bei seiner Errichtung 1348 mit einer Höhe von 66,9 m das höchste Gebäude Istanbuls.

Istanbuls Großer Basar (**2**) zieht zu den geschäftigsten Tageszeiten angeblich fast eine halbe Million Menschen an.

Die Bosporus-Brücke (**4**) ist eine der längsten Hängebrücken der Welt und wurde 1973 eröffnet, um Europa mit Asien zu verbinden.

Etwa 4000 Menschen lebten einst im Topkapı-Palast (**3**), dessen Gärten heute eine willkommene Abwechslung zu den gedrängten Straßen bieten.

Osmanischen Reichs aufstieg, das sich einst über drei Kontinente erstreckte. Wie könnte einen solch eine Stadt nicht in ihren Bann ziehen?

Der Große Basar

In gewisser Hinsicht fühlt man sich in Istanbul wie in einem einzigen großen Basar. Zu den Hauptattraktionen der Stadt zählt sicherlich der Große Basar. Bewaffnen Sie sich vor Betreten dieser Stadt innerhalb der Stadt mit einem Reiseführer oder einem Stadtplan, sonst werden Sie sich darin kaum zurechtfinden. Es gibt mehrere Wege in und aus diesem Irrgarten, in dem sich Tausende Geschäfte auf Hunderten von Straßen aneinanderreihen und wo es einem so vorkommt, als gebe es alles auf der Welt zu kaufen – wenn nur der Preis stimmt. Hier findet man Gewürze und Sandalen, Teppiche und Kaffeekannen; hier gibt es auch Geldverleiher und eine Moschee, sogar eine Polizeistation und ein Postamt für die Besucher und die Verkäufer, die mehr Zeit an ihren Ständen verbringen als zu Hause.

Der Große Basar hat seine ganz eigene ehrwürdige Geschichte. Er wurde von Sultan Mehmet II. um 1450 gegründet und war Teil einer Offensive zur Wiederbelebung der Stadt – diese Idee ist also nichts Neues! In den folgenden zwei Jahrhunderten begannen zwei weitere eindrucksvolle Gebäude das Stadtbild zu prägen – die Süleymaniye-Moschee und die Blaue Moschee (oder Sultan-Ahmed-Moschee).

Die Moscheen

Die Süleymaniye-Moschee verdankt ihren Namen dem Mann, der sie in Auftrag gegeben hat, Süleyman dem Großen. Die Errichtung dauerte sieben Jahre, 1557 wurde sie schließlich fertiggestellt. Sie besticht durch ihre Pracht und Schönheit, zugleich aber durch ihre Einfachheit. Die Moschee ist Teil eines großen Komplexes, zu dem eine Küche, ein Krankenhaus, Schulen und eine Karawanserei, eine Herberge für Reisende und Pilger, gehörten. Hier erhielten auch die Armen der Stadt medizinische Versorgung und Essen.

Fünfzig Jahre später wurde die Blaue Moschee errichtet. Ihr offizieller Name, Sultan-Ahmed-Moschee, stammt von ihrem Gründer. Der Name Blaue Moschee leitet sich von den blauen Fliesen ab, die die Kuppeln und Minarette außen zieren, sowie den blauen Iznik-Fliesen im Inneren. Wie die Süleymaniye-Moschee ist sie sehr groß und umwerfend schön und verströmt eine friedvolle, ruhige Atmosphäre.

Topkapı-Palast

Wenn es ein weiteres Gebäude in Istanbul gibt, das man unbedingt gesehen haben muss, so ist es der Topkapı-Palast. Auch er wurde von Sultan Mehmet II. nicht lange nach dem Großen Basar errichtet. Er sollte sein Wohnsitz und fast 400 Jahre lang jener der nachfolgenden osmanischen Sultane sein.

Seit 1924 ist hier ein Museum untergebracht. Der Topkapı-Palast liegt am Ufer des Bosporus, der Meerenge, die das europäische Istanbul vom asiatischen Istanbul trennt. Hier befindet sich die äußerste Grenze Europas.

–> Probieren geht über Studieren

Die Türkei ist bekannt für ihre verschiedenen Arten von Pudding. Obwohl es sich um Desserts handelt, werden sie auch gern zwischendurch als Snack gegessen – mit verschiedensten Füllungen, sogar Fleisch. Halten Sie Ausschau nach einem *muhallebici*, einem Puddingshop.

–> AUF EINEN BLICK

EINWOHNER 11 400 000

WÄHRUNG Türkische Lira (Türk Lirasi)

KLIMA Mittelmeerklima mit heißen Sommern, die Winter hingegen können kalt und feucht sein, sogar Schnee ist möglich.

NICHT VERGESSEN Sonnencreme, angemessene Kleidung für den Besuch der Moscheen, ein Sprachführer.

BESTE ZEIT Sommer kann mitunter zu heiß sein, und die Winter vermeidet man besser, sodass Spätfrühling und Frühherbst als die besten Reisezeiten gelten.

NÄCHSTE FLUGHÄFEN Der Flughafen Istanbul-Atatürk bedient die europäische Seite Istanbuls. Der Flughafen Istanbul-Sabiha Gökçen, der auf der asiatischen Seite des Bosporus liegt, wird aufgrund des verstärkten Luftverkehrs gerade erweitert. Der Flughafen Istanbul-Atatürk liegt 14 km südwestlich der Stadt. Busse und eine Stadtbahn führen nach Istanbul.

UNTERKUNFT Istanbul ist eine bedeutende Konferenz- und Urlaubsdestination und bietet ein großes Angebot an Unterkünften. Es ist kaum ein Problem, eine geeignete Unterbringung zu finden.

Durch mehr als 200 bunte Glasfenster dringt Licht in die Blaue Moschee (6).

EPHESOS

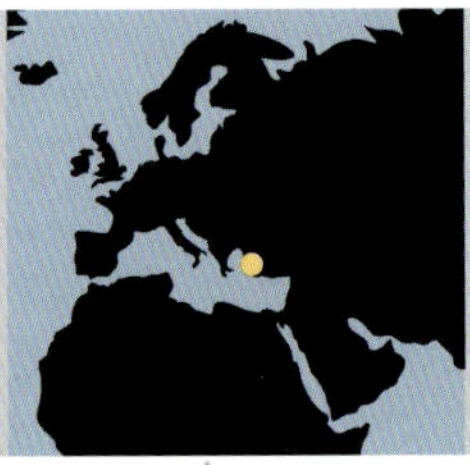

Ephesos in der Türkei ist wie eine Zeitmaschine, die die Besucher zweitausend Jahre zurück in die Vergangenheit versetzt. Hier können Sie sehen, wie sich das Leben in einer römischen Stadt abgespielt hat, und zwar in der am besten erhaltenen im Mittelmeerraum.

DIE TÜRKEI IST NICHT SO BEKANNT für ihre römischen Fundstätten wie Griechenland, Tunesien, Sizilien und natürlich Rom, doch in Wahrheit übertrumpft Ephesos sie alle. Das Gebiet ist riesengroß, doch so gut erhalten und an manchen Stellen so originalgetreu wiederaufgebaut, dass es einem manchmal so vorkommt, als wandere man in einer Stadt umher, die erst vor Kurzem verlassen worden ist. Die Ausmaße und Schönheit der Hauptgebäude rauben einem wirklich den Atem, und das ist umso erstaunlicher, als erst etwa 15 Prozent der gesamten Stätte ausgegraben worden sind. Ephesos kann man als eines der größten Freiluftmuseen der Welt bezeichnen.

Die Geschichte von Ephesos ist lang und kompliziert, da das Gebiet von verschiedenen Völkern und an verschiedenen Orten bewohnt wurde. Hier gab es bereits in der Bronzezeit Siedlungen, die bis ins Jahr 6000 v. Chr. zurückreichen, doch der Name Ephesos leitet sich von der Stadt Apasa ab, die hier im 13. und 12. Jahrhundert v. Chr. lag. Sie entwickelte sich zu einer bedeutenden Stadt und wurde von mehreren Völkern erobert, darunter die Perser. Im Jahr 334 v. Chr. wurde Ephesos schließlich von Alexander dem Großen, der begeistert willkommen geheißen wurde, von der Perser-Herrschaft befreit.

Zu dieser Zeit florierte Ephesos als Mittelmeermacht neben solchen Orten wie Athen und Sparta und genoss bereits einiges Ansehen, noch bevor die Römer überhaupt einen Fuß hierher gesetzt hatten. Es hatte bereits 1000 Jahre existiert, als Paulus von Tarsus 52 n. Chr. hierher kam. Doch als Kaiser Augustus Ephesos zur Hauptstadt der römischen Provinz Asia machte, erlebte es einen noch nie dagewesenen Aufschwung. Keine Kosten und Mühen wurden für die Errichtung von Bauten in der bedeutendsten römischen Stadt nach Alexandria und Rom gescheut.

Die Johanneskirche bei Ephesos, umgeben von Festungsmauern, liegt auf dem höchsten Punkt der Umgebung (1).

Die 600 m lange Hafenstraße führt vom großen Theater in Ephesos (1) zum Hafen hinab.

-> AUF EINEN BLICK

WÄHRUNG Türkische Lira (Türk Lirasi)

KLIMA Mittelmeerklima mit heißen, trockenen Sommern und milden Wintern.

NICHT VERGESSEN Sonnencreme, bequeme Schuhe, einen guten Reiseführer.

BESTE ZEIT Frühling und Herbst, um der hochsommerlichen Hitze zu entgehen.

NÄCHSTER FLUGHAFEN Der Adnan Menderes Airport in Izmir, etwa 32 km nördlich von Selçuk.

UNTERKUNFT Eine Fülle an kleinen Hotels und einfachen, aber komfortablen Pensionen in der nächstgelegenen Stadt, Selçuk, 3 km entfernt.

Die beeindruckende Fassade der Celsus-Bibliothek (1) wurde aus dem Baumaterial des Originalbaus wieder aufgebaut.

Doch diese Blütezeit sollte nicht lange währen, denn 262 n. Chr. wurde Ephesos von den Goten geplündert. Obwohl sie als türkische Stadt weiter bestand, erlangte sie nie mehr ihren einstigen Ruhm zurück und wurde schließlich im 15. Jahrhundert verlassen.

Bücher und Bordelle

Ein Teil des Reizes, der Ephesos ausmacht, ist, dass man hier auf eine tatsächlich bewohnte Stadt trifft und nicht nur auf eine Sammlung von Ruinen. Auf diese Weise werden die Bewohner von einst wieder zum Leben erweckt und ihre Zeit wird gut veranschaulicht. Eines der größten Gebäude ist die Celsus-Bibliothek, die 135 n. Chr. fertiggestellt wurde und bis zu 14 000 Schriftrollen enthielt. Dies war für römische Verhältnisse eine eher geringe Zahl, doch die Fassade wurde groß gebaut, um die Bedeutung des Gebäudes hervorzuheben. Sie verfügte über doppelte Wände, durch die die Feuchtigkeit ferngehalten wurde und auch die starken Temperaturschwankungen in diesem Teil der Mittelmeerküste ausgeglichen wurden.

Die Bibliothek war damals gut besucht. Sie wurde nach Osten hin gebaut, damit die Gelehrten am Vormittag genug Sonnenlicht bekamen und arbeiten konnten.

Was einige der Gelehrten wohl nach den Studien getan haben, lässt das nahe gelegene Bordell erahnen. Eine Werbung für das Freudenhaus ist in einen der Pflastersteine nahe der Bibliothek gemeißelt, sodass jeder Passant genau wusste, was dort angeboten wurde. Die Fassade der Bibliothek ist das Einzige, was erhalten geblieben ist, nachdem das Innere von den Goten zerstört worden war. Auch das Bordell liegt heute in Ruinen, ebenso die Herrentoilette in der Nähe – obwohl noch genau erkennbar ist, welchem Zweck das Gebäude diente.

Das große Theater

Das große Theater in Ephesos gilt als das größte Freilufttheater der Antike und bot Platz für rund 24 000 Zuseher. Heute ist es noch immer ein beeindruckender Schauplatz: ein riesiges Auditorium, das teils Theater, teils Sportarena war. Wenn man hier eine Weile sitzt, kann man sich leicht vorstellen, wie einst Vorführungen und blutrünstige Kämpfe zur Unterhaltung der tobenden Menge stattfanden.

Verlorene Wunderwerke

Ein Grund, warum Ephesos so wunderbar ist, ist die Tatsache, dass der Besuch nicht nur emotionalen, sondern auch intellektuellen Hochgenuss bietet. Hier geht es gleichsam um Menschen wie um Geschichte, um Bordelle wie um Tempel und Theater. Und es stimmt einen traurig, dass nur noch eine Säule des Tempels der Artemis erhalten ist, der nicht nur eines der Sieben Weltwunder der Antike war, sondern der laut einem damaligen Historiker auch alle anderen an Pracht übertraf. Wie großartig wäre es, wenn man ihn hier in Ephesos noch heute bewundern oder zumindest seine Pracht erahnen könnte. Der

–> Phidias

Phidias lebte im 5. Jahrhundert v. Chr., dem goldenen Zeitalter Griechenlands, und galt als der bedeutendste griechische Bildhauer dieser Ära. Er schuf eine riesige Bronzestatue der Göttin Athene, die auf der Akropolis stand und anscheinend schon vom Meer aus zu sehen war. Für den Tempel der Artemis in Ephesos schuf er eine Amazonenstatue. Außerdem schuf er Statuen in Delphi und Olympia, wobei Letztere offenbar eine der größten und meistbewunderten Statuen der damaligen Zeit war. Leider existiert sie – so wie der Großteil der Werke dieses außergewöhnlichen Künstlers – heute nicht mehr.

Bau des Tempels zog sich über 120 Jahre hin. Er lag am Rande des heutigen Selçuk, was erneut auf die Größe von Ephesos hindeutet. Der Tempel soll laut Plinius dreimal so groß wie der Parthenon in Athen gewesen sein, fast ausschließlich aus Marmor bestanden haben und Skulpturen einiger der talentiertesten Künstler der damaligen Zeit, darunter Phidias (siehe links), beherbergt haben.

Viel ist verloren gegangen, doch genug ist erhalten geblieben, um Ephesos zu einer der bedeutendsten archäologischen Stätten der Welt zu machen. Es lohnt sich, nicht nur die Augen offenzuhalten, sondern auch seiner Fantasie freien Lauf zu lassen.

–> Tipps für den Besuch

Obwohl man von Istanbul und vielen Urlaubsorten in der Region aus Tagesausflüge nach Ephesos machen kann, ist es am besten, in der nahe gelegenen Stadt Selçuk zu übernachten. Stehen Sie früh am Morgen auf und spazieren Sie die 3 km zur Fundstätte, sodass Sie rechtzeitig zur Öffnung, bevor die Hitze einsetzt und die ersten Busse ankommen, dort sind. Sie werden den Ort nie ganz für sich haben, doch so können Sie den Menschenmassen am ehesten entgehen und in relativer Ruhe umherwandern. Planen Sie mindestens zwei bis drei Stunden für den Besuch ein.

Der Tempel der Artemis (1) ist ein Nachbau jenes Gebäudes, das einst zu den Sieben Weltwundern zählte.

Der Hadrianstempel aus dem 2. Jahrhundert (1) wurde renoviert, sodass sich seine einstige Pracht zumindest erahnen lässt.

Auch Inschriften wurden in Ephesos (1) entdeckt und ermöglichen Einblicke in das Leben von damals.

Ephesos (1) ist ein riesiges Gelände, das fast 18 km^2 umfasst.

WESTEUROPA

»Ich habe viele Menschen in Europa getroffen. Ich bin sogar mir selbst begegnet.«

James Baldwin, amerikanischer Schriftsteller und Bürgerrechtler, 1924–1987

DIE PYRENÄEN: EINE NATÜRLICHE GRENZE

Die Pyrenäen, die Frankreich von Spanien trennen, mit dem winzigen Andorra dazwischen, sind zwar nicht so hoch wie die Alpen, können aber bezüglich Schönheit und Dramatik allemal mithalten.

DER HÖCHSTE GIPFEL in den Pyrenäen ist der Pico de Aneto, Spaniens dritthöchster Berg. Mit einer Höhe von 3404 m ist er mehrere Hundert Meter kleiner als der höchste Berg der Alpen, doch Größe ist nicht alles. Für viele Besucher haben die Pyrenäen, die eine natürliche Grenze zwischen Frankreich und Spanien bilden und sich über 451 km vom Atlantischen Ozean bis zum Mittelmeer erstrecken, mehr Charakter. So wie die Alpen kühl und schweizerisch sind, so sind die Pyrenäen feurig und baskisch.

Ein Kennzeichen der Pyrenäen ist, dass sie keine Bergseen besitzen, dafür aber viele Wasserfälle und deren charakteristische, rauschende Gebirgsflüsse, die sich *Gave* nennen. Es handelt sich um kleine – und mitunter größere –, aber mächtige Flüsse, die sich ihren Weg durch die Gipfel bahnen und die beeindruckenden Wasserfälle bilden. Einer dieser Flüsse geht in die Gavarnie-Fälle über, die die größte Fallhöhe aller Wasserfälle Frankreichs haben und 422 m tief den Felsenkessel des Cirque de Gavarnie hinabstürzen. Diese *cirques* sind ein weiteres ungewöhnliches Merkmal, durch das sich die Pyrenäen von vielen anderen Gebirgsketten abheben – es handelt sich dabei um runde Täler ähnlich einer Zirkusmanege, daher der Name.

Andorra

Viele denken bei dem Wort Pyrenäen sogleich an Andorra. Das Fürstentum, das weniger als 75 000 Einwohner zählt, mag zwar klein sein, es ist aber eines der reichsten und gesündesten Länder der Erde. Der Reichtum kommt von neugierigen Touristen und jenen, die von seinem Status als Steueroase profitieren, während die Gesundheit wohl von der Lage hoch in den Bergen herrührt, wo die Menschen viel Bewegung, saubere Luft und gutes Essen genießen, wenngleich auch der Wohlstand das Seine dazu beiträgt.

In gewisser Hinsicht ist Andorra wie ein kleines Shangri-La: Seine Hauptstadt Andorra la Vella liegt friedlich auf einem Plateau, das von den hohen Gipfeln der Pyrenäen umgeben ist.

Es ist ein seltsamer kleiner Ort. Seine moderne Seite zeigt sich im Tourismus und in steuerfreiem Einkauf, doch er hat auch eine spannende Geschichte. Trotz seiner entlegenen Lage hoch in den Bergen wurde er seit dem späten Neolithikum (um 3000–2000 v. Chr.) bewohnt. Einige seiner Straßen und Gebäude gehen bis ins Jahr 1278 zurück, als Andorra

–> AUF EINEN BLICK

WÄHRUNG Euro

KLIMA Das Klima variiert in diesen Bergen stark und nicht nur je nach Höhe. Generell ist es gemäßigt, und die spanische Seite, die nach Süden zeigt, ist wärmer als die französische. Im Westen, der näher beim Atlantik liegt, fällt auch mehr Regen und Schnee als im Osten. Die Zahlen variieren auch je nach Höhe, doch im Hochsommer herrschen durchschnittlich 25–26 °C, und im kältesten Monat Januar beträgt der Durchschnitt 5 °C.

NICHT VERGESSEN Kleidung für alle Wetterbedingungen und für Outdoor-Aktivitäten, etwas Warmes für den Abend (auch im Sommer).

BESTE ZEIT Frühling und Herbst sind am beliebtesten, da der Sommer extrem heiß mit abendlichen Gewittern ausfallen kann. Im Frühling zeigen sich die Pflanzen in voller Pracht, und der Herbst ist oft warm und trocken.

NÄCHSTE FLUGHÄFEN Auf französischer Seite der Flughafen Pau-Pyrénées, der etwa 64 km nördlich der Grenze liegt, ebenso der Flughafen Tarbes-Lourdes-Pyrénées; die Flughäfen von Biarritz, Toulouse und Carcassonne können genauso genutzt werden. Auf der spanischen Seite ist das Angebot kleiner, wobei Barcelona die erste Wahl ist. Die Entfernung nach Andorra beträgt 128 km, von Girona nach Andorra etwa 192 km.

UNTERKUNFT Eine große Auswahl in allen Preisklassen.

Der Cirque de Lescun (1) ist einer der berühmtesten der *cirques* in den Pyrenäen, an einem der Pässe zwischen Frankreich und Spanien.

Die Kirche Sant Miguel d'Engolasters (**4**) in Andorra stammt aus dem 12. Jahrhundert.

Die Grande Cascade (**2**) stürzt 400 m den weltberühmten Cirque de Gavarnie hinab.

Diese Berge erstrecken sich über dem Port d'Envalira (**3**), dem höchsten Pass in den Pyrenäen.

In den Pyrenäen gibt es viel fruchtbares Land. Viele Dörfer wie dieses auf der spanischen Seite der Berge leben von der Landwirtschaft.

Es herrscht wahrhaft kein Mangel an Schafen. Besucher sollten es sich auf keinen Fall nehmen lassen, die verschiedenen Schafkäsespezialitäten zu probieren.

seinen Status als Fürstentum dank eines Vertrags zwischen den Großmächten Frankreich und Spanien erlangte.

Die Pyrenäen können aber mit mehr auftrumpfen als mit Andorra. Im Osten reichen sie bis nach Katalonien, der Nation innerhalb einer Nation, während die westlichen Ausläufer der Pyrenäen in der unruhigen Baskenregion liegen. Sie erstrecken sich auch bis zu solch reizvollen Regionen wie Aragon in Spanien, einst das stolze Königreich Aragon, und dem französischen Département Aude, der Hochburg der Katharer.

Braunbären und andere Tiere

Die Pyrenäen haben ihre eigenen endemischen Wildtierarten, von denen die bekannteste der Pyrenäen-Braunbär ist, obwohl man kaum ein Exemplar zu Gesicht bekommt. Es handelt sich um die kleinste aller Braunbärarten – auch zahlenmäßig. Bis zum 20. Jahrhundert waren sie in den oberen Hängen der Pyrenäen weit verbreitet, dann nahm der Bestand in besorgniserregendem Ausmaß ab. Anfang der 1990er Jahre gab es nur noch eine Handvoll Exemplare.

Daraufhin wurden ein paar slowenische Braunbären (die den Pyrenäen-Braunbären sehr ähnlich sind) hier angesiedelt, die sich mit den einheimischen Bären zu paaren begannen. Trotzdem sind die Tiere noch immer vom Aussterben bedroht. Und die Tatsache, dass sie von den Bauern der Region als Gefahr für ihre Schafherden gesehen werden, macht die Situation nicht gerade leichter.

Der Pyrenäen-Steinbock ist bereits ausgestorben, und das vor gar nicht allzu langer Zeit: Das letzte bekannte wild lebende Exemplar wurde von einem

Andorra la Vella ist die Hauptstadt von Andorra (**5**), dem sechstkleinsten Land Europas, das zugleich zu den reichsten zählt.

fallenden Baum im Januar 2000 erschlagen. In gewisser Weise ist es ein Wunder, dass die Spezies so lange überlebt hat. Obwohl sie vor einigen hundert Jahren weit verbreitet war, zählte ihre wild lebende Population Anfang des 20. Jahrhunderts nur noch weniger als 100 Exemplare. Zu Beginn des 21. Jahrhunderts war sie verschwunden.

Der Pyrenäen-Desman ist eine sonderbare Kreatur – sonderbar für die Pyrenäen und Nordwestspanien, und sonderbar auch im Aussehen. Er mutet wie eine Kreuzung aus Maulwurf und Maus an, schwimmt aber im Wasser, fängt Krebse und Insekten und hat eine lange Schnauze sowie Füße mit Schwimmhäuten. Er wird bis zu 32 cm lang, wobei sein Schwanz die Hälfte davon ausmacht. Dieses Tier, das nur hier in Nordspanien und Südfrankreich beheimatet ist, ist als gefährdet eingestuft, was bedeutet, dass es einmal stark gefährdet sein könnte, wenn sich seine Lebensumstände nicht verbessern.

Es wäre eine Tragödie, wenn den Pyrenäen-Desman und -Braunbär dasselbe Schicksal ereilen würde wie den Pyrenäen-Steinbock, da sie ein Teil dessen sind, was die Pyrenäen ausmacht.

Wanderrouten

Wenn Sie das Beste von den Pyrenäen sehen wollen und fit genug sind, dann ist der GR10, ein gekennzeichneter Wanderweg, der 800 km lang von Hendaye an der Atlantikküste nach Banyuls-sur-Mer am Mittelmeer verläuft, genau das Richtige für Sie.
Die Wanderroute ist in rund fünfzig Tagen zu schaffen, wenn man täglich 16 km zurücklegt. Das mag nicht nach viel klingen, aber man wandert häufig bergauf und bergab, auch wenn es sich größtenteils um recht flache Hänge handelt. Es gibt auch den ähnlichen GR11-Pfad, ebenfalls mit recht flachen Hängen, sowie die anstrengendere HRP (Haute Randonnée Pyrénéenne), die geübte Wanderer bis zur Spitze der Gebirgskette führt.

–> Die Katharer

Die Katharer, die auch Albigenser genannt wurden, waren eine christliche Glaubensbewegung, die in Languedoc und Südfrankreich im 11. Jahrhundert entstand. Ihre Blütezeit erlebten sie im 12. Jahrhundert. Für einige ihrer Ansichten wurden sie von der römisch-katholischen Kirche als Ketzer verdammt. Mit der Einleitung eines Inquisitionsverfahrens im Jahr 1229 wurden die Katharer vernichtet.

PARIS UND DIE SEINE

Paris war einst eine winzige Fischerei- und Handelssiedlung an der Seine und sollte zu einer der schönsten und romantischsten Städte der Welt avancieren.

DIE MEISTEN STÄDTE verdanken ihre Existenz einem Fluss, und Paris stellt hier keine Ausnahme dar. Der Name der Stadt leitet sich vom keltischen Stamm der Parisier ab, der sich an der Seine vor etwa 2300 Jahren niederließ. Sie wählten einen Ort auf der Île de la Cité, die gern von Reisenden benutzt wurde. Es war ein guter Ort, um den Fluss zu überqueren, da die Insel in der Mitte die Gewässer verjüngte. So entstand hier ein kleines Dorf von Fischern und Händlern.

Später, bevor Paris die Stadt der Liebenden wurde, war sie eine römische Stadt, die gegen 300 n. Chr. erstmals Paris genannt wurde. Ein paar römische Ruinen sind noch zwischen den berühmten Cafés und Jazzbars am linken Seineufer erhalten, doch es ist die Architektur des 19. und frühen 20. Jahrhunderts, die Paris zu dem macht, was es ist.

Pont Neuf

Steht man auf dem Pont Neuf, der 1607 errichtet wurde und die älteste noch bestehende Brücke über die Seine ist, lässt man die moderne Stadt ganz hinter sich. Man stellt sich das ursprüngliche kleine Dorf mit seinen Fischern und Händlern vor und wie die Stadt der Lichter im Laufe der Jahrhunderte wuchs und gedieh – mit der riesigen Kathedrale Notre Dame, die sich über dem Fluss erhebt, und später dem Königspalast, der am rechten Ufer entstand und heute das Musée du Louvre beherbergt.

Der Fluss und seine Brücken mögen zwar nicht mehr wie einst der Lebensnerv der Stadt sein, doch sind sie noch immer ein magischer Anziehungspunkt und Bestandteil des Pariser Lebens. Nehmen Sie sich Zeit, um am Ufer des Flusses entlangzuwandern und die alten und neueren Brücken zu überqueren. Sie alle erzählen eine Geschichte, sie sind Teile eines Mosaiks, das das Bild von Paris ergibt. Der Pont Neuf wurde von König Heinrich IV. eröffnet, der die Brücke auf seinem Pferd überquerte. Sie war die erste Fußgängerbrücke ohne Häuser, die in der Stadt erbaut wurde.

Bei ihrer Errichtung war die Glaspyramide im Innenhof des Louvre (1) heftig umstritten, doch heute ist sie einer der meistfotografierten Bauten in Paris.

Wie die Pyramide des Louvre wurde auch der Eiffelturm (2) anfangs verlacht. Heute zählt er jedoch zu den bekanntesten Gebäuden der Welt.

-> AUF EINEN BLICK

EINWOHNER 2 200 000

WÄHRUNG Euro

KLIMA Gemäßigt mit seltenen Wetterextremen, obwohl diese in den letzten Jahren verstärkt aufgetreten sind. Regen ist zu jeder Jahreszeit möglich, der Regenfall ist ziemlich gleichmäßig aufs Jahr verteilt.

NICHT VERGESSEN Einen gesunden Appetit und jemanden, den Sie lieben.

BESTE ZEIT Zu jeder Jahreszeit ideal.

NÄCHSTE FLUGHÄFEN Der Flughafen Paris-Charles de Gaulle liegt etwa 23 km nordöstlich des Stadtzentrums, mit einem kostenlosen Shuttlebus zum RER-Bahnverkehrssystem. Der Flughafen in Orly im Süden liegt näher (14 km), ist jedoch weniger international.

UNTERKUNFT Paris bietet alles, was man sich nur wünschen kann, von einigen der luxuriösesten Hotels der Welt bis zu günstigen, komfortablen kleinen Pensionen, von denen sich viele in hübschen historischen Bauten befinden.

Neben Brunnen, Denkmälern und dem berühmten Obelisken findet man auf der Place de la Concorde (**3**) auch die amerikanische Botschaft und das luxuriöse Hôtel de Crillon.

Unter dem Arc de Triomphe (**4**) liegt das Grabmal des unbekannten Soldaten aus dem Ersten Weltkrieg, an dem eine ewige Flamme brennt.

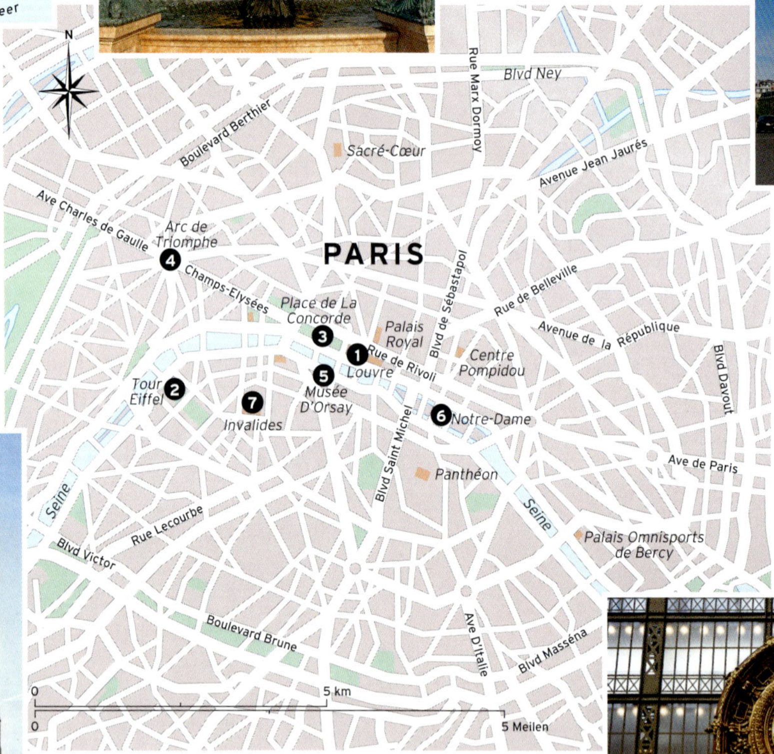

Die markanten Türme der Westfront von Notre Dame (**6**) wurden gegen 1200 errichtet, der Hauptteil der Kirche wurde erst später hinzugefügt.

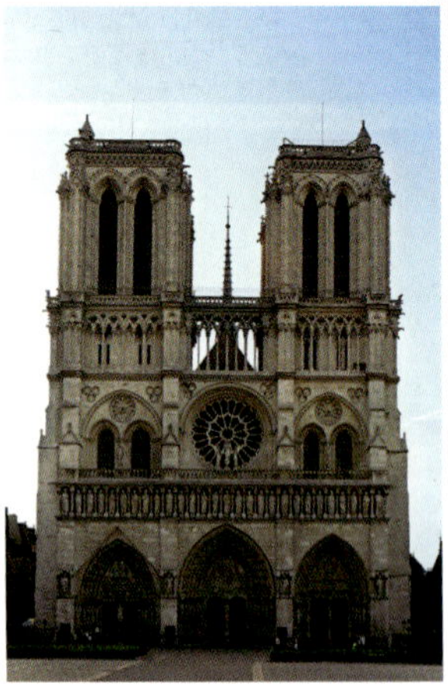

Das Musée d'Orsay (**5**) war ursprünglich ein Bahnhof.

–> Bootsfahrten

Die Pariser Batobusse befahren den Fluss von April bis Dezember. Es braucht etwa dreißig Minuten, um alle acht Stationen von der Station Port de la Bourdonnais in der Nähe des Eiffelturms zum Jardin des Plantes, östlich von Notre Dame, zum Pont de Sully abzufahren. Die Boote verkehren gegen den Uhrzeigersinn und fahren zuerst die Orte am linken und danach die am rechten Ufer an. Dann gibt es die Bateaux Mouches, die riesigen Schiffe, die Besucher auf eine Kreuzfahrt mitnehmen. Bateaux Mouches ist der Name nur eines von vielen Unternehmen, die solche Fahrten veranstalten, halten Sie also die Augen offen.

Im Sommer findet hier am Ufer entlang die Attraktion Paris Plage statt, bei der ein Strand mitten im Zentrum der Stadt angelegt wird.

Louvre

Flussabwärts vom Pont Neuf steht der ehemalige Königspalast Louvre, der beweist, dass es auch die Könige genossen, nahe am Fluss zu residieren. Heute zählt er natürlich zu den größten Museen der Welt, obwohl Paris so reich an Kunst ist. Fast direkt gegenüber dem Louvre findet man das nicht minder beeindruckende Musée d'Orsay. Es beherbergt die staatlichen Kunstsammlungen mit Werken aus dem Zeitraum von 1848–1914. Da diese Ära so fruchtbar war und die Sammlung die hochverehrten Impressionisten und Postimpressionisten umfasst, ist das Museum ein ebenso großer Publikumsmagnet wie der Louvre.

Ein wenig weiter flussabwärts wurde der Pont Alexandre III. für die Weltausstellung im Jahre 1900 errichtet, damit man vom linken Ufer aus leichter zum neuerrichteten Grand Palais und Petit Palais auf dem rechten Ufer gelangte. Kehrt man wieder zum linken Ufer zurück, so hat man von hier aus die beste Aussicht auf das Hôtel des Invalides und den Invalidendom, der das Grabmal Napoleons beherbergt.

Hôtel des Invalides

Der Komplex, in dem Napoleon begraben liegt, ist ein bemerkenswertes Beispiel Pariser Architektur. Er wurde im späten 17. Jahrhundert vom Sonnenkönig Ludwig XIV. errichtet, der nicht gerade für seine Bescheidenheit bekannt war. Es handelte sich um ein Heim für die Soldaten seiner Armee, als er Schwierigkeiten hatte, genügend Mann zu rekrutieren. Mit dem Heim wollte er den Soldaten zeigen, dass für sie im Falle einer Verwundung gesorgt sein würde. Heute nimmt das Musée de l'Armée, das Kriegsmuseum, einen Großteil ein. In dem Dom dahinter befindet sich die letzte Ruhestätte Kaiser Napoleons.

Andere Brücken, andere Aussichten: Überqueren Sie den Pont de la Concorde Richtung Place de la Concorde mit dem ägyptischen Obelisken im Zentrum; überqueren Sie von der Place du Trocadéro den Pont d'Iéna bei Tag, und Sie haben den zweitbesten Ausblick auf den Eiffelturm. Den besten hat man, wenn man dieselbe Brücke bei Nacht überquert, wenn der Turm beleuchtet ist. Dieser Anblick ist schlicht und einfach Paris, und so nahe am Fluss schaffen die Lichter des Turms eine zusätzliche romantische Atmosphäre. Die Parisier und Römer mögen gekommen und gegangen sein, aber wie Bogart in Casablanca so schön sagt: »Uns bleibt immer noch Paris.«

Direkt unterhalb dieser Kuppel im Invalidendom (7) liegen die sterblichen Überreste von Napoleon Bonaparte. Umringt wird er von mehreren Mitgliedern seiner Familie und einigen der bekanntesten Heerführern Frankreichs.

DIE WEINGÄRTEN VON BORDEAUX

Die Rebstöcke und Weintrauben, die in der Gegend von Bordeaux gedeihen, ergeben einen der größten Weingärten der Erde und zugleich einen der bemerkenswertesten mit Tausenden stattlichen Schlössern.

Die populären Merlot-Trauben gedeihen in Bordeaux.

Der Anblick der aus dem 18. Jahrhundert stammenden Place de la Bourse (1) vom Fluss aus offenbart, warum der Platz als schönster in Bordeaux gilt.

BORDEAUX RÜHMT SICH als größtes Weinbaugebiet der Erde. Tatsächlich kann man von der Stadtmitte aus in jede beliebige Richtung spazieren und stößt schon bald auf schier endlose Reihen von Rebstöcken, die dann am schönsten sind, wenn sie reif und üppig in der Spätsommersonne hängen. Mit einer geschätzten Jahresproduktion von 800 Millionen Weinflaschen – darunter solch klingende Namen wie Château Margaux, Pomerol, Saint-Émilion und Château Petrus – hat Bordeaux jedes Recht, sich für den Nabel der weltweiten Weinindustrie zu halten.

Es gibt mehrere Gründe, warum Bordeaux zu einer der bedeutendsten Weinbauregionen der Welt avancierte. Julius Cäsar nannte die Gegend Aquitanien, (»Land der Gewässer«), da sich hier zwei wichtige französische Flüsse, die Garonne und die Dordogne, zum Mündungstrichter der Gironde vereinigen. Die Gironde ist die größte Flussmündung in Europa. Sie beginnt unterhalb von Bordeaux und fließt in der Biskaya in den Atlantischen Ozean. Dank dieser Mündung wurde Bordeaux zu einem beliebten Hafen für den Export seiner Weine. Im Winter gibt es hier weder Schnee noch Frost, und der Golfstrom sorgt für Wärme und Feuchtigkeit, wodurch das Wachstum der Trauben begünstigt wird.

Welterbestätte

Bei einem Spaziergang durch Bordeaux, eine florierende Stadt mit hübschen Bauten, wird die Bedeutung des Weinhandels offenkundig. Im Jahr 2007 wurde Bordeaux von der UNESCO zum Weltkulturerbe erklärt und avancierte so neben der Altstadt von Carcassonne mit ihrer Stadtmauer und der Kathedrale Notre-Dame de Chartres zu einem der historisch bedeutendsten Orte Frankreichs.

Der schönste Platz der Stadt ist die Place de la Bourse, ein Platz in Form eines Halbkreises, der auf die Garonne blickt. Flankiert wird der Platz von mehreren Bauten aus dem frühen 18. Jahrhundert, die man genauso gut an den Ufern der Seine in Paris finden könnte. In der Mitte des Platzes steht ein Brunnen, auf dem eine Statue der Drei Grazien thront. Dank des eingeschränkten Verkehrs ist der Ort ideal für Fußgänger, vor allem, wenn er in Morgenlicht getaucht ist. Besonders beeindruckend ist auch der Anblick vom gegenüberliegenden Ufer aus bei Nacht.

Im preisgekrönten Weingarten von Château Pichon Longueville (**2**), Médoc, gedeiht eine große Auswahl an Weinsorten, darunter Cabernet Sauvignon, Merlot und Petit Verdot.

–> AUF EINEN BLICK

EINWOHNER 230 000 in der Stadt, 650 000 im Großraum

WÄHRUNG Euro

KLIMA Bordeaux weist ein gemäßigtes Klima mit kurzen, milden Wintern und langen, warmen Sommern auf. November bis Januar sind die feuchtesten Monate, doch Regen ist zu jeder Jahreszeit möglich. Im Juli und August beträgt die Durchschnittstemperatur 20 °C, doch natürlich sind viele Tage viel heißer, mit einem Durchschnittsmaximum von etwa 25 °C.

NICHT VERGESSEN Bequeme Schuhe, wenn Sie Weingärten besichtigen, bei denen es oft Führungen im Haus und im Freien mit Weinverkostung im Stehen gibt.

BESTE ZEIT Im Spätsommer oder Frühherbst, wenn die Weintrauben in voller Pracht stehen. Zur Erntezeit geht es geschäftig zu, jedoch bleibt dadurch auch weniger Zeit, um Besucher herumzuführen.

NÄCHSTER FLUGHAFEN Der Flughafen Bordeaux-Mérignac liegt etwa 10 km westlich des Stadtzentrums.

SHOPPING Wein, der direkt ab Hof verkauft wird, ist oft zu einem guten Preis zu haben. Auf den Touren durch die Weinkeller können Sie vielleicht einige seltene Sorten ergattern, die im Handel nicht erhältlich sind.

UNTERKUNFT Bordeaux verfügt über Hotels in verschiedenen Preiskategorien. Es finden aber viele Messen und Veranstaltungen statt, sodass man gut daran tut, rechtzeitig zu buchen.

Die Skyline von Bordeaux mit der Kathedrale Saint André (**3**) im Vordergrund.

Château La Lagune (**4**), Médoc, ist eines von fast 9000 Weingütern in der Region Bordeaux.

Einige der besten Weine der Welt kommen aus Bordeaux.

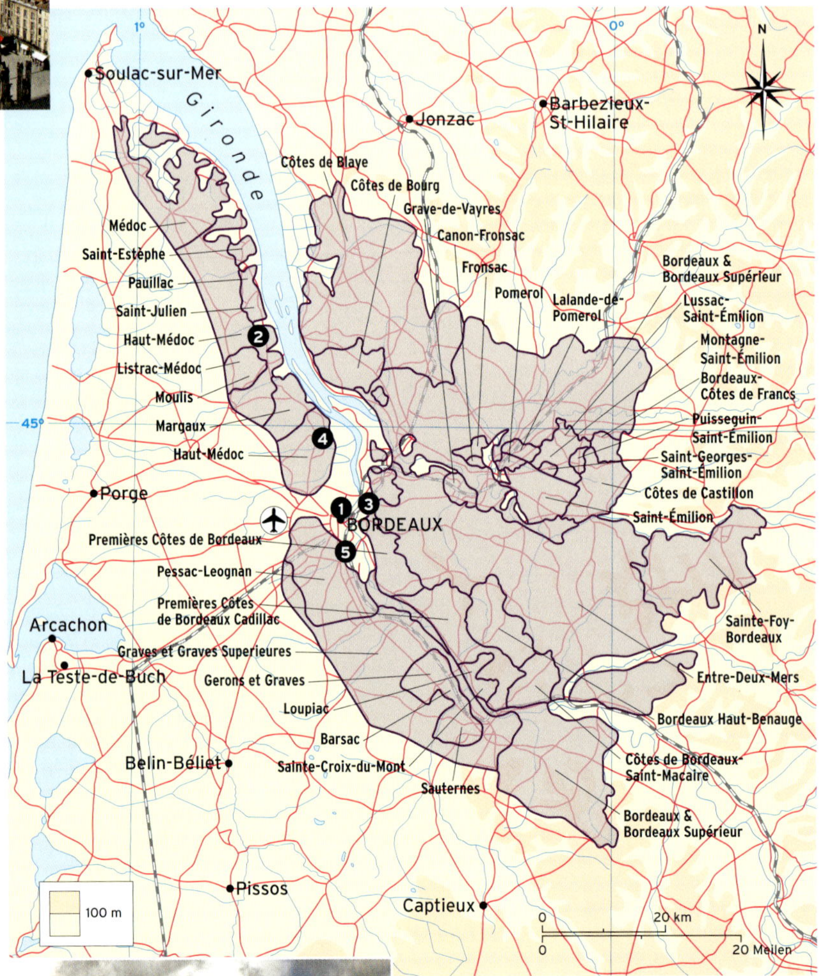

Das berühmte Weingut Château Smith-Haut-Lafitte (**5**) (links) und einer seiner riesigen Weinkeller (rechts).

Das Viertel Chartrons

Nördlich von hier liegt das Viertel Chartrons, die ehemalige Hochburg des Weinhandels. Der Weinhandel hat einen großen Teil des alten Stadtzentrums von Bordeaux geprägt, darunter auch die Gegend, die als Goldenes Dreieck bekannt ist. Doch die meisten Händler hatten ihren Wohnsitz im Viertel Chartrons. In den Kellern ihrer Herrenhäuser lagerten die Weine, bis sie von den Kais in der Nähe aus verschifft wurden. Heute leben die Hersteller auf ihren Weingütern in nicht minder hübschen Häusern. Manche ihrer einstigen Häuser wurden in Boutique-Hotels, Altwarenläden oder noble Mietshäuser für Wohlhabende umgewandelt, die zweifelsohne über gut bestückte Weinkeller verfügen.

Am einfachsten besichtigt man die Weingärten im Zuge einer Führung des Tourismusbüros mit der Adresse 12 cours du XXX Juillet im Stadtzentrum. Mehrere Führungen stehen zur Auswahl, und der Vorteil ist, dass man nicht selbst fahren muss. Dabei bekommt man auch einige Weingüter zu sehen, die nur für große Gruppen und nicht für Einzelpersonen öffnen. Gewöhnlich ist für Gaumenfreuden und eine Weinverkostung gesorgt.

Es ist ratsam, vorher eine Landkarte der verschiedenen Weinbaugebiete rund um Bordeaux zu studieren und zu entscheiden, ob Sie das Médoc, Entre-Deux-Mers, Graves oder das Weinbaugebiet, das am nähesten bei Bordeaux liegt, das weniger bekannte Pessac-Léognan, besuchen möchten. Weintouren bieten oft auch eine Besichtigung unterschiedlicher Weingüter von alt bis modern und von großen kommerziellen Betrieben bis zu kleinen Familienbetrieben an.

Entre-Deux-Mers

Ein Weinbaugebiet von Bordeaux, das auf jeden Fall einen Besuch wert ist, ist Entre-Deux-Mers. Es liegt zwischen den Flüssen Garonne und Dordogne und ist nahezu eine einzige Fläche aus Rebstöcken von einem Fluss zum anderen. Das Wasser der Garonne ist aufgrund des hohen Lehmanteils im Untergrund bräunlich gefärbt. Für die Rebstöcke ist dieser Boden von Vorteil, weil er Wasser gut speichert. Die Flüsse sorgen für einen hohen Anteil an Feuchtigkeit, was das Wachstum der Trauben ebenso begünstigt.

In der Bordeaux-Region trifft man auf rund zehntausend Châteaux, wobei in dem Fall das Wort nicht ein Schloss, sondern ein Weingut mit eigenen Kellern bezeichnet. Es gibt unzählige davon zu sehen, und ein Teil des Reizes der Besichtigungen von Weingärten besteht darin, die unterschiedlichen Stile zu sehen und nicht nur über den Wein selbst, sondern auch über die Geschichte der Umgebung mehr zu erfahren.

Das berühmte Weingut Château Smith-Haut-Lafitte in der Nähe von Saucats wurde 1365 gegründet und produziert heute einige der exklusivsten Bordeaux-Weine. Derzeit ist es im Besitz des ehemaligen französischen Ski-Profis Daniel Cathiard und seiner Frau Florence. Es ist ein riesiges Anwesen mit Steintreppen, hölzernen Dachbalken und dunklen Kellern mit Weinfässern, so weit das Auge reicht.

Im krassen Gegensatz dazu steht der kleine Familienbetrieb Château Montlau in Moulon, der jedoch auch einiges zu erzählen hat. Der Name »Montlau« bedeutet »Lorbeerhügel« und bezieht sich auf die Zeit, als hier auf dem Hügel eine römische Villa mit Blick auf die Dordogne stand. Im Jahre 830 wurde ein Holzturm errichtet, um die Gegend zu kontrollieren, und 1150 wurde ein Steinturm erbaut. Die Geschichte der Weinproduktion reicht hier bis ins Jahr 1472 zurück. Der heutige Besitzer, Armand Schuster de Ballwil, möchte, anstatt das Weingut zu modernisieren, es lieber so gestalten, wie es im 19. Jahrhundert war. »Rostfreier Stahl macht keinen Wein«, meint er, »Weintrauben machen Wein«.

–› Weinverkostung

Die Führungen in Weingütern sind immer sehr informativ und man lernt stets Neues dazu. Verkostungen sind essenzieller Bestandteil jedes Besuchs. Wenn Sie noch nie an einer teilgenommen haben, geben Ihnen die Führer eine schnelle Einführung, worauf Sie achten müssen.

Professionelle Verkoster spucken den Wein immer aus, da es für die Beurteilung nicht notwendig ist, ihn zu schlucken. Selbst bei einer Tour, auf der Sie nur drei oder vier Weingüter besuchen, sollten Sie nur mäßig trinken, obwohl niemand bemerken wird, wenn Sie Ihr Glas leeren. Trinken Sie zwischendurch Wasser oder kauen Sie etwas Brot, um den Gaumen zu reinigen und den Alkohol aufzusaugen. Sie werden auch lernen, einen guten Wein an seiner Farbe und am Bouquet sowie an seinem Geschmack zu erkennen.

DIE SCHLÖSSER DER LOIRE

Das französische Loire-Tal ist ein Land der Weingärten und Schlösser, eines großen Flusses, feiner Gaumenfreuden und mittelalterlicher Städte, die auf eine lange Geschichte zurückblicken.

Pfaue verleihen dem prächtigen Schloss Valençay (1) ein exotisches Flair. Die aus dem 16. Jahrhundert stammende Kuppel (rechts) ist eines seiner markantesten Kennzeichen.

WENIGER ALS ZWEI STUNDEN VON PARIS ENTFERNT gelegen und dadurch einst bevorzugtes Reiseziel der Reichen und Adeligen, zieht das Loire-Tal noch heute Menschen an, die gerne ein Schloss ihr Eigen nennen möchten – und das in einer Landschaft, die fast zu schön ist, um wahr zu sein. Das Tal zieht aber auch Besucher an, die die prächtigen Schlösser mit ihrer atemberaubenden Umgebung und den riesigen Gärten erkunden wollen. Sie kommen hierher, um sich mit Wein und Gaumenfreuden zu verwöhnen und dabei jenen Genuss zu erleben, der hier in Frankreich zehnmal so groß ist wie andernorts.

Die Ufer der Loire und ihre Umgebung, die auch gern »Garten Frankreichs« genannt wird, werden von über 300 Schlössern gesäumt. Diese reichen von kleineren Gebäuden, die noch immer als Privathäuser für Familien dienen (manche von ihnen werden auch als Hotels und Pensionen betrieben), bis zu riesigen, prächtigen Herrenhäusern wie das Schloss Valençay und das Schloss Villandry. Die reiche Geschichte und die opulente Architektur dieser Schlösser erfüllen den Betrachter mit Ehrfurcht, dass Menschen in der Lage sind, solch prachtvolle Bauten zu planen, zu errichten und bis heute zu erhalten.

Schloss Villandry

Bei so vielen Schlössern fällt es schwer, das schönste zu wählen, aber die weitläufigen Gärten von Villandry, die wahre Kunstwerke sind, machen das Schloss zu einem der Klassiker der Loire. Das Haus wurde 1536 fertiggestellt, und es spricht für seine Pracht, dass Villandry während der Französischen Revolution beschlagnahmt und von Napoleon Bonaparte als Wohnstätte für seinen Bruder Joseph erworben wurde.

Die Gärten von Villandry sind noch außergewöhnlicher als das prächtige Haus. Sie sind das Werk von

Zu den Gärten des Schlosses Villandry **(2)** gehören auch diese Grünflächen, die als Liebesgarten bekannt sind.

–> AUF EINEN BLICK

WÄHRUNG Euro

KLIMA Das Klima in den Städten entlang der Loire ist angenehm, wenn auch ein wenig feucht. Die Durchschnittstemperaturen im Sommer liegen bei 19–20 °C und sinken im Winter selten unter den Gefrierpunkt. Schneefall ist selten. Regen ist das ganze Jahr über möglich, mit durchschnittlich sieben Regentagen pro Monat, auch im Sommer.

NICHT VERGESSEN Eine Kühltasche für Speisen und Getränke, die man vielleicht auf dem Markt kauft, und genügend Speicherkarten für die Digitalkamera.

BESTE ZEIT Sommer wegen des blauen Himmels, doch Frühling und Herbst sind genauso gut.

NÄCHSTE FLUGHÄFEN Nantes im Westen oder Tours im Osten der Region

UNTERKUNFT Eine große Auswahl an Bauernhäusern und Pensionen bis hin zu prächtigen Schlössern.

40 000 Blumen wachsen innerhalb der Anlagen von Schloss Chenonceau (**3**), darunter diese hier im Garten Caterina de' Medicis.

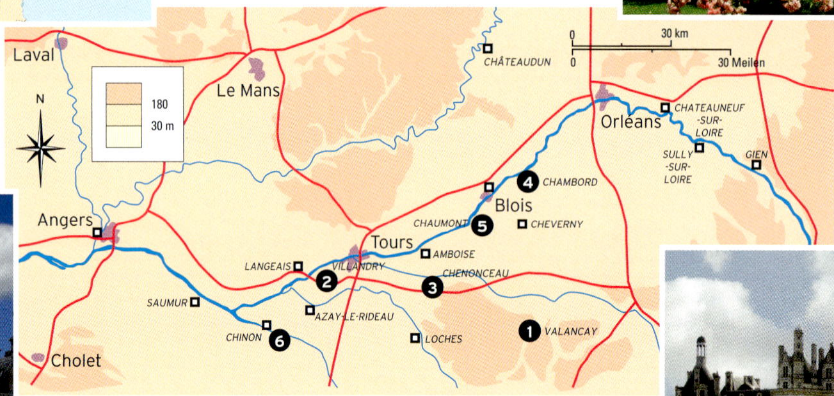

Das Schloss Chaumont (**5**) stammt aus dem 15. Jahrhundert und war einst im Besitz von Caterina de' Medici.

Das Schloss Chambord (**4**) ist das größte Schloss der Loire-Region. Ursprünglich war es ein bescheidenes Jagdschloss.

Dr. Joachim Carvallo, der das Schloss 1906 gemeinsam mit seiner amerikanischen Frau Ann kaufte.

Dr. Carvallo kam aus seiner Heimat Spanien nach Paris, um Medizin zu studieren, und als er und seine Frau Villandry sahen, beschlossen sie, es zu kaufen und dem ziemlich trostlos aussehenden Haus zu neuem Glanz zu verhelfen. Dies bedurfte jahrelanger hingebungsvoller und harter Arbeit, wobei besonderes Augenmerk auf die Gärten gelegt wurde. Heute zählen sie zu den schönsten der Welt. Sie sind so groß, dass man eine Landkarte braucht, um ja nichts zu verpassen. Ihre Muster sieht man am besten vom Turm des Schlosses aus, obwohl es auch in den Gärten selbst Aussichtspunkte gibt. Villandry ist Teil jenes Streifens des Loire-Tals, der von der UNESCO zum Weltkulturerbe erklärt wurde.

Schloss Valençay

Vier Jahre nach Fertigstellung des Schlosses Villandry 1536 begannen die Bauarbeiten zum Schloss Valençay, etwa 97 km stromaufwärts. Wie bei Villandry handelt es sich um ein Meisterwerk der Baukunst im Renaissancestil und um ein weiteres Schloss, das von Napoleon erworben wurde. In diesem Fall ordnete er seinem Außenminister Charles-Maurice de Talleyrand an, es zu kaufen, damit er Würdenträger, die zu Besuch kamen, in exklusivem Rahmen empfangen konnte. Talleyrand tat, wie ihm befohlen, und das Château blieb bis 1952 in Familienbesitz. Während dieser langen Zeit wurde es nicht nur instand gehalten, sondern auch vergrößert, sodass es zu einem der größten Schlösser an der Loire wurde. Und das ist es bis heute.

–> Charles Perrault

Der französische Schriftsteller Charles Perrault zeichnet für viele der noch heute populärsten Geschichten verantwortlich, darunter *Rotkäppchen* und *Dornröschen*. Diese erfreuen sich überall auf der Welt großer Bekanntheit und Beliebtheit. Perrault, der 1628 in Paris geboren wurde, war ein vielseitiger Literat und auch im Dienste des Staats tätig – 32 Jahre lang war er Sekretär der Académie des Inscriptions et Belles-Lettres (Akademie der Inschriften und Literatur). Er war bereits siebzig Jahre alt, als sein Buch *Contes de ma mère l'Oye* (*Geschichten meiner Mutter Gans*) erschien, eine Geschichtensammlung, mit der er ein neues literarisches Genre erschaffen sollte – das Märchen.

Das Schloss Chenonceau (**3**) thront schon seit 500 Jahren über dem Cher.

Schloss Ussé

Während viele der Loire-Schlösser vor allem von Wohlstand und Macht zeugen, so erinnert das Schloss Ussé daran, dass ihnen auch etwas Märchenhaftes und Romantisches anhaftet. Es liegt am Rande des Forsts von Chinon und diente dem französischen Märchenerzähler Charles Perrault als Inspiration. Perrault ist berühmt für Klassiker wie *Der gestiefelte Kater*, *Aschenputtel* und *Rotkäppchen*, und das Schloss Ussé diente ihm als Schauplatz für eines seiner berühmtesten Märchen – *Dornröschen*. Ein Blick auf die hohen Türme, und man erkennt, dass auch Walt Disney in seiner Version des Schlosses von Dornröschen hier Anleihen genommen hat. Bei einem Rundgang durch das Schloss stößt man auch auf ein Modell von Dornröschen, das im Turm schläft und auf den hübschen Prinzen wartet – und dabei einen wahrlich atemberaubenden Ausblick auf die Landschaft in der Umgebung hätte.

Andere Schlösser

Alle Schlösser in der Loire-Gegend haben irgendeine Geschichte zu erzählen, und auch sie sind eine Erwähnung wert. Das Schloss von Azay-le-Rideau besticht durch eine intime Atmosphäre und hübsche Lage. Seine Bauten spiegeln sich im Wasser eines Burggrabens wider. Die Geschichte des Schlosses Blois reicht bis ins 13. Jahrhundert zurück. Es war einst die Residenz von König Ludwig XII. Zudem erhielt hier Jeanne d'Arc vom Reimser Erzbischof den Segen, bevor sie gegen die Engländer in Orléans kämpfte. Chambord und Chenonceau sind zwei weitere bedeutende Schlösser, doch sie alle nacheinander zu sehen kann einen fast überwältigen. Nehmen Sie sich Zeit, um die mittelalterlichen Städte zu erkunden, in der Gegend spazieren zu gehen, Lebensmittelmärkte zu besuchen und die vorzüglichen Weine der Region zu probieren.

Das Schloss Ussé (**6**) ist zwar in Privatbesitz, aber dennoch öffentlich zugänglich.

DIE KUNST DER PROVENCE

Die Landschaften der Provence waren Inspirationsquelle für Künstler wie Renoir, Cézanne, van Gogh und Matisse und beflügeln die Besucher noch heute, denn viele der Szenerien, die einst von den Künstlern eingefangen wurden, haben sich kaum verändert.

FÜR VIELE VON UNS rührt das Bild, das wir von der Provence und der Côte d'Azur haben, von den Künstlern her, die hier gelebt haben. Renoirs impressionistische Porträts von Sujets wie knorrigen Olivenbäumen in seinem Garten in Cagnes-sur-Mer sind ebenso bekannt wie van Goghs grelle, mitunter verstörende Darstellungen von Sonnenblumen und Heuhaufen, des Cafés in Arles und von wirbelnden Nachthimmeln.

Hier trifft man auf eine inspirierende Landschaft, die alle Sinne beflügelt: der Geruch von Lavendel, die Laute der Zikaden an einem heißen Nachmittag, der Anblick eines riesigen Sonnenblumenfeldes, das Gefühl beim Berühren mittelalterlicher Steinwände und vor allem der Geschmack des Essens und Weins dieser fruchtbaren Region im Süden Frankreichs.

Van Gogh in Arles

Eine Hauptattraktion der kleinen provenzalischen Stadt Arles sind die römischen Überreste, die 1981 von der UNESCO zum Weltkulturerbe erklärt wurden. Sein Amphitheater und römisches Theater gehen bis ins 1. Jahrhundert v. Chr. zurück, andere Überreste wie die Konstantin-Thermen und die Nekropole Alyscamps stammen aus dem 4. Jahrhundert n. Chr. Doch weder die römischen Überreste noch die romanische Kirche oder das ausgezeichnete Musée de l'Arles et de la Provence Antiques sind der Grund, warum Gruppen von Touristen auf der kleinen Place du Forum stehen und ein scheinbar gewöhnliches französisches Café fotografieren. Das ist vielmehr auf einen ziemlich exzentrischen Mann zurückzuführen, dem die Besucher auf der Straße wahrscheinlich nervös ausweichen würden – Vincent van Gogh.

Er malte das Café de la Nuit sowie über dreihundert andere Gemälde und Zeichnungen während seines kurzen Aufenthalts in der Stadt. Im Februar 1888 kam er hierher und plante, gemeinsam mit seinem Kollegen Paul Gauguin eine Künstlerkolonie zu gründen. Sein zunehmend auffälliges Verhalten vertrieb jedoch Gauguin und verärgerte schließlich seine Nachbarn so sehr, dass sie eine Petition unterzeichneten, sodass er aus den Räumlichkeiten ausziehen musste. Er war oft betrunken, besuchte die Freudenhäuser der Stadt und roch übel, da er sich nie wusch. Am 23. Dezember 1888, nur zehn Monate nach seiner Ankunft, verfolgte van Gogh Gauguin mit einem Rasiermesser und schnitt einen Teil seines eigenen Ohrs ab, den er dann einer Prostituierten gab, die er kannte. Gauguin floh, van Gogh wurde ins Spital eingeliefert und ließ sich später freiwillig in eine Nervenheilanstalt im nahe gelegenen Saint-Rémy-de-Provence einweisen. Im Mai 1890 begab er sich in die Obhut eines Arztes in Auvers-sur-Oise in der Nähe von Paris, im Juli starb er.

Renoir in Cagnes-sur-Mer

Pierre-Auguste Renoir verband hingegen eine glückliche Zeit mit der Provence, er verbrachte hier die letzten zwölf Jahre seines Lebens. Er kam 1907 hierher und erwarb das Anwesen Domaine des Collettes, auch um einige darauf stehende Olivenbäume zu retten, die aus dem Jahr 1538 stammten und bedroht waren. Olivenhaine sind ein weiterer typischer Anblick in dieser Mittelmeerlandschaft. Renoir bewahrte sie in der Tat, sowohl in der Realität als auch in seinen Gemälden. So krumm und knorrig wie die Bäume wurden auch seine Hände gegen Ende seines Lebens, da er an Gelenkrheumatismus litt. Dennoch gab er die Malerei nicht auf: Er ließ sich die Pinsel an die Hände binden. Heute beherbergt Renoirs einstiges Zuhause ein Museum, in dem noch immer sein Atelier, seine Staffelei und einige seiner Werke sowie seine Olivenbäume zu bewundern sind.

Die mittelalterliche Stadt Haut-de-Cagnes (1) liegt oberhalb des Hauses, in dem Renoir wohnte und arbeitete. Sie ist auch in einigen seiner Bilder dargestellt.

Sonnenblumen werden stark mit der Provence verbunden, und selbstverständlich mit den Werken Vincent van Goghs.

–> AUF EINEN BLICK

EINWOHNER 4 500 000

WÄHRUNG Euro

KLIMA Das Mittelmeerklima ist heiß im Sommer mit wenig Regen, doch im Winter kann es frieren, besonders, wenn der Mistral einsetzt. Juni und Juli sind die trockensten Monate des Jahres, obwohl jeden Monat etwas Regen fällt. Zwischen September und Dezember ist es am feuchtesten.

NICHT VERGESSEN Sonnencreme, einen gesunden Appetit, Biografien der Künstler, die in der Provence gelebt haben.

BESTE ZEIT Mai, Juni und September sind gut geeignet, obwohl es eigentlich keinen ungünstigen Zeitpunkt für einen Besuch gibt.

NÄCHSTE FLUGHÄFEN In Nizza und Marseille gibt es größere Flughäfen, kleinere in Cannes, Toulon und Aix-en-Provence.

UNTERKUNFT Überall eine Riesenauswahl für jeden Geldbeutel. Städte wie Nizza und Cannes können jedoch zur Hochsaison recht überfüllt sein, buchen Sie also im Voraus.

Dutzende Künstler leben oder arbeiten noch immer in und rund um St.-Paul (**2**) und genießen hier die Kaffeehauskultur.

Die riesigen Lavendelfelder bieten eine prächtige Kulisse, die stark mit der Provence assoziiert wird.

Hügelstädte

Mittelalterliche Hügelstädte sind ein weiteres Kennzeichen der Landschaft der Provence. Renoirs Haus lag unterhalb der Hügelstadt Cagnes-sur-Mer, und ein paar Meilen landwärts liegt eine der reizvollsten befestigten Städte von allen – St.-Paul.

Oft St.-Paul-de-Vence genannt, um es von den anderen Städten mit demselben Namen zu unterscheiden, thront diese Stadt stolz und erhaben hinter dicken Mauern auf einem kleinen Hügel. Sie hat Künstler aller Art angezogen, darunter die Schauspieler Yves Montand und Simone Signoret sowie den amerikanischen Schriftsteller James Baldwin, der hier 1987 starb. Auch der Künstler Marc Chagall lebte in St.-Paul und ist auf dem kleinen Friedhof der Stadt beigesetzt. Der mittelalterliche Charakter der engen, gepflasterten Straßen, in denen Fahrverbot gilt, lockt noch heute Künstler an. Einige von ihnen leben hier, und es gibt Kunstgalerien en masse sowie eine fantastische private Kunstsammlung im berühmten Restaurant Colombe d'Or, in dem Künstler wie Picasso, Chagall, Braque, Léger und Matisse für ihre Verköstigung mit Gemälden und Zeichnungen bezahlten.

Künstler in der Gegend

Mehrere Künstler, die von der Landschaft der Provence inspiriert wurden, haben hier ihre Spuren hinterlassen, indem sie einige ihrer Werke ausstellten. Mehrere von Chagalls atemberaubenden riesigen Bildern sind im Museum in Nizza zu bewundern, das seinem Schaffen gewidmet ist. Ganz in der Nähe liegt auch das Matisse-Museum. Matisses schönstes Vermächtnis ist aber die Chapelle du Saint-Marie du Rosaire (Rosenkranzkapelle) in Vence. Sie wird oft Matisse-Kapelle genannt, da der Künstler auf die Bitte einer Nonne hin, die ihn während einer Krankheit pflegte, jedes einzelne Detail der Kapelle selbst entwarf. In Villefranche gestaltete Jean Cocteau eine Kapelle, und an der Küste in Menton kann man heute in einer Kapelle im Rathaus heiraten, die ebenfalls von Cocteau gestaltet wurde. Es ist ein faszinierender Raum und ein passendes Symbol für die Dichte an Kunst in Südfrankreich.

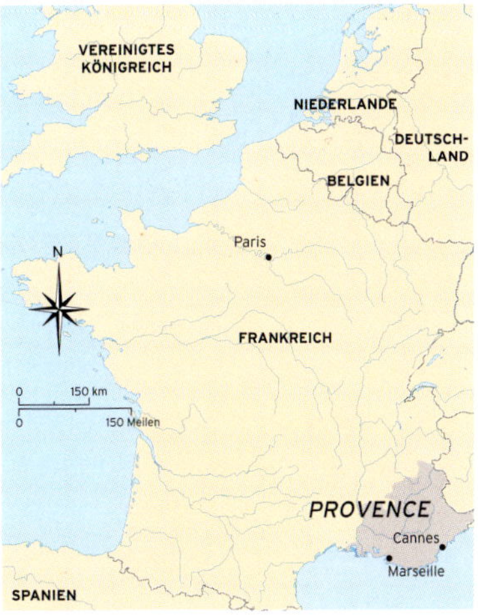

Die Kathedrale Saint-Sauveur ist das dominierende religiöse Gebäude in Aix-en-Provence (**3**).

Bonnieux ist eines der idyllischsten Bergdörfer in der Provence (**4**).

Selbst die Straßen sind malerisch und oft von Platanen gesäumt.

Cannes (**5**) ist wahrscheinlich vor allem für sein glamouröses Filmfestival bekannt. Es ist aber auch abgesehen davon eine faszinierende Stadt.

Überall in der Provence findet man inspirierende Szenerien. Kein Wunder also, dass Künstler sie so schätzen.

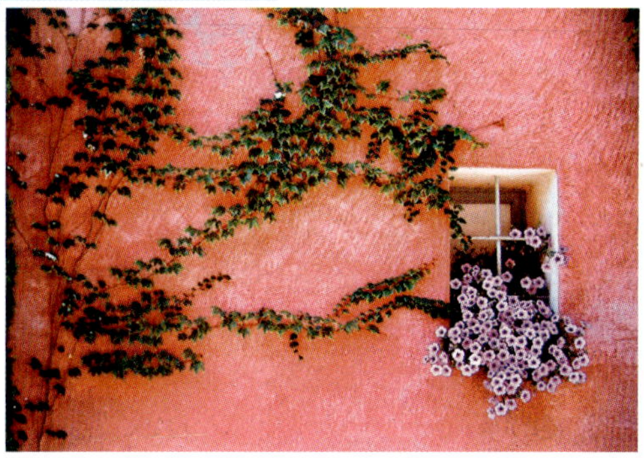

DIE PORTWEINHÄUSER AM DOURO

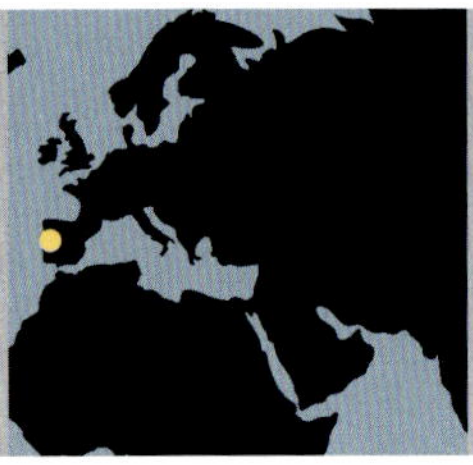

Der Douro entspringt in Spanien und fließt nach Portugal durch die wunderschöne Portwein-Region im Norden des Landes mit ihren historischen Portweinhäusern.

OBWOHL DIE QUELLE des Douro in Spanien liegt, befindet sich der bekannteste und malerischste Abschnitt seines 896 km langen Wasserlaufs im Osten Portugals, der Heimat der Portweinhäuser des Landes. Wenn man die Rebstöcke betrachtet, die die sonnenbeschienen Hügel emporklettern, weiß man sofort, dass ihr Wein gar nicht anders als vorzüglich schmecken kann.

Der Douro wartet jedoch mit weitaus mehr auf als mit Portweinhäusern. Er fließt nicht einfach von Spanien nach Portugal, sondern bildet auf 113 km Länge die Grenze zwischen den beiden Ländern. Hier verläuft er durch eine Reihe von steilen Schluchten und ist auf diese Weise eine natürliche Grenze zwischen zwei Nationen, die eine abwechslungsreiche Geschichte miteinander verbindet. Heute steht das Gebiet als internationaler Naturpark (Parque Natural do Douro Internacional) unter Naturschutz.

Sobald der Douro die westliche Richtung nach Portugal einschlägt und zum Atlantischen Ozean fließt, ist er nicht mehr Grenze, sondern Verbindungsstück. Auf seinem 100 km langen Weg durch die Portwein-Region Portugals verbindet er die Städte und Weingärten zu beiden Seiten des Flusses miteinander.

Portwein

Portwein muss aus dem Douro-Tal stammen, um sich als solcher bezeichnen zu dürfen. Die Bezeichnung wurde 1756 eingeführt und geschützt, sodass es sich um die zweitälteste Herkunftsbezeichnung für Wein handelt – die erste gab es 1730 in Ungarn. Portwein gibt es erst seit dem 17. Jahrhundert, bis dahin war das Douro-Tal einfach eine Weinregion unter vielen. Doch als britische Händler in jenem Jahrhundert nach Portugal kamen, wollten sie portugiesischen Wein zurück in die Heimat nehmen. Um ihn für die Reise auf Schiffen haltbar zu machen, probierten

Die Altstadt von Porto (1) liegt über dem Douro, der den Portwein zu den Portweinkellereien bringt, wo der Wein reift.

Verschiedenfarbige Kähne, die *barcos rabelos*, mit ihren Portweinfässern säumen den Fluss vor den Portweinlagerhäusern (1).

–> AUF EINEN BLICK

EINWOHNER Porto 240 000

WÄHRUNG Euro

KLIMA Porto hat warme, trockene Sommer und milde, aber feuchte Winter. Im Sommer können die Temperaturen bis auf 40 °C klettern. Im Douro-Tal fällt nur halb so viel Regen wie in Porto, doch die Sommer können noch heißer sein und die Winter viel kälter, wobei die Temperaturen oft unter Null fallen.

NICHT VERGESSEN Ein gutes Wörterbuch bzw. einen Sprachführer für das Douro-Tal. Die meisten Besucher, die hierher kommen, sind Portugiesen, und andere Sprachen werden kaum gesprochen.

BESTE ZEIT Spätseptember ist gewöhnlich die Erntezeit, und in den Wochen davor stehen die Weingärten immer in voller Pracht.

NÄCHSTER FLUGHAFEN Der Flughafen Porto liegt etwa 97 km westlich des Douro-Tals.

UNTERKUNFT Es gibt unzählige Städte und Dörfer mit Übernachtungsmöglichkeiten im Douro-Tal. Porto verfügt über alle Annehmlichkeiten einer Großstadt.

Der Douro trennt Porto (**1**) von der Stadt Vila Nova de Gaia (**3**), wo die Portweinhäuser liegen.

Besuchen Sie Porto im Juni, um die Regatta der *barcos rabelos* erleben zu können.

Die als Ribeira bekannte Altstadt gehört zum Weltkulturerbe.

Die Maria-Pia-Brücke über den Douro in Porto (**1**) wurde von Gustave Eiffel entworfen, der auch den Eiffelturm baute.

Die Kathedrale in Lamego (**2**) in der Subregion Douro wurde im 12. Jahrhundert unter Alfons I., dem ersten König Portugals, errichtet.

sie, ihn mit Brandy zu verstärken. Einige Resultate waren besser als andere, und man fand heraus, dass die stärkeren, süßeren Weine am besten mit Brandy harmonierten und ein vorzügliches Getränk ergaben. Weitere Experimente folgten – auch noch heute –, um die Qualität zu verbessern und den Geschmack dieser einzigartigen Weinsorte zu variieren. Der Portwein profitierte davon, dass seine Populariät während des Krieges zwischen England und Frankreich zunahm. Nachdem damals kein französischer Wein importiert wurde, war das neue Getränk, der Portwein, ein hervorragender Ersatz.

Weingärten

In Portugal nennt man die Weingüter *quintas*, und viele von ihnen im Douro-Tal können besichtigt werden. Einige der Weingärten liegen terrassenförmig an den steilen Flussufern und müssen daher von Hand bestellt werden. Wenn man zur Erntezeit im späten September vor Ort ist, sieht man, wie mühsam diese Arbeit ist. Manche der Terrassen wurden inzwischen verbreitert, damit sie von Traktoren befahren werden können, die die Trauben mechanisch ernten.

Viele der großen Namen im Portweinhandel sind, wie beim Sherry aus Jerez (siehe Seiten 164–167), englisch oder schottisch – etwa Croft, Graham, Cockburn, Osborne, Taylor und Sandeman. Sie sind nicht nur im Douro-Tal ansässig, sondern auch in Porto, der Stadt an der Mündung des Flusses.

Barcos Rabelos

Die Weingärten und Weingüter liegen alle im Douro-Tal, wo der Wein erzeugt und gelagert wird. Aber nach einiger Reifungszeit in den *quintas* müssen die

Portweinfässer zum wichtigsten Handelshafen nach Porto gebracht werden. Bis in die Mitte der 1950er Jahre wurde der Wein in Booten, den *barcos rabelos*, flussabwärts transportiert, die so besonders sind wie der Wein selbst. Die flachen Segelboote waren bereits im 13. Jahrhundert im Einsatz. Sie wurden extra so flach gebaut, damit sie das Gewicht der Weinfässer tragen konnten, ohne zu tief im Wasser zu liegen. An manchen Stellen ist der Douro nämlich sehr seicht, am oberen Flusslauf in Spanien ist er zum Teil gar nicht befahrbar. Heute wird der Wein auf eher unromantische Art in LKWs transportiert.

Porto

Der Name des Portweins und des Landes Portugal leitet sich von Porto, der zweitgrößten Stadt nach Lissabon, ab.

Die römische Bezeichnung dafür war Portus Cale (warmer Hafen). Von hier aus wurde der Portwein nach Großbritannien verschifft. Die Stadt verfügt über eine sehr schöne Altstadt, und unten am Fluss liegen die Portweinhäuser. Sie sind weiterhin ein wichtiger Teil des Portweinhandels, doch viele profitieren auch von den touristischen Besuchern, die einen Rundgang und eine Portwein-Verkostung genießen. Hier gibt es keine Keller oder Weingärten, aber die Portweinhäuser selbst sind sehenswert: Britische reihen sich an portugiesische wie Ferreira, Barros und Borges.

Wer die Möglichkeit hat, die Route des Portweinhandels von den Weingärten im Douro-Tal flussabwärts bis nach Porto nachzufahren, erhält einmalige Eindrücke und lernt Portugal von seiner schönsten Seite kennen.

Weingärten säumen die Hänge des Douro-Tals (2). Dank der Terrassen kann mehr Sonnenlicht eine größere Menge von Trauben erreichen.

DIE LEVADAS VON MADEIRA

Der größte Lorbeerwald der Erde befindet sich auf der portugiesischen Insel Madeira. Jedes Jahr strömen Tausende Besucher hierher, um den Wald zu erkunden und die einzigartigen Wasserläufe entlangzuwandern, die als Levadas bekannt sind.

Der Pico do Arieiro (1), der hier über die Wolkendecke ragt, ist der dritthöchste Berg Madeiras.

ES HEISST, AUF MADEIRA gebe es nur zwei ebene Flächen – das Meeresufer in der Hauptstadt Funchal und die Landebahn des Flughafens. Und selbst diese wird aufgrund des abschüssigen Geländes von 180 riesigen Betonpfeilern gestützt. Die Insel ist üppig bewachsen und liegt etwa 933 km vom Heimatland Portugal entfernt.

Rund 80 Prozent des Regens, der für das üppige Wachstum der Pflanzen und die reiche Obst- und Gemüseernte sorgt, fallen im Norden der Insel, während fast 80 Prozent der Menschen im freundlicheren und etwas flacheren Süden leben. Dieses Problem wurde von Siedlern gelöst, nachdem Portugal 1419 zuerst die Nachbarinsel Porto Santo entdeckt hatte. Im 16. Jahrhundert begannen Ingenieure damit, Levadas anzulegen. Das sind kleine Wasserläufe, die das Regenwasser von hoch oben in den Bergen auf den kaum merklich abfallenden Pfaden in die Tiefe leiten und auf ihrem Weg die Felder speisen. Das Wort *levada* stammt von dem portugiesischen Verb *levar* (»tragen«).

Die Levadas wurden von den *Levadeiros* betreut, die die engen Pfade neben dem Wasser entlangwanderten und sicherstellten, dass die Kanäle frei bleiben. Heute werden die Pfade mitunter noch immer von ein paar Levadeiros, vorwiegend aber von Wanderern genutzt, die die Bergkulisse und die spektakulären Wanderwege entlang der Levadas genießen.

–> AUF EINEN BLICK

EINWOHNER 245 000

WÄHRUNG Euro

KLIMA Madeira genießt heiße, trockene Sommer mit milden, aber feuchten Wintern. Der meiste Regen fällt zwischen Oktober und März. Die Sommertemperaturen liegen durchschnittlich bei 25 °C, im Januar sind es an die 15 °C. Es handelt sich aber um eine bergige Insel, und so wird es in den Bergen viel kühler und feuchter.

NICHT VERGESSEN Warme und wasserfeste Wanderkleidung sowie Sonnencreme für heiße Tage. Manchmal braucht man an ein und demselben Tag beides.

BESTE ZEIT Juli und August sind nahezu perfekt, doch die Insel ist das ganze Jahr über ein gutes Urlaubsziel. Im Januar findet ein jährliches Wanderfestival statt.

NÄCHSTER FLUGHAFEN Der Flughafen Madeira wird auch Flughafen Funchal genannt und liegt etwa 16 km östlich der Hauptstadt Funchal.

UNTERKUNFT Einige reizvolle alte *quintas* oder restaurierte Landhäuser bereichern das Angebot, das von 5-Sterne-Luxushotels bis zu bezaubernden kleinen Pensionen reicht.

Wanderungen entlang der Levadas erscheinen recht sicher, sofern es ein Sicherheitsseil gibt. Ohne ein solches ist das Betreten der Wege gefährlich.

Einer der beliebtesten Wanderwege nimmt seinen Anfang im üppig grünen Rabaçal (2).

Im feuchten Klima von Madeira gedeihen besonders im Frühling Blumen in Hülle und Fülle.

Die Errichtung der Levadas

Angeblich beträgt die Gesamtlänge der Levadas-Pfade rund 2170 km. Sie winden sich um Berge und mitunter sogar durch Tunnel, was zum Problem werden kann, wenn man keine Taschenlampe dabei hat. An manchen Stellen sind die Pfade weniger als 46 cm breit, selbst neben steilen Abhängen. Viele Levadas sind mittlerweile gesichert, aber nicht alle, sodass eine solche Wanderung zu einem abenteuerlichen Erlebnis werden kann.

Die Ingenieure, die die Levadas planten, und die Arbeiter brauchten keine Sicherheitseinrichtungen. Sie nutzten ein sehr einfaches System, um mittels eines Theodoliten den Verlauf der Levadas so zu ermitteln, dass das Wasser sanft abwärts floss. Vor Kurzem wurden ein paar Experimente durchgeführt, um zu sehen, ob sich der Verlauf der Levadas unter Zuhilfenahme moderner Methoden verbessern ließe. Man fand jedoch heraus, dass der Verlauf nahezu perfekt war.

Die Anlegung der Levadas muss jedoch abenteuerlich gewesen sein. Die Arbeiter hingen oft an Seilen von Bäumen oder Felsen herab, während sie die Route aushackten, dann die Levadas errichteten (zuerst aus Holz und später aus Beton) und auch die Pfade, die daneben verliefen. Viele mussten ihren Einsatz mit ihrem Leben bezahlen, doch das Ergebnis war dieses einzigartige Bewässerungssystem, das bis zum heutigen Tage perfekt funktioniert – und nun auch dem Freizeitsport dient.

Der Lorbeerwald

Einer der beliebtesten Wanderpfade verläuft entlang eines Abschnitts der Levada do Furado, deren Bau 1911 begonnen wurde – die Fertigstellung der Strecke von 55 km benötigte jedoch sechzig Jahre. Jeder Teil wurde von Hand gemacht. Sie verläuft durch das Gebiet des einmaligen Laurisilva oder Lorbeerwaldes, der seit 1999 zum UNESCO-Weltnaturerbe gehört. Einst waren diese Wälder in Europa weit verbreitet, doch nun sind sie nur noch auf den Azoren, den Kanaren und hier auf der Insel Madeira erhalten, die über den größten und schönsten verfügt.

Der Lorbeerwald ist ein Zufluchtsort für seltene Pflanzen und einige endemische Spezies wie die Silberhalstaube. Dieser Vogel findet hier alles, was er

Die Dörfer von Madeira liegen manchmal gefährlich knapp an Klippen und Buchten.

Die Nordküste Madeiras ist noch felsiger und dünner besiedelt als der Süden, wie diese spektakulären Klippen verdeutlichen.

Der Flughafen (**3**) musste in die felsige Küstenlandschaft der portugiesischen Insel gebaut werden.

Am Markt von Funchal (**2**) werden die reiche Ernte und traditionelle Korbwaren verkauft.

zum Überleben braucht. Einst waren die Tiere vom Aussterben bedroht, und ihre Zahl war auf etwa zwanzig Brutpaare geschrumpft. Doch nun, da die Wälder selbst unter Naturschutz stehen, hat sich die Art erholt und zählt heute an die fünftausend Exemplare. Auf einer Wanderung durch den Laurisilva sind sie allerorts zu sehen und zu hören.

Curandeiras

In einigen Bergdörfern entlang der Levadas findet man noch heute die alten weisen Frauen, die als *Curandeiras* bekannt sind. Diese Frauen haben den Status von Medizinfrauen und sind stets schwarz gekleidet. Sie verfügen über ein umfassendes Wissen über die Pflanzen, die im und rund um den Lorbeerwald wachsen, und über ihre Verwendungsmöglichkeiten.

Im Idealfall sind Sie nicht auf die Hilfe der Medizinfrauen auf dieser grünen und wunderbaren Insel angewiesen, auf der sich nur dann Stress einstellt, wenn man eine Levada entlangwandert und das Sicherheitsgeländer plötzlich verschwindet – was vorkommt. Diese kurzen und schweißtreibenden Momente, in denen man sich den Pfad entlangtastet, sind genauso berauschend wie eine der anderen Besonderheiten der Insel: Poncha, ein feuriger Cocktail aus Zitronen und Zuckerrohr, der am Ende einer Levada-Wanderung gerne getrunken wird.

DAS SPANIEN DER MAUREN

Man nehme die spektakuläre Schönheit des temperamentvollen Südspaniens und füge etwas arabisches Erbe hinzu, und schon hat man eine europäische Region, die mit ihren grandiosen Gebäuden besticht.

Der Glockenturm der Kathedrale von Sevilla (1) wird als La Giralda bezeichnet. Der untere Teil war ein Minarett und bei seiner Errichtung im Jahr 1184 der höchste Turm der Welt.

DAS BEDEUTENDSTE EREIGNIS des Jahres 1492 war nicht die allseits bekannte Entdeckung Amerikas durch Christoph Kolumbus, sondern etwas, das sich in dem Spanien ereignete, aus dem er kam. In diesem Jahr verließen nämlich die Mauren, die hier 781 Jahre lang ansässig gewesen waren, das Land. Sie sollten nie wieder dauerhaft auf europäischen Boden zurückkehren. Sie ließen jedoch besonders in den größeren Städten wie Sevilla, Córdoba und Granada ein stolzes Erbe zurück. So gilt etwa die Alhambra in Granada als schönstes Beispiel arabischer Baukunst in Europa.

Die Alhambra

Die Alhambra wurde im 14. Jahrhundert errichtet, und ihre Pracht und Schönheit zeugen davon, dass ihre Erbauer nicht ahnten, dass ihre Herrschaft in Südspanien nur noch wenig mehr als ein Jahrhundert andauern würde. Wie sollten sie auch? Sie waren 711 n. Chr. nach Spanien gekommen und hatten innerhalb von nur sieben Jahren den Großteil der Iberischen Halbinsel bis zu den Pyrenäen erobert.

Der Löwenhof der Alhambra (*Patio de los Leones*) (**2**) wurde nach den zwölf Steinlöwen benannt, die den Brunnen bewachen und Wasser speien.

Das Wort *alhambra* bedeutet »rote Festung« und leitet sich von dem roten Lehm ab, der zu ihrer Errichtung verwendet wurde. Lange vor der Ankunft der Mauren hatten an diesem markanten Ort auch schon Gebäude gestanden, die die Stadt überblickten. Doch erst sie errichteten eine prachtvolle Befestigungsanlage. Zuerst erbauten sie im 9. Jahrhundert, nicht lange nach ihrer Ankunft, eine Burg. Sie erkannten, wie gut sich der Ort für eine Abwehranlage eignet: Von hier aus konnten sie die ganze Stadt überblicken. Diese Burg war jedoch offensichtlich nicht sehr stabil und begann bald zu bröckeln. Sie wurde im 11. Jahrhundert wieder errichtet, und 1238 begann die große Bauphase, als man plante, in der Zitadelle nicht weniger als sechs Paläste zu errichten. Daneben sollte es Türme, Badehäuser und ein komplexes Bewässerungssystem für die Gärten geben, die noch heute zu den besonderen Sehenswürdigkeiten der Alhambra zählen.

Der Palast und der Rest des Alhambra-Komplexes sind so groß, dass man einen guten Plan braucht (sowohl im gegenständlichen als auch im mentalen Sinn), bevor man sich auf den Weg macht. Und er ist so populär, dass man im Voraus buchen muss, da die Zahl der Tickets pro Tag auf derzeit 8100 limitiert ist. Er ist es aber allemal wert. Die anmutigen Bögen, der rostrote Stein, die kühlen Wasserbecken und die farbenfrohen Pflanzen (beispielsweise im Myrtenhof) rufen im Besucher ein Wohlgefühl hervor.

Sevilla: Der Alcázar

Sevilla ist eine weitere große spanische Stadt, die stark von den Mauren geprägt wurde. Sie ist ein lebhafter und pulsierender Ort, besonders während der christlichen Osterfeierlichkeiten (siehe Seiten 168–171). Sevilla war eine der ersten Städte, die die Mauren 712 n. Chr. eroberten, und wurde in Folge ein bedeutender Ort in ihrem Reich. Das beeindruckendste maurische Gebäude wurde erst errichtet, nachdem die Mauren bezwungen worden waren – der Königliche Alcázar von Sevilla mit seinen Mosaiken und Fliesen, Bögen und Höfen, den Springbrunnen und seiner prächtigen Ausstattung. Er ist ein bemerkenswertes Beispiel dafür, wie erfinderisch und kreativ die maurischen Konstrukteure und Bau-

Die Sonnenstrahlen unterstreichen die Pracht der Alhambra **(2)** mit der Sierra Nevada als Kulisse.

–> AUF EINEN BLICK

BEVÖLKERUNG Sevilla 700 000, Córdoba 325 000, Granada 240 000

WÄHRUNG Euro

KLIMA Sevilla ist eine der wärmsten Städte Europas; selbst im Winter fällt die Temperatur selten unter 4 °C, obwohl es ein paar Tage Frost geben kann. Im Juli und August steigt das Thermometer oft auf 32 °C und mehr. Es gibt auch sehr wenig Regen. Im Durchschnitt regnet es nur fünfzig Tage im Jahr, wobei der Dezember der feuchteste Monat ist.

NICHT VERGESSEN Im Sommer einen Sonnenhut; Sonnencreme braucht man fast das ganze Jahr über. Als Lektüre Washington Irvings *Erzählungen von der Alhambra*.

BESTE ZEIT Mai bis Juni und September bis Oktober.

NÄCHSTE FLUGHÄFEN Es gibt Flughäfen in Córdoba, Granada und Sevilla.

UNTERKUNFT Alle Arten, alle Preiskategorien.

Entfliehen Sie der Hektik von Sevilla in den Gärten des Alcázar, die von Brunnen und Pavillons geziert werden (**1**).

Die grazilen Bogen sind typische Alhambra-Architektur (**2**).

Die Mezquita de Córdoba stammt aus einer Zeit, zu der Córdoba (**3**) die reichste Stadt Europas war.

Stierkämpfe wurden in Spanien bereits vor Ankunft der Mauren veranstaltet, doch viele ihrer Rituale sind eingeflossen und noch heute Bestandteil der Kämpfe.

herren waren. Die Arbeiten am Palast von Peter I. begannen im Jahr 1364 unter König Peter von Kastilien, nachdem die Mauren die Stadt verlassen hatten. Doch in der Gestaltung wurde ihre Tradition fortgeführt, und maurische Arbeiter, die noch in der Stadt lebten, zeichneten für die Errichtung verantwortlich.

–> Al-Andalus

Der Name Andalusien stammt von der arabischen Bezeichnung für die Gebiete auf der iberischen Halbinsel, die von den Mauren beherrscht wurden: Al-Andalus. Sie bezog sich auf ein großes Reich, das sich fast bis zur Grenze Frankreichs erstreckte, und entspricht damit nicht dem heutigen Andalusien in Südspanien. Man weiß nicht, woher der Begriff ursprünglich stammt, doch es gibt mehrere Theorien zu seiner Herkunft; so etwa, dass er auf die Vandalen zurückgeht oder dass es sich um eine Arabisierung der Bezeichnung Atlantis handelt.

Gegenüber dem Alcázar wurde Sevillas große Kathedrale an der Stelle der Moschee errichtet, wobei einige der Säulen übernommen wurden und das Minarett in einen Turm verwandelt wurde. Dennoch stand der imposante gotische Stil des Gebäudes in krassem Gegensatz zur zierlichen Bauweise der Mauren. Dadurch wird offenkundig, welch kulturelle und ästhetische Diskrepanz damals zwischen beiden Kulturen bestand. In Sevilla steht auch der Torre del Oro, der Goldturm, der von der gefürchteten Dynastie der Almohaden als Wachturm im frühen 12. Jahrhundert erbaut wurde. Er diente nicht nur dazu, nach Feinden Ausschau zu halten, sondern auch dazu, diese an der Weiterfahrt zu hindern. Vom Turm wurde nämlich eine Kette herabgelassen und unter Wasser zur anderen Seite des Flusses gespannt, sodass die Schiffe hängen blieben. Die Tatsache, dass er heute noch immer steht, spricht nicht nur für seine Bauweise, sondern auch für die Beständigkeit seiner Struktur.

Der Torre del Oro in Sevilla (rechts, **1**) erstrahlte einst vielleicht in Gold, könnte seinen Namen aber auch daher haben, dass hier herbeigeschifftes Gold gelagert wurde.

Córdobas Kathedrale thront über der Puente Romano (**3**) (Römische Brücke), deren Geschichte bis in die Zeit der Gründung der Stadt durch die Römer zurückreicht.

Córdoba

Eine andere größere Stadt, die man sehen muss, um ein Gefühl für das Spanien der Mauren zu bekommen, ist Córdoba. Die Mauren kamen im Jahr 716 hierher und machten sie zu ihrer Hauptstadt. Im 10. Jahrhundert lebten hier schätzungsweise 500 000 Menschen, sodass sie eine der größten Städte der Welt war. Man nimmt an, dass es damals 27 Schulen und 50 Spitäler gab. Das bemerkenswerteste erhaltene Gebäude ist die Moschee, die Mezquita de Córdoba. Sie war ursprünglich eine Kirche aus dem Jahr 600 n. Chr., wurde aber 784 n. Chr. in eine der größten der tausend Moscheen der Stadt umgewandelt. Einst war sie die zweitgrößte Moschee der ganzen arabischen Welt, und heute sind ihre Säulen (über tausend) und ihre Struktur an sich so atemberaubend wie eh und je.

Al-Andalus, die Paläste, Brunnen, Gärten und prächtigen Moscheen zu sehen, bedeutet, einen absolut einzigartigen und grandiosen Teil Europas kennenzulernen.

GAUDÍS BARCELONA

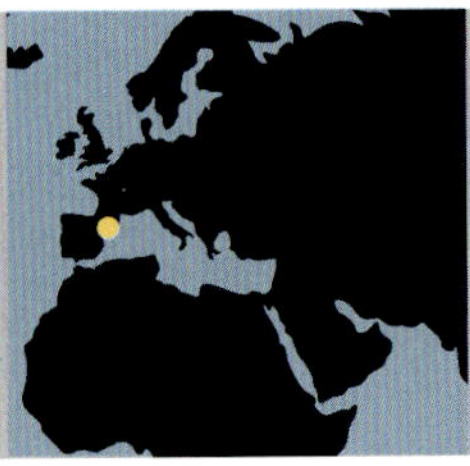

Die eleganten und surrealen Bauten des katalanischen Architekten Gaudí prägen das Bild dieser klassischen spanischen Küstenstadt.

ANTONI PLÀCID GUILLEM GAUDÍ I CORNET – besser bekannt als Gaudí – war ein katalanisches Architekturgenie, ein Mann, der für die Baukunst jene Bedeutung erlangen sollte wie Dalí für die Malerei. Nirgendwo kann man besser auf seinen Spuren wandeln als in der katalanischen Hauptstadt Barcelona. Gaudí wurde 1852 in Katalonien geboren, und die meisten seiner Werke entstanden in Barcelona, wo er 1926 starb.

Barcelona besitzt eine der großen Alleen dieser Welt – Las Ramblas. Einst mündete hier ein mittlerweile ausgetrockneter Fluß ins Meer. Das arabische Wort für Flussbett lautet *raml* – daher stammt ihr Name. Heute strömen Menschenmassen hierher und flanieren im Schatten der Bäume vorbei an Blumenhändlern, Straßenmusikanten, Cafés, Zeitungskiosken, Kirchen und dem einen oder anderen Taschendieb – daher: Augen offen halten!

La Boqueria

Etwa auf halber Höhe der Ramblas befindet sich Barcelonas wichtigster Markt – der Mercat de la Boqueria oder Fleischmarkt, der offiziell als Mercat de Sant Josep bekannt ist. Untergebracht ist er in einer Halle aus Glas und Stahl, die an die Pariser Architektur mit ein paar modernistischen Einschlägen erinnert. Im Inneren jedoch findet man Tradition pur – vom Fischhändler, Gemüseverkäufer, Weinhändler und von Käsetheken bis zu den Fleischern, denen der Markt seinen Namen verdankt.

Gaudí schuf diese einmaligen Mosaikarbeiten für den Park Güell (1).

Palau Güell

Etwas weiter die Ramblas hinunter befindet sich das wohl markanteste Bauwerk Gaudís. Es ist ein Stadthaus oder Palast, den Gaudí für den wohlhabenden katalanischen Industriellen Eusebi Güell in den späten 1880er Jahren schuf. In den vergangenen Jahren war der Palast aufgrund von Renovierungsarbeiten geschlossen, nun ist er aber wieder teilweise für Besucher zugänglich. Von außen sieht man den markanten Stil Gaudís – der tatsächlich markant, aber mindestens so schwer zu beschreiben ist wie ein Gemälde von Dalí. Er geht grundsätzlich vom gotischen Stil aus, der aber abgeschwächt wird durch Gaudís Faible für Schnörkel und die Verwendung von Formen und Mustern aus der Natur.

Schon von außen kann man erkennen, dass Gaudí für dieses Projekt wie geschaffen war. Zwei große Eingangstore erlaubten die Durchfahrt von Pferdekutschen. Wenn die Besucher über Nacht blieben, wurden die Pferde über eine Rampe in die Ställe auf jener Ebene hinabgeführt, wo auch die Diener wohnten, während die vornehmen Gäste nach oben ins Wohnhaus geleitet wurden. Im Empfangsraum wurden die Gäste durch geheime Fenster unter die Lupe genommen. Fühlte sich der Hausherr nicht angemessen angezogen, konnte er so noch schnell seine Garderobe wechseln. Auch das Dach mit seinen gefliesten Kuppeln und Kaminen und nicht zuletzt seinem atemberaubenden Ausblick ist einfach einzigartig.

Das Knochenhaus

Nicht weit entfernt vom oberen Ende der Ramblas am Passeig de Gracia liegen zwei weitere Bauwerke Gaudís. Eines davon ist die wohl einzigartige Casa Batlló, auch bekannt als Casa dels Ossos oder Knochenhaus, da sie so aussieht, als sei sie aus lauter Knochen gebaut. Die Balkone unter einigen Fenstern ähneln zudem Masken. Nicht nur, dass es auf der ganzen Fassade keine gerade Linie zu geben scheint, die Kurven sind so extravagant, dass einem schon beim Hinsehen schwindlig wird. Das andere Gebäude Gaudís auf derselben Straße ist La Pedrera, das nicht ganz so extravagant ist, aber bei Gaudí ist das relativ. La Pedrera, ein privates Wohnhaus, wurde eher schon als Skulptur denn als Gebäude bezeichnet und kann ebenso wie die Casa Batlló besichtigt werden.

1900 durfte Gaudí seiner Kreativität auch in der freien Natur im Park Güell freien Lauf lassen. Der Park ist heute ein Gemeindepark auf dem Hügel El Carmel. Bis zur Fertigstellung dauerte es vierzehn Jahre. Neben dem spektakulären Parkeingang, der wie eine Mischung aus griechischem Tempel und Hochzeitstorte aussieht, kann man hier auch Gaudís Wohnhaus La Torre Rosa bewundern und besichtigen.

Sagrada Família

In Barcelona gibt es noch viele weitere Bauten Gaudís, und der Reiz eines Stadtbummels besteht nicht zuletzt darin, dass man immer wieder an einem Wohnblock vorbeikommt, der Gaudis einzigartige Handschrift trägt. Ein Bauwerk aber stellt alle anderen in den Schatten – bzw. wird es das tun, sobald es fertig ist: die Sagrada Família, die römisch-katholische

–> AUF EINEN BLICK

EINWOHNER 1 600 000

WÄHRUNG Euro

KLIMA In Barcelona herrscht Mittelmeerklima mit milden Wintern und heißen Sommern, gemäßigt durch die Lage am Meer. Die jährliche Regenmenge ist gering und Schnee im Winter eine Seltenheit.

NICHT VERGESSEN Strandkleidung und Stadtkleidung sowie ein paar stylische Outfits, da Barcelona eine Trendmetropole ist.

BESTE ZEIT Spätsommer, wenn Sie schwimmen möchten, doch jede Zeit bietet sich zum Sightseeing an.

NÄCHSTER FLUGHAFEN Der Flughafen Barcelona liegt etwa 10 km südwestlich des Stadtzentrums, eine kurze Bus-, Zug- oder Taxifahrt entfernt.

UNTERKUNFT In dieser modernen und stetig wachsenden Stadt eröffnen jedes Jahr neue Hotels.

Die Sagrada Família (2) ist das beeindruckendste Bauwerk Gaudís in Barcelona – auch wenn es noch immer nicht fertiggestellt ist.

Basilika. 1883 begann Gaudí mit der Arbeit an diesem ambitionierten Projekt – eine Kathedrale im gotischen Stil à la Gaudí, die von da an sein ganzes Leben in Anspruch nehmen sollte. Insgesamt arbeitete er 43 Jahre daran, bis er 1926 bei einem Straßenbahnunfall ums Leben kam. Es besteht Hoffnung, dass die Kathedrale bis zum Jahr 2026 fertiggestellt sein wird – hundert Jahre nach Gaudís Tod und 143 Jahre nach Baubeginn.

Keine Beschreibung kann diesem einzigartigen Bauwerk gerecht werden, auch wenn sich schon viele Menschen dazu geäußert haben. Der Schriftsteller Jean Cocteau nannte es einen »Ideenkratzer«, keinen Wolkenkratzer, für George Orwell war es eines der scheußlichsten Gebäude, die er je gesehen hatte. Salvador Dalí liebte es und empfand es als sinnlich, und Gaudí selbst meinte einst, angesprochen auf die lange Bauzeit, lapidar: »Mein Kunde hat keine Eile.«

Diese Schornsteine thronen auf dem Dach von La Pedrera (**3**).

Es bedarf wohl keiner Erklärung, wie das Knochenhaus (rechts) zu seinem Namen kam (**4**).

Den wunderschönen Stränden verdankt Barcelona einen nicht geringen Teil seines Reizes (**5**).

Meeresfrüchte aus dem Mittelmeer werden im Mercat de la Boqueria angeboten (**6**).

La Pedrera (**3**) erhielt den Spottnamen »Der Steinbruch«, da das Gebäude der Familie, für die es errichtet wurde, und der Öffentlichkeit größtenteils missfiel.

JEREZ UND SEINE SHERRY-BODEGAS

Jerez ist nicht nur für seinen Sherry bekannt, sondern gilt auch als Stadt der »Zigeuner«, des Flamencos und der Reitkunst. Einen Besuch in einem der historischen Sherry-Keller sollte man sich auf keinen Fall entgehen lassen.

BEIM REISEN GEHT ES UM VIEL MEHR als bloß darum, auf Stränden zu liegen oder Kathedralen und Museen zu besichtigen. Es geht darum, die einheimische Kultur und eine Lebensweise kennenzulernen, die sich von der eigenen unterscheidet. Es geht darum, Menschen zu treffen, regionale Spezialitäten auszuprobieren und ein wenig über Sprache und Geschichte eines Ortes zu lernen.

All diese Aspekte eines Urlaubsortes sind untrennbar miteinander verbunden, und oft beeinflussen sie einander. Befasst man sich näher mit der bekanntesten regionalen Spezialität von Jerez de la Frontera – dem Sherry –, erfährt man zugleich auch mehr über Landschaft, Sprache, Klima, Handel und Geschichte, den Einfallsreichtum der Menschen und das außergewöhnliche Wesen der Natur.

Der Name Jerez

Zunächst wären da einmal Sprache und Geschichte der Stadt. Der Name Jerez leitet sich von der arabischen Bezeichnung, Xerez oder Xeres, ab und erinnert daran, dass die Mauren einst hier in Andalusien waren und 800 Jahre lang über einen Großteil Spaniens regierten. Dieser Name selbst war eine Verfälschung des arabischen Wortes *Sherish*, daher also die Bezeichnung für das Getränk der Region – Sherry. Es ist eine Ironie des Schicksals, dass wir ausgerechnet den Arabern nicht nur die Bezeichnung für Sherry verdanken, sondern auch das Wort Alkohol selbst. Man nimmt an, dass es auf das arabische *al-ghol* zurückgeht, das einen Geist bezeichnet, der einem den Verstand raubt.

Jerez und Sherry

Sherry wird nur in einem kleinen Teil der Welt hergestellt, einem sogenannten »Goldenen Dreieck«, dessen Eckpunkte die Nachbarstädte Sanlúcar de Barrameda, El Puerto de Santa María und Jerez de la Frontera bilden. Nur Weine aus dieser Region dürfen als Sherry bezeichnet werden. Fahren Sie in andere Gegenden Spaniens, können Sie womöglich gar keinen Sherry kaufen oder trinken, da jede Region ihre eigenen Weine produziert und fördert. Heutzutage finden Sie wahrscheinlich in New York oder London

Die Bodegas des Herstellers Domecq gehören zu den alten Gebäuden in Jerez (1).

Jerez ist auch für seine »Zigeuner«-Kultur bekannt, insbesondere für die Kunst des Flamenco.

–> AUF EINEN BLICK

EINWOHNER 200 000

WÄHRUNG Euro

KLIMA Weintrauben sind sehr witterungsempfindlich. Sie bevorzugen ein gemäßigtes Klima und nicht zu viel Regen. Jerez hat warme, meist trockene Sommer und milde Winter, ein nahezu ideales Klima.

NICHT VERGESSEN Einen Flaschenöffner und einen Sprachführer für die Speisekarten, die meist ausschließlich auf Spanisch sind.

BESTE ZEIT Wenn man auch die Weingärten besuchen will, ist Sommer die beste Zeit, wenn sie in voller Pracht stehen, doch Jerez ist das ganze Jahr über ein attraktives Reiseziel.

NÄCHSTER FLUGHAFEN Der Flughafen Jerez liegt etwa 10 km nördlich der Stadt. Busse und Taxis fahren ins Zentrum.

UNTERKUNFT Es gibt zahlreiche Hotels im Zentrum und weiter außerhalb, viele von ihnen reizvolle alte Gebäude, die für europäische Standards preiswert sind.

KULINARISCHES Probieren Sie Tapas; auch die Meeresfrüchte sind herrlich.

GETRÄNKE Machen Sie es wie die Einheimischen und trinken Sie Sherry vor, während und nach den Mahlzeiten. Ihr neuerworbenes Wissen wird Ihnen bei der Auswahl behilflich sein.

In der Königlich-Andalusischen Reitschule (1) finden allwöchentlich spektakuläre Reitvorführungen statt.

Die Fertigstellung der gotischen Kirche Santa Maria dauerte über 500 Jahre (1).

Der Bau der Kathedrale Jerez de la Frontera (1) begann 1695. Neben einem Mix aus diversen Baustilen weist sie fünf verschiedene Kirchenschiffe auf.

auf der Speisekarte eine bessere Auswahl an Sherrys als in Madrid.

Doch Jerez hat weitaus mehr zu bieten als bloß Sherry-Bodegas (Keller). Die Stadt ist ein Zentrum für Reiterei, Stierkämpfe, Flamencomusik und »Zigeuner«-Kultur. Doch zweifelsohne ist sie weltweit hauptsächlich für diese spezielle Sorte aufgespriteten Weins – den Sherry – bekannt. Und ihn gibt es in schier unendlichen Variationen je nach Mikroklima des Herkunftsgebietes. Jede Stadt produziert eine Reihe von Geschmacksrichtungen, aber Jerez ist die Hauptstadt des Sherry, und eine Tour durch die vielen bekannten Bodegas ist ein lehrreiches Erlebnis.

Die älteste Bodega

Domecq ist die älteste Bodega in Jerez und stammt aus dem Jahr 1730. Nebenan, bei Gonzalez Byass, wird der meistverkaufte Sherry der Welt, Tio Pepe, hergestellt. Der Name bedeutet einfach »Onkel Pepe« (tío = Onkel, Pepe = Kurzform von José). Pepe war der Onkel eines der Gründer. Dieser konnte Pepe anfangs für seine Arbeit nicht bezahlen, deshalb bat ihn der gerissene Onkel um den Kellerschlüssel, damit er seinen Lohn in Naturalien erhielt. Er lud auch gerne seine Freunde ein, und so etablierte sich der Name bald als inoffizielle Bezeichnung für den Sherry. Als die eingetragenen Marken in Spanien eingeführt wurden, wurde der Name offiziell registriert: Tio Pepe.

Einer der Lagerräume bei Gonzalez Byass wurde von Gustave Eiffel, der für den Eiffelturm bekannt ist, entworfen. Es gibt dort auch Sherryfässer mit den Autogrammen vieler berühmter Persönlichkeiten, die die Bodega besichtigt haben, darunter Margaret Thatcher, Orson Welles, Pablo Picasso, Cole Porter und Martin Luther King, Jr.

Andere Sherry-Bodegas, die man besichtigen kann, tragen bekannte Namen wie Harveys, Lustau, Sandeman, Williams & Humbert und Osbourne. Die englischen Namen sind darauf zurückzuführen, dass diese Bodegas von Engländern gegründet wurden. In manchen Fällen waren es katholische Flüchtlinge aus dem von Protestanten dominierten England des 16. Jahrhunderts. Sie bauten hier erfolgreiche Unternehmen auf und etablierten den Sherry-Handel mit England, der bis heute aufrecht ist.

Sherry-Produktion

Beim Besuch der Bodegas erfährt man nicht nur Geschichtliches, sondern auch etwas über den faszinierenden Herstellungsprozess des Sherry. Einige der ältesten Keller sind voller Spinnweben, doch sie spielen eine wichtige Rolle bei der Herstellung von Sherry. Schwarze Schimmelflecken auf den Wänden unterstützen den Reifungsprozess. Die Produktion von gutem Sherry ist arbeitsintensiv und kompliziert. Sherrys aus verschiedenen Jahren und aus unterschiedlichen Fässern werden verschnitten, um einen einheitlicheren Geschmack zu erzielen, weshalb es für Sherry keine Jahrgänge gibt. Der Wein wird auch mit Brandy verschnitten, um ihn zu verstärken. Ein Grund, warum er zu den Anfängen der Seefahrt so beliebt war, lag darin, dass er durch diese Verstärkung eine lange Seereise besser überstand als andere Weine.

Ein Fass Sherry enthält also mehr als bloß Sherry – Geschichte, Sprache und auch Klima. Im Grunde genommen eine ganze Welt.

Das Reiter-und Pferdefestival Feria del Caballo (oben), bei dem die Reiter in auffälligen Kostümen ihr Können unter Beweis stellen, geht auf das Jahr 1284 zurück und lockt alljährlich Tausende Besucher nach Jerez (**1**).

Bei den Verkostungen, mit denen die meisten Bodega-Besichtigungen abschließen, wird jeder im Nu zum Sherry-Kenner.

SEVILLA ZU OSTERN: SEMANA SANTA

Die Feier der Karwoche in Sevilla zählt zu den spektakulärsten religiösen Feiern des Christentums. Eine beeindruckende Erfahrung, egal welcher Religion man angehört.

SO WIE MAN KEIN SCHAUSPIELER sein muss, um sich ein Theaterstück anzusehen, muss man nicht religiös sein, um an den Feierlichkeiten der Karwoche, oder Semana Santa, in Sevilla teilnehmen zu können. Der Vergleich mit dem Theater ist nur allzu passend, da das Spektakel in der Woche bis Ostersonntag dem auf der Bühne oder im Fernsehen Dargebotenen in nichts nachsteht. Eigentlich ist es noch viel aufregender, da man Teil des Geschehens ist und die Emotionen echt sind.

Sevilla ist die Hauptstadt Andalusiens und die viertgrößte Stadt des Landes nach Madrid, Barcelona und Valencia. Wenn es jedoch um die Feiern in der Karwoche geht, hat es eindeutig die Nase vorn. Die Semana Santa ist die bedeutendste religiöse Festivität im Veranstaltungskalender der Stadt und auch die größte in Spanien. 75 Prozent der Spanier sind römisch-katholisch, und viele von ihnen praktizieren ihren Glauben aktiv.

Die Osterwoche

Die Spanier haben eine Vorliebe für Schauspiele und Spektakel. Schon seit Jahrhunderten wird unter großer Anteilnahme in der Osterwoche in Sevilla die Geschichte vom Tod Christi und seiner Auferstehung erzählt. Nirgendwo auf der Welt wird dies ähnlich aufwendig zelebriert wie hier. Wenn Sie dabei sein möchten, sollten Sie lange im Voraus eine Unterkunft buchen, da sich die Stadt bis zum Bersten füllt.

Die Bruderschaften

Die Veranstaltungen beginnen eine Woche vor Ostersonntag, am Palmsonntag, mit den ersten Prozessionen der Bruderschaften. Das sind Gruppen katholi-

Die Bruderschaften paradieren in ihren farbenprächtigen Kostümen Tag und Nacht durch die Straßen von Sevilla.

–> AUF EINEN BLICK

EINWOHNER 700 000

WÄHRUNG Euro

KLIMA Sevilla ist eine der wärmsten Städte Europas, oft zu warm im August, wenn die Temperaturen extrem steigen. Im Winter fallen sie jedoch selten unter den Gefrierpunkt. Von Juni bis August fällt sehr wenig Regen, Dezember und März sind die feuchtesten Monate.

NICHT VERGESSEN Sonnencreme, auch zu Ostern; Ohrenstöpsel, wenn Sie vorhaben, nachts zu schlafen, viel Energie, wenn Sie es nicht tun.

BESTE ZEIT Mai bis Juni und September sind die Monate mit dem meisten Sonnenschein, ohne dass es unerträglich heiß wird.

NÄCHSTER FLUGHAFEN Der Flughafen Sevilla liegt etwa 10 km nordöstlich der Stadt, mit Bussen und Taxis ins Zentrum.

UNTERKUNFT Den Großteil des Jahres über herrscht kein Mangel an freien Zimmern, doch Sie sollten im Voraus buchen, wenn Sie während der Osterwoche ein Zimmer im Zentrum beziehen möchten.

Das Kruzifix wird hier vor die Kathedrale von Sevilla getragen (1), die größte gotische Kathedrale der Welt.

Die Kathedrale von Sevilla (**1**) umfasst insgesamt ein Areal von 11 520 m².

Der Plaza de España (**2**) in Sevilla wirkt zwar alt, wurde aber erst 1929 im maurischen Stil anlässlich einer Ausstellung errichtet. Heute sind hier vorwiegend Regierungsgebäude untergebracht.

Der Torre del Oro oder Goldturm (**3**) zeigt die maurische Seite der Stadtarchitektur. Er wurde im frühen 13. Jahrhundert errichtet und soll einst mit Gold überzogen gewesen sein.

scher Laien, die manchmal, aber nicht immer einer bestimmten Kirche oder Nachbarschaft angehören. Einige haben ihre eigenen Kapellen, und die Mitgliedschaft wird oft vom Vater an den Sohn weitergereicht, da es sich traditionell um eine Männerdomäne handelt. Sie widmen sich das ganze Jahr über religiösen und karitativen Angelegenheiten und veranstalten zu Ostern Prozessionen durch die Straßen.

Es handelt sich aber um keine gewöhnlichen Prozessionen. Manche können bis zu 24 Stunden dauern, da jede Bruderschaft den Weg von ihrer eigenen Kapelle oder Kirche durch die Straßen zur Kathedrale und dann wieder zurück abschreitet. Die Männer tragen Roben, einige auch Kapuzen, die ihnen ein recht unheimliches Aussehen verleihen. Sie tragen riesige Holzkonstruktionen, die über eine Tonne wiegen können. Es braucht mindestens sechzig Mann, um sie durch die Straßen zu befördern. Die Konstruktionen sind seitlich mit Stoff verkleidet, sodass die Träger nicht sichtbar sind. Dadurch wirkt

es tatsächlich so, als ob die Konstruktionen die Straßen entlangschweben würden.

Musik und Stille

Für zusätzliche Dramatik sorgt die Musik. Einige Bruderschaften haben Blaskapellen, andere singen ohne instrumentale Begleitung, wogegen manche in Stille dahinschreiten, was mitunter am eindrucksvollsten wirken kann. Die älteste Bruderschaft trägt den Namen El Silencio (Die Stille) und wurde Mitte des 14. Jahrhunderts gegründet. Viele andere Bruderschaften gehen auf das 15. und 16. Jahrhundert zurück. Insgesamt gibt es an die sechzig Vereinigungen. Es ist schwierig, eine exakte Zahl anzugeben, da sich die Bruderschaften in letzter Zeit wieder größerer Beliebtheit erfreuen und auch heute noch neue entstehen.

Wenn Sie die eindrucksvollsten Momente der Semana Santa miterleben wollen, brauchen Sie einiges Durchhaltevermögen und müssen auf Schlafmangel gefasst sein. Kurz nach Mitternacht am Karfreitagmorgen beginnen etwa ein halbes Dutzend Bruderschaften ihre Prozession zur Kathedrale, darunter die Los Gitanos (»die Zigeuner«).

Jede Prozession folgt einem strikten Aufbau. An der Spitze wird das Cruz de Guía (Leitkreuz) getragen, das den Weg bahnt. Dann folgen schweigend die Nazarenos, die Büßer, in ihren charakteristischen Gewändern und mitunter ohne Schuhwerk. Das Zentrum der Prozession bildet die Holzkonstruktion mit der Christus- oder Marienstatue der Bruderschaft. Hat die Bruderschaft eine Musikkapelle, so folgen darauf die Musiker, dann kommen weitere Büßer mit Holzkreuzen.

Das Ausmaß der Prozessionszüge kann sehr beeindruckend sein, bei einigen Bruderschaften marschieren bis zu 2500 Menschen mit. Es kann über eine Stunde dauern, bis die gesamte Prozession ihre Kirche verlässt, und die Träger müssen immer wieder Pausen einlegen, so schwer ist die Last, die sie tragen müssen. Es handelt sich zweifelsohne um ein gewaltiges Spektakel, besonders nachts, wenn sich zum Klang der Gesänge und der Musik und dem unheimlichen Aussehen der Büßer der Geruch der Kerzen gesellt. Die Semana Santa in Sevilla ist wahrlich einzigartig.

Ein guter Aussichtspunkt ist bei den wichtigsten Osterprozessionen unerlässlich, da die Straßen unglaublich voll werden können.

Die Kathedrale von Sevilla (1) besitzt das längste Kirchenschiff in ganz Spanien und bietet so eine angemessene Kulisse für die Osterfeierlichkeiten.

MITTEL- UND OSTEUROPA

»Laßt uns unsre Augen weiden an den Denkmälern und berühmten Dingen, so diese Stadt besitzt.«

William Shakespeare, Englischer Dramatiker, 1564–1616

WIEN: HAUPTSTADT DER KAISERREICHE

Wien besitzt eine Pracht, mit der nur wenige andere Städte mithalten können. Auf Schritt und Tritt beeindruckt es mit seiner Architektur und kann sich des besten Schokoladendesserts der Welt rühmen!

IN EINER UNLÄNGST ERSCHIENENEN STUDIE zur Lebensqualität in den Großstädten dieser Welt belegte Wien Platz eins vor Zürich – und das zurecht. Doch auch für kurze Aufenthalte ist die Stadt aufgrund des Kulturangebotes ein attraktives Reiseziel. Sie ist eindeutig eine der anmutigsten und unverwechselbarsten Städte Europas.

Wien ist die Stadt von Strauss und Freud, eine Tatsache, die auf seine Mischung aus Intellektualität und Musikalität hindeutet. Wien ist auch als Stadt des Wiener Schnitzels und der Sachertorte bekannt. Und eine Stadt, die ein Dessert erfinden kann, das Schokoladentorte mit Aprikosenmarmelade und Schlagsahne vereint, muss es zudem verstehen, diese Freuden zu genießen. Seit Jahrhunderten gilt sie als Zentrum exquisiter Küche, Musik und anderer Künste, was nicht verwundert: Wien war zunächst die Hauptstadt des Habsburgerreiches, dann des Heiligen Römischen Reiches und schließlich des Kaisertums Österreich. Heute ist Wien die Hauptstadt und größte Stadt Österreichs, und ihr reiches Erbe an Geschichte, Wohlstand und Macht hat sie zu einer beeindruckenden Stadt gemacht, die man gesehen haben sollte.

Viele ihrer Gebäude sind so imposant, dass man sich daneben ziemlich unbedeutend vorkommt. Die Stadt ist auch von einem Hauch Rätselhaftigkeit umgeben, der perfekt im Film »Der dritte Mann« aus dem Jahr 1949 eingefangen wurde. Der Film mit Orson Welles als Harry Lime wurde hier gedreht und beschwört in brillanter Weise die Atmosphäre im Wien der Nachkriegszeit – arg verwüstet, beklemmend, zugleich gesäumt mit Zeugen der prächtigen Vergangenheit. Der Film erinnert daran, dass selbst Wiens Kanalisationssystem seine Reize hat, auch wenn die Kirchen und Paläste klassischere Sehenswürdigkeiten sind.

Die Hofburg

Der größte Kaiserpalast ist die Hofburg, die seit 1279 der Machtsitz in Wien für die jeweiligen regierenden Dynastien oder Kaiserreiche war. Heute ist sie der

Das riesengroße Schloss Schönbrunn (links) (1) besitzt auch beeindruckende Gärten, die einen Zoo, einen Irrgarten, Gewächshäuser, französische Gärten, englische Gärten, eine Orangerie, ein Palmenhaus, einen botanischen Garten und vieles mehr umfassen.

–› AUF EINEN BLICK

EINWOHNER 1 700 000

WÄHRUNG Euro

KLIMA Wien hat ein gemäßigtes Klima mit warmen (wenn auch mitunter feuchten) Sommern, aber kalten Wintern, in denen die Temperaturen bis unter den Gefrierpunkt sinken. Es kann zu jeder Jahreszeit regnen, wobei Juni der feuchteste Monat ist.

NICHT VERGESSEN Regenschirm und genügend Geld, da Wien teuer ist.

BESTE ZEIT Wählen Sie die Wärme und den blauen Himmel des Sommers, trotz der erhöhten Wahrscheinlichkeit von Regen.

NÄCHSTER FLUGHAFEN Der Flughafen Wien liegt in Schwechat, 18 km südöstlich der Stadt. Es gibt mehrere Zug- und Busverbindungen sowie Taxis.

UNTERKUNFT Wien hat viele Hotels in allen Preisklassen, kann jedoch mitunter aufgrund der Geschäfts- und Urlaubsreisenden recht voll werden. Im Juli und August ist eine Buchung im Voraus notwendig, ebenso zu Weihnachten und während Messen und Kongressen.

KULINARISCHES Zumindest ein Stück Sachertorte darf man sich nicht entgehen lassen.

Die Hofburg (**2**) ist der Amtssitz des österreichischen Bundespräsidenten und auch der Geburtsort von Marie Antoinette im Jahr 1755. Zudem residierten hier verschiedene österreichische Regenten und Könige, von denen die Habsburger die bekanntesten sind.

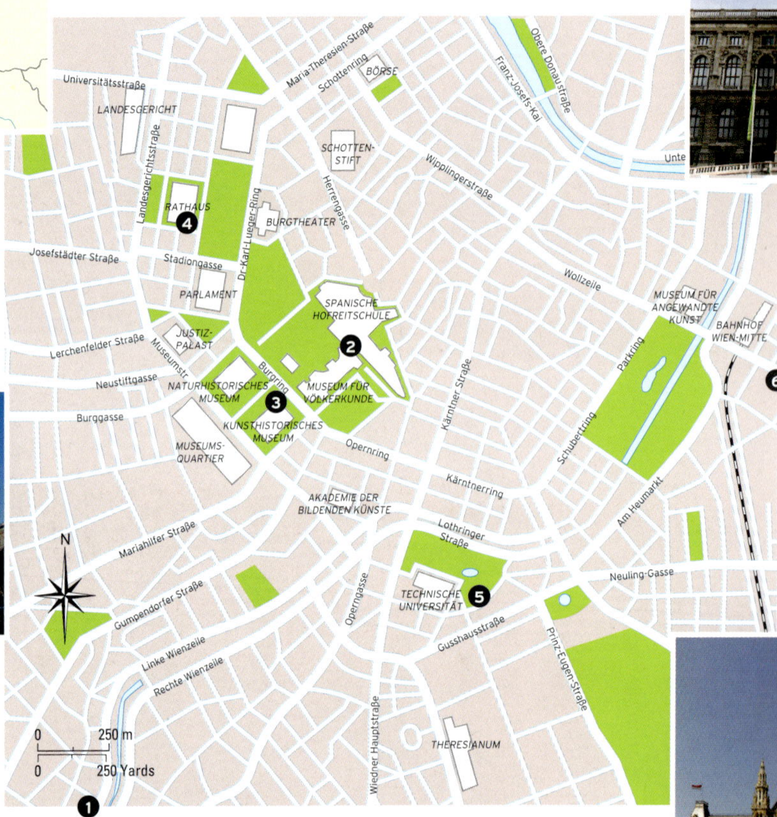

Das Kunsthistorische Museum (**3**) beherbergt riesige Kunstsammlungen der Habsburger und anderer österreichischer Regenten.

Die Arbeiten an der Karlskirche (**5**) begannen 1715 zum Dank für das Ende der Pestepidemie, die die Stadt heimgesucht hatte.

Das Wiener Rathaus (**4**) wurde im späten 19. Jahrhundert errichtet. Es beherbegt die Amtsräume der Stadtverwaltung mit etwa 2000 Beschäftigten.

–> Sachertorte

Die Sachertorte ist nach Franz Sacher benannt, einem sechzehnjährigen Konditorlehrling, der aufgrund der Erkrankung des Chefkochs rasch ein Dessert für ein Bankett für den österreichischen Außenminister Fürst Metternich kreieren musste. Das Ergebnis aus Schokoladenbiskuit, Schokoladenglasur, Aprikosenmarmelade und Schlagsahne wurde zu einem Kassenschlager und ging in die Geschichte ein. Das genaue Rezept ist noch heute ein von seinen Nachfolgern gut gehütetes Geheimnis.

offizielle Amtssitz des österreichischen Bundespräsidenten. Teile von ihr sind knapp 800 Jahre alt. Im Laufe der Zeit wurde sie vergrößert, sodass der Komplex heute die Spanische Hofreitschule, die Schatzkammer, das Museum für Völkerkunde, die Nationalbibliothek sowie die verschiedenen ehemaligen Kaiserappartements und die Hofburgkapelle beherbergt, in der die Wiener Sängerknaben auftreten.

MuseumsQuartier

Um zu sehen, dass Wien nicht nur von seiner Vergangenheit zehrt, ist ein Besuch im Museum der Modernen Kunst (MUMOK) empfehlenswert. Es liegt in dem vor nicht allzu langer Zeit geschaffenen MuseumsQuartier, dem achtgrößten Kulturareal der Welt. Früher befanden sich in diesen barocken Räumen die Hofstallungen, und sowohl das MUMOK als auch das Leopold Museum setzen moderne architektonische Akzente. Das Leopold Museum verfügt mit 5500 Werken über eine größere Sammlung moderner Kunst als das MUMOK. Hier im MuseumsQuartier finden auch die Wiener Festwochen statt, ein Kultur-Festival, das jährlich fünf Wochen dauert.

In Wien findet sich nicht nur barocke und gotische Architektur – das verspielte Hundertwasserhaus (**6**) verleiht den Straßen einen kräftigen Farbtupfer.

Hundertwasserhaus

Spannende Architektur findet man im bunten und surrealen Hundertwasserhaus, das in den 1980er Jahren entstand. Die farbenprächtige Fassade ziert ein Wohn- und Bürogebäude. Es hat durch Fenster hinauswachsende Bäume, ein Dach, das mit Erde und Gras bedeckt ist, unebene Böden im Inneren und eine Zwiebelkuppel. Dieses fröhliche und utopisch aussehende Gebäude des österreichischen Künstlers und Architekten Friedensreich Hundertwasser ist ein besonderes Highlight.

Schloss Schönbrunn

Wien zeichnet sich nicht nur durch moderne Kunst, sondern vor allem durch üppige Paläste aus. Wen die Hofburg noch nicht genug beeindruckt, der kann einen Abstecher in die Sommerresidenz der Habsburger, Schloss Schönbrunn, machen, das in die Liste der UNESCO-Weltkulturerbestätten aufgenommen wurde. Es wurde oft mit Versailles verglichen und ist eine der beeindruckendsten – und meistbesuchten – Touristenattraktionen Österreichs. Eigentlich sollte es laut den ersten Plänen, die im 17. Jahrhundert für Kaiser Leopold I. entstanden, noch größer und eindrucksvoller als Versailles werden, doch die Pläne wurden revidiert, und der Palast, dessen Bau 1696 begann, konnte nicht ganz mit dem französischen Rivalen mithalten.

Dennoch ist Schloss Schönbrunn ein prachtvoller Bau mit 1441 Räumen, von denen ein Großteil heute Museum und für Touristen zugänglich ist. Außerdem findet man hier eine Orangerie, ein Palmenhaus und einen Tiergarten – den ältesten Zoo der Welt. Ferner befindet sich hier eine Gloriette, ein Gebäude auf einer Anhöhe im Garten. Die Gloriette bei Schloss Schönbrunn ist eines der schönsten und größten Exemplare der Welt und bietet einen atemberaubenden Blick auf das Schloss und die Stadt Wien dahinter. Sie ist ein schönes Erinnerungsstück an die Vergangenheit und die Macht dieser großartigen Stadt.

DIE PRAGER ALTSTADT

Prag ist zu Recht zu einer der beliebtesten Städtedestinationen in Europa avanciert und erstrahlt nach Jahren des Stillstands unter kommunistischer Herrschaft in neuem Glanz.

IM JAHR 1991 IST IN EUROPA ein Vorhang gefallen, der Eiserne Vorhang, und wenn es eine Stadt gibt, die mehr als jede andere von diesem Wandel betroffen war, dann ist es Prag. Von 1948 bis 1989, 41 Jahre lang, war die Stadt Prag die Hauptstadt der Tschechoslowakei. Im Prager Frühling 1968 keimte kurzfristig Hoffnung auf, und es gab Anzeichen einer Demokratie, doch diese wurden rücksichtslos unterdrückt. Jeder, der damals alt genug war, wird nie die Fernsehbilder vergessen, die Panzer auf dem Wenzelsplatz und die Brutalität auf den Straßen vor der Kulisse der schönen alten Gebäude Prags zeigten.

Samtene Revolution

1989 kam es jedoch schließlich zur Samtenen Revolution, als mehrere Länder, die am Rande der UdSSR lagen, gegen ihre kommunistischen Anführer rebellierten, diese stürzten und ein demokratisches System einführten. Die Folge für Prag war ein Wandel, der die kühnsten Erwartungen übertraf. Als der Eiserne Vorhang fiel, entdeckte der Westen eine wunderschöne Stadt, ein Paris Osteuropas, und Millionen von Besucher strömten hierher.

Die Wirtschaft Prags erlebte dadurch ebenfalls einen starken Wandel. Für die meisten war es ein Segen, für manche ein Fluch, da sich auf den einst ruhigen gepflasterten Straßen bald zahllose Touristen tummelten. Doch wer könnte es den Menschen übel nehmen, dass sie diese wunderbare Stadt kennenlernen möchten?

Altstadt und Neustadt

Die Stadt ist so betriebsam und beliebt wie eh und je – und natürlich auch so schön. Die Prager Burg – das größte Burgareal der Welt – und die Neustadt ziehen gleichermaßen viele Besucher an, besonders solche, die einen der größten Plätze Europas sehen wollen, den Wenzelsplatz. Zweifelsohne ist aber die Altstadt der malerischste und geschichtsträchtigste Teil dieser ganz besonderen Stadt.

Die astronomische Uhr (1) am Alten Rathaus ist über 500 Jahre alt und funktioniert noch immer einwandfrei.

–> AUF EINEN BLICK

EINWOHNER 1 200 000

WÄHRUNG Tschechische Krone

KLIMA Prag hat ein relativ mildes Klima, doch die warmen Sommer können feucht sein, und im tiefen Winter können die Temperaturen bis zum Gefrierpunkt sinken, obwohl es nicht allzu oft schneit.

NICHT VERGESSEN Fotoapparat, Kleidung für jede Wetterlage und genügend Geduld, um die Menschenmassen zu ertragen.

BESTE ZEIT März bis April und September bis Oktober bieten eine gute Kombination aus trockeneren Tagen und wärmeren Temperaturen.

NÄCHSTER FLUGHAFEN Der Flughafen Prag liegt 20 km nordwestlich der Stadt. Transportverbindungen beinhalten einen Flughafenbus, der die Passagiere zur nächsten U-Bahnstation bringt, Nachtbusse sowie Taxis.

UNTERKUNFT Der Tourismusboom hat zu einer Zunahme der Luxushotels geführt, und die Preise im Stadtzentrum sind ziemlich hoch. Gute, preisgünstige Unterkünfte sind Mangelware.

Über der Moldau thront die Prager Burg (2) mit der St.-Veits-Kathedrale, deren Türme dem Komplex noble Pracht verleihen.

In einer so alten Stadt wie dieser sind Begriffe wie alt und neu relativ. Die Neustadt (Nové Mesto) wurde im 14. Jahrhundert unter König Karl IV. errichtet, nach dem die Karlsbrücke benannt ist. Diese Brücke sollte die Neustadt mit dem Gebiet der Malá Strana auf der anderen Seite der Moldau verbinden. Die Malá Strana (Prager Kleinseite) selbst war unterhalb der Prager Burg 1257 errichtet worden.

Altstädter Ring

Jeder Spaziergang durch die Prager Altstadt (Staré Mesto) beginnt und endet wahrscheinlich am Altstädter Ring, einem der beeindruckendsten Plätze in ganz Europa. Er reicht mindestens ins 11. Jahrhundert zurück, als hier ein Markt zu finden war. Einen Teil seines Charmes und der Altstadt generell macht die Tatsache aus, dass er auf natürliche und nicht geplante Weise gewachsen ist. Die Straßen der Altstadt machen plötzliche Biegungen und Windungen, und der Großteil des Areals ist heute in eine Fußgängerzone umgewandelt – was ideal ist, da so viele Menschen beim Umherflanieren in Ehrfurcht den Prunk der Gebäude bestaunen, anstatt darauf zu achten, wohin sie gehen.

Ein Gebäude, zu dem die Menschen mit Sicherheit zu jeder vollen Stunde hochblicken, ist das alte Rathaus, dessen große Uhr zu den berühmtesten Wahrzeichen der Stadt zählt. Die erste Uhr am Rathaus wurde 1410 gebaut, und einige Teile sind noch in der heutigen Uhr vorhanden, die größtenteils aus dem Jahr 1490 stammt, obwohl sie im Lauf der Jahrhunderte restauriert und ergänzt wurde. Dieses unglaubliche Meisterwerk verfügt über ein Kalendarium mit einer rotierenden Uhr darüber, die drei verschiedene Zeiten anzeigt. Darüber erscheinen kurz vor jeder vollen Stunde die Apostel und andere Figuren aus Holz (darunter auch ein Skelett).

Rund um den Altstädter Ring buhlen Gebäude um die Aufmerksamkeit der Besucher und wollen fotografiert werden. Eine der Häuserparaden wird von den gotischen Türmen der Teynkirche (mit vollem Namen Kirche der Jungfrau Maria vor dem Teyn) überblickt. Die Arbeiten an dieser wichtigsten Kirche der Altstadt begannen 1365, doch das Dach wurde erst in den 1450er Jahren fertiggestellt, der Südturm erst 1511.

An der Südseite des Altstädter Rings befindet sich ein Gebäude, das man leicht verpassen kann: das Haus »Zum Einhorn«. Der Usus, Gebäuden Namen wie diesen zu geben, stammt aus einer Zeit, als die meisten Menschen weder lesen noch schreiben konnten und man sich anstelle eines geschriebenen Namens

Die Moldau, der längste Fluss der Tschechischen Republik, durchquert Prag.

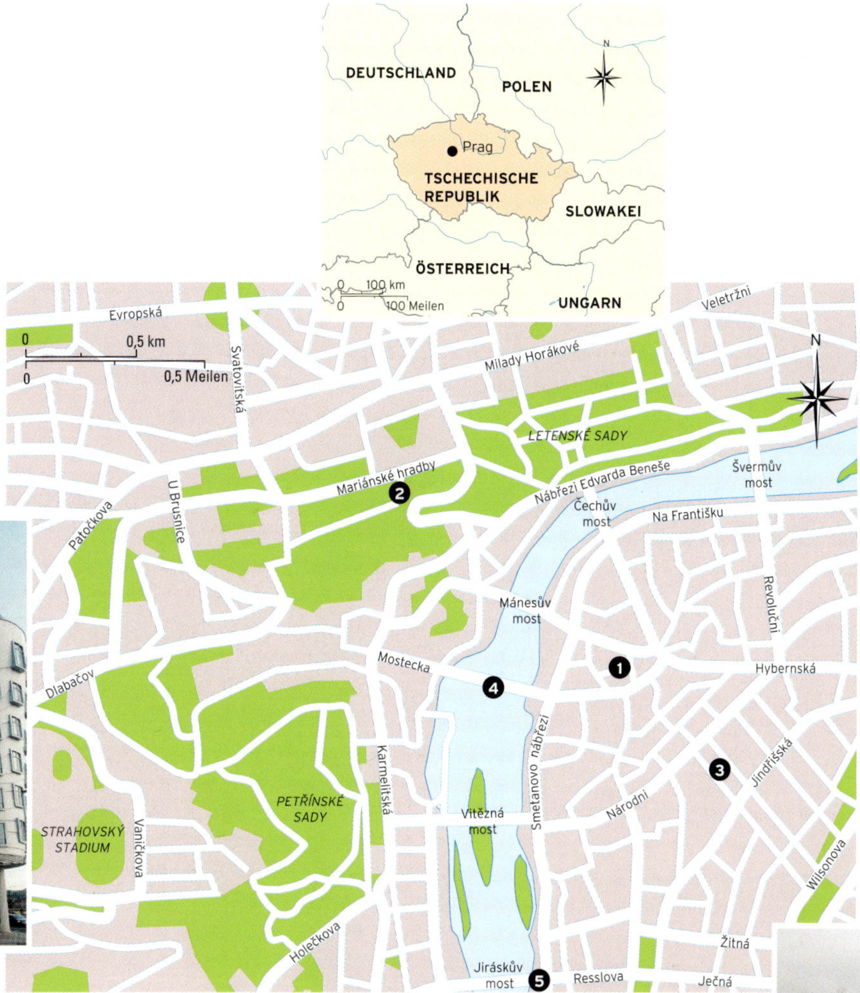

Das Wenzelsdenkmal (**3**) überblickt den Wenzelsplatz, der immer wieder Schauplatz von Versammlungen und politischen Kundgebungen war.

Das Tanzende Haus (**5**) zeigt, dass Prag auch mit moderner Architektur aufwarten kann.

Die Kirche der Jungfrau Maria vor dem Teyn (**1**) steht am Altstädter Ring.

Die Karlsbrücke (**4**) ist die berühmteste Brücke in Prag und stammt aus dem 14. Jahrhundert.

mit einer Zeichnung oder Schnitzerei behalf, um die Adressen zu unterscheiden. An diesem Ort, an dem ein etwas langgestreckter Schafbock zu sehen ist, lebte einst eine Frau namens Berta Fanta. Sie unterhielt literarische Salons, die Prager Schriftsteller und Gelehrte anzogen, darunter auch Franz Kafka, wohl Prags bekanntesten Schriftsteller, der allerdings erst nach seinem Tod zu Weltruhm gelangte.

Diese Gebäude sind nur ein kleiner Bruchteil der Schätze, die sich auf den Straßen und Plätzen des Altstädter Rings finden. Es handelt sich um eines der schönsten Viertel in einer der schönsten Städte Europas.

–> Franz Kafka

Franz Kafka (1883–1924) wurde in Prag geboren und gilt heute als einer der bedeutendsten europäischen Schriftsteller, obwohl ihm der Erfolg zu Lebzeiten verwehrt blieb. Seine Werke wie *Das Urteil* und *Das Schloss* beschreiben beklemmende, bürokratische Welten und boten in gewisser Hinsicht einen Vorgeschmack auf die kommunistische Unterdrückung, die folgen sollte. Sein bekanntestes Werk ist wahrscheinlich »Die Verwandlung«, in der die Hauptperson eines Morgens als riesiges Insekt erwacht.

DIE BURGEN BÖHMENS

Die tschechische Region Böhmen lockt mit Hunderten von Burgen, die zu den geschichtsträchtigsten und schönsten in Europa zählen.

EGAL, WIE MAN BÖHMEN durchquert, es hat fast den Anschein, als stieße man auf Schritt und Tritt auf Burgen. Diese malerische Gegend Mitteleuropas, die etwa zwei Drittel der Tschechischen Republik ausmacht, wartet mit bewaldeten Hügeln, sanft geschwungenem Ackerland, Städten und Dörfern auf, die wie aus einem mittelalterlichen Märchen anmuten. Dasselbe gilt für die Burgen, die die Landschaft zieren. In Böhmen gibt es mehrere Hundert Burgen in einer großen Bandbreite von beeindruckend und gotisch bis zu bescheideneren Familienanwesen.

Burg Landštejn mag zwar robust aussehen, doch der Schein trügt: Große Teile davon liegen in Ruinen (1).

Die Samtene Revolution

Diese Region ist besonders interessant durch ihre Geschichte, die seit Jahrhunderten spannend bleibt. Erst in den letzten zwanzig Jahren, seit der Samtenen Revolution von 1989 in der ehemaligen Tschechoslowakei, wurden einige dieser Burgen ihren rechtmäßigen Besitzern rückerstattet.

Im Jahr 1938 wurde der Teil Westböhmens, der als Sudetenland bekannt ist, an Nazi-Deutschland angegliedert. Von 1939 bis 1945 wurde der Rest Böhmens zusammen mit Mähren zum deutschen Protektorat. Nach dem Krieg bis zur Samtenen Revolution war die gesamte Tschechoslowakei mehr oder weniger unter der Kontrolle der Sowjetunion. So verließen zwischen 1938 und 1989 viele Menschen ihre Heimat und flüchteten an einen sichereren oder demokratischeren Ort; oder sie mussten zusehen, wie ihr Zuhause vom Staat beschlagnahmt wurde.

In den Jahren seit 1989 kehren die Menschen wieder in ihre Heimat zurück und versuchen, ihr Land und ihre Häuser zurückzugewinnen. Seit der Tourismus anfangs in Prag und dann im Rest der Tschechischen Republik zu boomen begonnen hat, hat es Bemühungen gegeben, Burgen der Öffentlichkeit zugänglich zu machen, um dadurch die finanziellen Mittel aufzutreiben, die für die häufig notwendigen Restaurierungen erforderlich sind.

Český Krumlov

Eines der berühmtesten und schönsten Schlösser in Südböhmen ist jenes in Český Krumlov. Die gesamte Altstadt, die um das Schloss den Kern dieser Stadt bildet, wurde von der UNESCO zur Weltkulturerbestätte ernannt, eine von nicht weniger als einem Dutzend in der Tschechischen Republik. Český Krumlov steht somit gleichauf mit der Prager Altstadt.

Wie Prag liegt Český Krumlov an einer Schleife der Moldau, dem längsten Fluss des Landes. Im späten 12. Jahrhundert konnte der Fluss an dieser Stelle leicht überschritten werden, deshalb wurde sie ein wichtiger Punkt an der Moldau. Ende des 13. Jahrhunderts war das Schloss bereits eine imposante Anlage, die sich elegant über einem der Flussufer erhob. Es wurde eines der schönsten Schlösser Mitteleuropas und verfügte über fünf verschiedene Innenhöfe.

Obwohl das Schloss im Laufe der Jahrhunderte aus- und umgebaut wurde, sind viele der ursprünglichen Details erhalten geblieben. Das bemerkens-

–› AUF EINEN BLICK

EINWOHNER 6 250 000

WÄHRUNG Tschechische Krone

KLIMA Böhmen weist ein kontinentales Klima mit heißen Sommern (obwohl sie auch feucht sein können) und kalten Wintern mit häufigem Schneefall auf. Die Sommertemperaturen liegen um 30 °C.

NICHT VERGESSEN Outdoor-Kleidung zum Wandern, einen Sprachführer.

BESTE ZEIT Sommer

NÄCHSTER FLUGHAFEN Prag

UNTERKUNFT Alles von schicken Wellnesshotels bis zu Landhäusern und einfacheren Landgasthöfen.

Der 60 m hohe Große Turm überragt Burg Karlštejn (2) und beherbergt die aus dem 14. Jahrhundert stammende Kapelle des Heiligen Kreuzes.

Die Arbeiten an dem Barockschloss Nebílovy (**3**) im Bezirk Pilsen-Süd begannen 1706.

Burg Zvíkov (**7**) stammt aus dem 13. Jahrhundert und war einst im Besitz der Könige von Böhmen.

Schloss Červená Lhota (**4**) aus der ersten Hälfte des 16. Jahrhunderts thront auf einer felsigen Insel in einem See und ist ein tschechisches Nationaldenkmal.

Schloss Hluboka (**6**) nördlich von Budweis besticht durch Baustile aus mehreren Jahrhunderten.

Die Burg Okoř (**5**) ist ein beliebtes Ziel für Tagesausflüge von Prag aus, obwohl sie im späten 18. Jahrhundert verlassen wurde und nun in Ruinen liegt.

werteste davon ist das Barocktheater aus dem 18. Jahrhundert, das noch seine Originalausstattung besitzt. Es wurde von der Familie Schwarzenberg errichtet, in deren Besitz das Schloss von 1719 bis 1945 war, und ist so wertvoll, dass es heute nur drei Mal im Jahr genutzt wird, damit es ja keinen Schaden nimmt.

Burg Landštejn

Noch älter als Český Krumlov ist die Burg Landštejn, die zu Beginn des 12. Jahrhunderts entstand. Sie ist europaweit eine der größten und besterhaltenen Burgen aus dieser Epoche. Einer der Türme ist sechs Stockwerke hoch und zeigt sich noch heute in seinem Originalzustand, obwohl die Höhe der Türme Grund für die Zerstörung der Burg waren. Einer von ihnen wurde nämlich 1771 vom Blitz getroffen, infolge dessen die Burg niederbrannte. Zurück blieben nur die Steinmauern, die heute zu sehen sind.

Burg Karlštejn

Burg Karlštejn liegt ein paar Kilometer südwestlich von Prag, ein Tagesritt zu Zeiten seiner Errichtung 1348 unter König Karl IV. , der sie sich als Rückzugsort schuf. Diese bedeutende Burg lässt sich heute von Prag aus in einem Tagesausflug besuchen. Zur damaligen Zeit war Karl IV. auch Kaiser des Heiligen Römischen Reiches, und die Burg beherbergte die Kronjuwelen, die tschechischen Kronschätze und die Reliquiensammlung Karls IV., darunter ein Stück des Heiligen Kreuzes. Dieses war in der Kapelle des Heiligen Kreuzes aufbewahrt, die 1357 geweiht wurde und noch heute zu besichtigen ist – obwohl man im Voraus buchen muss. Die Kapelle besitzt noch immer ihre originalen Wandmalereien aus dem 14. Jahrhundert, die von dem talentiertesten Prager Maler jener Zeit, Meister Theodorik, stammen. Dies ist nur eines der zahlreichen, bemerkenswerten Details dieses Gebäudes, dessen Türme die Architektur der Prager Altstadt widerspiegeln, obwohl sie von einer neugotischen Rekonstruktion im späten 19. Jahrhundert herrühren.

Hier beschrieben sind nur drei der schönsten böhmischen Burgen. In der gesamten Tschechischen Republik gibt es mehr als zweitausend – eine höhere Dichte als in jedem anderen Land der Erde.

Der Schlossturm ist eines der markantesten Kennzeichen von Schloss Český Krumlov (**8**). Davor ist die grüne Spitze des fünfstöckigen Turms der ehemaligen St. Jošt-Kirche zu sehen.

DAS NEUE BERLIN

Berlin hat schon viele Wiedergeburten erlebt, und auch heute erfindet sich die Stadt gerade wieder neu mit beeindruckenden Bauvorhaben, ohne dabei an Reiz einzubüßen.

Der Potsdamer Platz (1) ist Sinnbild für den Wandel Berlins in den letzten Jahren. Einst als Adresse für die berüchtigten Cabarets bekannt, wartet er heute vor allem mit grandioser moderner Architektur auf.

BERLIN HAT VIELE GESICHTER, und die Geschichte hat im Wandel der Zeit bereits viele Berlins gesehen: Zunächst das dekadente Berlin der 1930er Jahre, wie es im Buch »*Leb wohl, Berlin*« (»*Goodbye to Berlin*«) und im Film »*Cabaret*« gezeichnet wird. Dann gibt es das politische Berlin, jene Stadt, in der der amerikanische Präsident John F. Kennedy Geschichte schrieb, als er in einer Rede am 26. Juni 1963 meinte: »Ich bin ein Berliner.« Es war dies eine Antwort auf das geteilte Berlin, das Berlin der Berliner Mauer. Aber obwohl die Stadt heute wieder vereint ist und die größte Stadt Deutschlands darstellt, gibt es weiterhin viele Facetten zu erkunden.

Viele Städte haben ein Zentrum, das Anziehungspunkt für die Besucher ist und das man gut zu Fuß erkunden kann – nicht so Berlin. Hier gibt es mehrere Bezirke, die alle ihren eigenen Charakter haben. Fast scheint es, als hätten sich mehrere Städte mit unterschiedlicher Vergangenheit und unterschiedlicher Architektur miteinander vereint.

Potsdamer Platz

Wenn es einen Platz gibt, der das neue Berlin repräsentiert, dann ist es der Potsdamer Platz. Rund um den Platz reihten sich in der Vorkriegszeit die berüchtigten Cabarets aneinander. Keiner konnte es damals ahnen, aber die Musik, die dort

Der Fernsehturm (**2**) wurde in den späten 1960er Jahren errichtet und war ein Vorbote der Veränderungen, die noch folgen sollten.

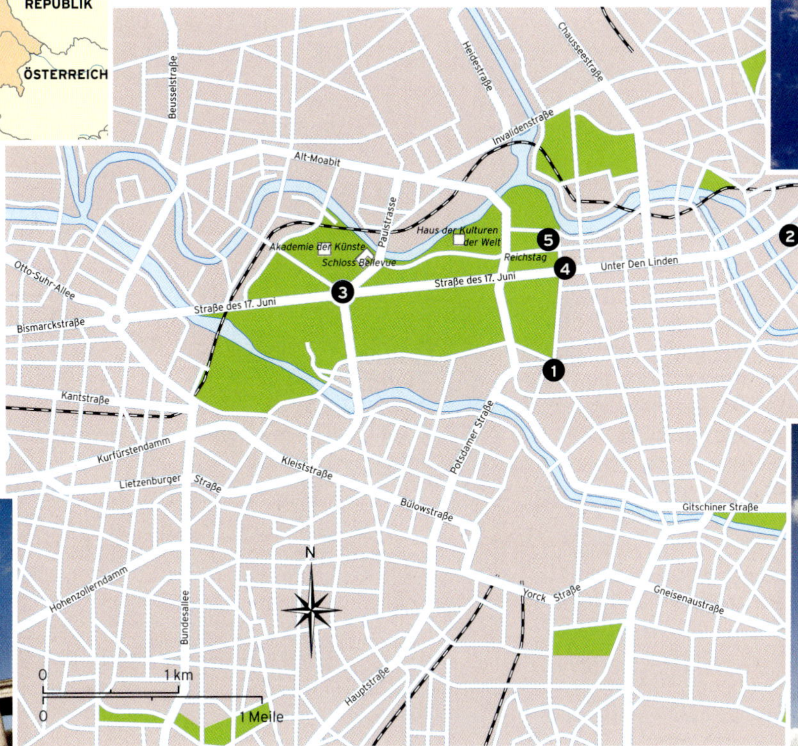

Das Brandenburger Tor (**4**) geht auf das frühe 18. Jahrhundert zurück und ist das einzige originale Eingangstor zu Berlin, das heute noch steht.

Die Siegessäule aus dem 19. Jahrhundert (**3**) kann man fast bis zur Spitze erklimmen. Sie bietet einen fantastischen Ausblick.

erklang, sollte zum Abgesang werden. Im Zweiten Weltkrieg wurde der Potsdamer Platz durch Bombardierungen fast dem Erdboden gleichgemacht. Er geriet in Vergessenheit und fristete während des Kalten Krieges ein karges Dasein im Niemandsland zwischen Ost- und Westberlin. In jenen Tagen wurde der Platz nicht von den Lichtern der Cabarets erleuchtet, sondern den Scheinwerfern der Berliner Mauer als Abschreckung für alle Ostberliner, die es wagen sollten, in den Westen zu fliehen.

Obwohl die Mauer im Jahr 1989 fiel, sollte es noch weitere zehn Jahre dauern, bis die letzten Trümmer vom Potsdamer Platz endgültig entfernt wurden. Seit seiner offiziellen Wiedereröffnung im Jahr 1998 hat hier eine beachtliche Wandlung stattgefunden, die zur Schaffung eines neuen Potsdamer Platzes führte. Wo sich einst Cabarets befanden, gibt es heute Kinos, 5-Sterne-Hotels, ein riesiges Shoppingzentrum und Firmen – sie alle stehen für das neue Lebensgefühl im neuen Berlin und im neuen Deutschland.

Die Berliner Mauer wurde 1961 errichtet und 1989 mit großer Freude von den Menschen niedergerissen, die glücklich waren, ihre Stadt wieder vereint zu sehen.

Daimler City

Für die Planung der neuen Stadt konnten die Architekten Renzo Piano und Richard Rogers gewonnen werden, die auch für das berühmte Centre Pompidou in Paris verantwortlich zeichneten. Das Projekt in Berlin umfasste insgesamt 19 Gebäude und die Daimler City. Die Zentrale von DaimlerChrysler spiegelt die »nach außen gewandte« Architektur des Centre Pompidou einzigartig wider: In den Himmel erhebt sich mit einem grünen Würfel an der Spitze ein Belüftungsschacht für den Tiergarten-Tunnel, der in der ganzen Stadt sichtbar ist.

Der gewagten Daimler City folgte das fast noch spektakulärere Sony Center. Dieser weitläufige Bau aus Stahl und Glas mit seinem bunten, zeltähnlichen Dach soll daran erinnern, dass Zukunft jetzt passiert. Zwischen den zwei Hauptstützen eines Bürogebäudes wurde ein sechsstöckiger Wohnblock eingezogen. Im Inneren des Sony Center befindet sich das Filmmuseum. Dort finden seit dem Jahr 2000 die renommierten Berliner Filmfestspiele statt, die die ganze Welt auf diesen gradiosen Teil des neuen Berlin blicken lassen.

Reichstag

Auch ein anderes symbolträchtiges Gebäude hat den Sprung ins neue Jahrtausend geschafft: der Reichstag. Das 1894 errichtete Bauwerk war Sitz des Parlaments des damals noch vereinten Deutschland. Es blieb Sitz des Parlaments, bis ein Brand im Jahr 1933 den Hauptsaal zerstörte. Über die Brandursache beziehungsweise die Brandstifter wird noch heute spekuliert – einige behaupten, es sei die Nazi-Regierung selbst gewesen, die damit ihre repressiven Gesetze einleiten wollte.

Erst 1999 zog das deutsche Parlament, der Bundestag, wieder in den Reichstag ein. Für die Renovierung war der renommierte britische Architekt Sir Norman Foster verantwortlich, zu dessen prestigeträchtigen Projekten unter anderem der Hong Kong International Airport, Stansted Airport in der Nähe von London sowie das neue Wembley Stadion in London zählen.

Foster fügte dem Gebäude eine riesige, 23 Meter hohe Glaskuppel hinzu, die über einen Turm mit 360 Spiegeln öffentlich zugänglich ist. Diese sind ästhetisch ansprechend und haben den praktischen Effekt, dass sie das Sonnenlicht in den darunterliegenden Saal reflektieren. Von der Kuppel kann man einen 360-Grad-Ausblick auf Berlin genießen und auf den darunterliegenden Sitzungssaal sehen. Eine gelungene Komposition, die die im Wandel befindliche Stadt bestens verkörpert.

–> AUF EINEN BLICK

EINWOHNER 3 400 000

WÄHRUNG Euro

KLIMA Berlin verfügt über ein gemäßigtes Klima, selbst im Sommer wird es selten unerträglich heiß. Regen kann das ganze Jahr über fallen, und im Winter kann die Temperatur für ziemlich lange Zeit unter den Gefrierpunkt sinken.

NICHT VERGESSEN Eine Ausgabe von Christopher Isherwoods *Leb wohl, Berlin* für Einblicke in die Vergangenheit der Stadt.

BESTE ZEIT Sommer ist die beste Zeit, um warmes Wetter zu genießen, obwohl es auch die feuchteste Jahreszeit ist.

NÄCHSTER FLUGHAFEN Der Flughafen Berlin-Tegel liegt etwa 8 km nordwestlich des Stadtzentrums mit guter Anbindung an das städtische Verkehrsnetz.

UNTERKUNFT Die Besucherzahlen steigen stetig, und ständig sprießen neue Hotels aus dem Boden, sodass Ihnen sämtliche Optionen offenstehen.

Das Reichstagsgebäude (5) ist das wichtigste politische Gebäude in Berlin. Hier fand am 3. Oktober 1990 die Feier zur Wiedervereinigung statt.

DIE BURGEN AM RHEIN

Der »romantische Rhein« passiert auf seinem Weg durch das Mittelrheintal mehr mittelalterliche Burgen als jeder andere Fluss der Welt. Kein Wunder also, dass die Gegend zum Weltkulturerbe erklärt wurde.

DER RHEIN IST EINER DER GRÖSSTEN FLÜSSE der Welt und zieht sich von seiner Quelle hoch in den Schweizer Alpen bis zum Meer in Rotterdam 1328 km lang durch Europa. Obwohl es viele prachtvolle Abschnitte auf dem Fluss gibt, gibt es einen ganz besonderen, der von der UNESCO zum Weltkulturerbe erklärt wurde. Es handelt sich um einen 65 km langen Teil des Oberen Mittelrheintals, in dem die Rheinufer von Weingärten, historischen Städten und mittelalterlichen Burgen gesäumt werden.

Ungefähr von Bingen bis Koblenz ist der Rhein am engsten, und die Ufer sind am tiefsten, sodass das Wasser vorüberrauscht und, so scheint es, alle paar hundert Meter eine neue Burg auftaucht. Diese Gegend ist als der »romantische Rhein« bekannt, und an Sonnentagen bei strahlend blauem Himmel, wenn das Wasser glitzert, die Landschaft in saftiges Grün getaucht ist und die Burgen in voller Pracht erstrahlen, kann dem wohl niemand widersprechen. Jedenfalls nicht die UNESCO, die meinte: »Die Landschaft weist einen außergewöhnlichen Reichtum an kulturellen Zeugnissen und Assoziationen historischer wie auch künstlerischer Art auf. Seine besondere Erscheinung verdankt das Mittelrheintal einerseits der natürlichen Ausformung der Flusslandschaft, andererseits der Gestaltung durch den Menschen. Seit zwei Jahrtausenden stellt das Mittelrheintal einen der wichtigsten Verkehrswege für den kulturellen Austausch zwischen der Mittelmeerregion und dem Norden Europas dar.«

Die Lorelei

Ein Schriftsteller, der sich von der spektakulären Schönheit dieses Flussabschnitts inspirieren ließ, war Heinrich Heine (1797–1856). Er war ein Vertreter der Romantik des 19. Jahrhunderts. Die Romantiker fanden Inspiration am Rhein, genauso wie die britischen Romantiker durch den Lake District (siehe Seiten 20–23) beeinflusst wurden. Heines Gedicht *Die Lorelei*, das von dem gleichnamigen Felsen handelt, wurde wie viele der romantischen Gedichte vertont.

Burg Pfalzgrafenstein (1) liegt auf einem Felsen und diente einst als Zollwache: Eine Kette, die über den Rhein gespannt wurde, hinderte die Boote an der freien Durchfahrt.

Das Entstehungsjahr von Burg Stahleck **(2)** ist nicht genau bekannt, doch sie ist seit Ende des 12. Jahrhunderts bewohnt und dient heute als Jugendherberge.

-> AUF EINEN BLICK

WÄHRUNG Euro

KLIMA Entlang des Rheins ist das Klima angenehm, mit milden Wintern und Sommern, die warm, aber nicht zu heiß sind. Die Regenmenge ist nicht groß, und der Regen fällt gleichmäßig auf das Jahr verteilt. Im Sommer liegen die Tagestemperaturen bei etwa 20 °C und in den kältesten Monaten Dezember und Januar rund um den Gefrierpunkt.

NICHT VERGESSEN Einen Regenschirm für alle Fälle.

BESTE ZEIT Jederzeit von Frühling bis Herbst. Sogar an schönen Wintertagen präsentieren sich die Burgen in vollster Pracht.

NÄCHSTER FLUGHAFEN Köln

UNTERKUNFT Reichlich vorhanden entlang des Flusses, von teuren Hotels bis zu gemütlichen Gaststätten und Pensionen.

Die Lorelei oder Loreley liegt in der Nähe der kleinen Stadt St. Goarshausen in dem Abschnitt des Flusses, der durch das Mittelrheintal verläuft. Dieser Schieferfelsen ragt an jener Stelle, an der der Fluss am engsten und die Strömung am stärksten ist, 120 m aus dem Wasser. Hier sind oft Schiffe auf Grund gelaufen, was gern mit dem verführerischen Gesang der Nixe Loreley in Zusammenhang gebracht wird. Wie die griechischen Sirenen stürzte sie die Rheinschiffer ins Verderben. Wagner griff dieses Thema auch in seinem Opernzyklus *Der Ring des Nibelungen* auf.

Die Burgen

Vor allem aber die Fülle an Burgen macht diesen Teil des Rheins so außergewöhnlich. Es heißt, dass man etwa alle 1,6 km auf eine Burg stoße und auf mehr mittelalterliche Burgen als an jedem anderen Fluss der Welt – sogar mehr als an der Loire in Frankreich, die berühmt für ihre zahlreichen Burgen ist.

Die Burgen mögen zwar romantisch und hübsch sein, das war jedoch natürlich nicht der Grund für ihre Errichtung. Sie wurden von ortsansässigen Feudalherren gebaut, um die Kontrolle über ihr Stück dieses betriebsamen Handelsflusses zu haben. Dank der Burgen konnten sie den passierenden Verkehr hier an der Flussenge gut kontrollieren. Ihre Männer konnten Boote an der Weiterfahrt hindern, wenn diese sich weigerten, Abgaben zu zahlen. Diesen Flussabschnitt zu befahren war also eine langsame und kostenintensive Angelegenheit. Heute sind die Burgen eine genauso lukrative Einnahmequelle, da sie bei Besuchern sehr beliebt sind, doch zumindest sind die Abgaben heute freiwillig.

Katz-und-Maus-Spiele

Wie sich das Leben zur Zeit der Errichtung der Burgen abspielte, verdeutlichen zwei benachbarte Burgen in der Nähe des Lorelei-Felsens, die heute besser unter ihren Spitznamen bekannt sind: Burg Katz und Burg Maus. Burg Katz wurde im späten 14. Jahrhundert errichtet, unter anderem, um ein wachsames Auge auf ihren Nachbarn Burg Maus zu werfen, die etwa zur selben Zeit entstand. Von dieser Konstellation stammen die Spitznamen.

Der Rhein windet sich grazil durch das Mittelrheintal (3) in der Nähe von St. Goarshausen. Rechts ist die Lorelei im Bild.

Die Schönburg (**5**) war eine jener Burgen, die das Recht hatte, von den vorbeikommenden Schiffen Abgaben zu verlangen.

Burg Katz thront in der Nähe der Lorelei (**3**) über dem Fluss und genießt einen guten Ausblick und eine sichere Position.

Städte wie Lorch (**4**) mit seiner Pfarrkirche aus dem 13. Jahrhundert bereichern die natürliche Schönheit der Rheinlandschaft.

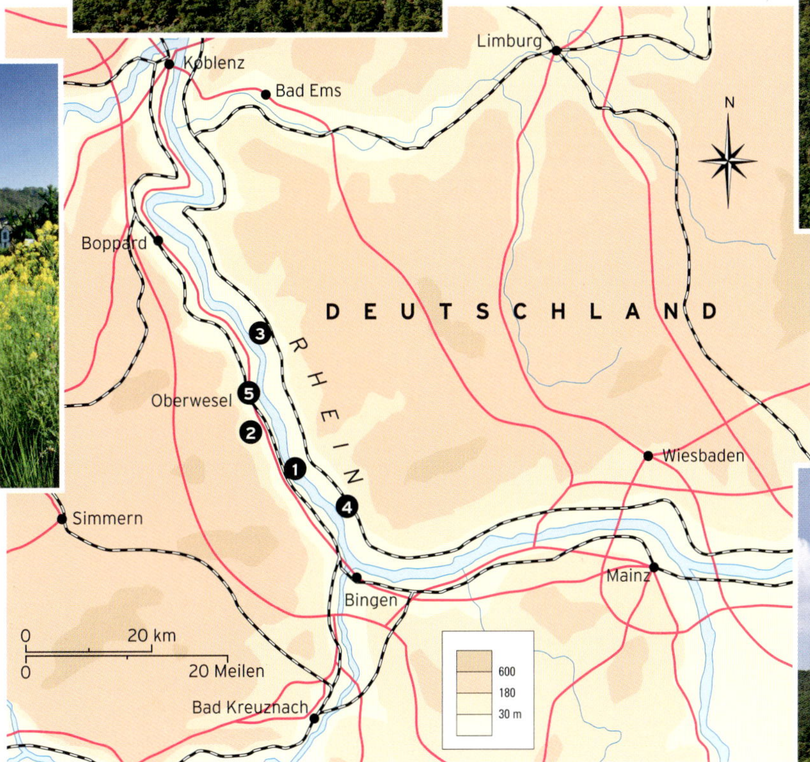

Burg Maus (**3**) wurde im Gegensatz zu ihrem Nachbarn Burg Katz nie erobert, verfiel jedoch und wurde anschließend renoviert.

Die südlich von hier gelegene Schönburg ist heute ein Luxushotel. Bereits im 10. Jahrhundert erstmals erwähnt, wurde diese Burg von den Franzosen 1689 zerstört und im späten 19. Jahrhundert wiederaufgebaut. Burg Stahleck ereilte das gleiche Schicksal, doch heute ist sie eine der stilvollsten Jugendherbergen der Welt. Die Brömserburg in Rüdesheim aus dem Jahr 1000 ist noch heute erhalten und beherbergt ein Museum, das sich dem Weinbau und der Geschichte der Region widmet. Sie steht somit für all das, was diese Gegend ausmacht – Burgen, Weingärten und eine jahrhundertealte Geschichte. Dieser Flussabschnitt ist in der Tat der »romantische Rhein«.

–> Name ist Schall und Rauch

Bei seinem Übertritt nach Holland wird der Rhein zum Rijn. Auf seinem Weg durch Frankreich nennt er sich Rhin und in der Schweiz hängt seine Bezeichnung davon ab, ob man Deutsch, Französisch oder Italienisch spricht.

BUDA UND PEST: ZWEI SEITEN EINER STADT

Einst hinter dem Eisernen Vorhang versteckt, ist Budapest mittlerweile zu voller Pracht erblüht und erweist sich als eine der schönsten Städte Europas.

PARIS HAT DAS LINKE und das rechte Seine-Ufer, die Londoner kommen entweder von der nördlichen Seite der Themse oder von der südlichen, Istanbul ist durch ein Gewässer auf zwei Kontinente aufgeteilt – und in der Hauptstadt Ungarns gibt es Buda und Pest. Vor der Vereinigung im Jahr 1873 existierten eigentlich drei Städte, die zunächst als Pest-Buda bekannt waren. Neben Buda und Pest gab es Óbuda (Alt-Buda). Diese drei bilden nun jene Stadt, die als eine der schönsten Europas gilt.

Vier Teile von Budapest wurden von der UNESCO zum Weltkulturerbe erklärt: der Uferbereich der Donau, der Burgpalast, die Andrássy-Straße und sogar die Millenniums-U-Bahn. Diese stammt aus dem Jahr 1896 und war das erste U-Bahnsystem auf dem europäischen Festland, weltweit die zweite nach London. Sie wurde so effizient gebaut, dass die Züge inzwischen alle zwei Minuten verkehren und 35 000 Passagiere pro Tag transportieren.

Andrássy-Straße

Selbst wenn man sich in Budapest unter Tage bewegt, befindet man sich an einem Ort, der für die ganze Welt von kultureller Bedeutung ist. Und wenn man durch die Straßen geht, versteht man, warum so große Teile der Stadt von der UNESCO unter Schutz gestellt wurden. Ein Grund für die Errichtung der U-Bahn lag darin, dass die Stadt eine oberirdische Bahn ablehnte, besonders auf der prächtigen Andrássy-Straße, deren klassische Schönheit durch nichts beeinträchtigt werden sollte. Man wollte jedoch ein Transportmittel, das die Menschen zum Budapester Stadtwäldchen brachte, damit sie an der Jahrtausendfeier Ungarns teilnehmen konnten. Da die Andrássy-Straße 1870 auch als Zufahrtsstraße zum Stadtwäldchen angelegt worden war, musste das Transportsystem im Untergrund angelegt werden.

Die Andrássy-Straße ist mit Bäumen und eleganten Bauten gesäumt. In ihrer Schönheit kann sie sich mit jeder Straße der Welt messen. Tatsächlich orientierte man sich bei der Anlegung der Straße an Paris, da der ungarische Graf Gyula Andrássy dort einige Zeit verbracht hatte und von den Champs-Élysées und anderen Pariser Boulevards beeindruckt war. Nach seiner Rückkehr begann er, Pläne zu schmieden, um in Budapest einen Boulevard zu errichten. Viele meinen heute, dass die Andrássy-Straße jene übertrumpft, an denen der Graf Anleihe genommen hatte.

1884 wurde an der Andrássy-Straße die Ungarische Staatsoper errichtet. Ihre imposante Fassade

Die Burg Vajdahunyad (1) im Stadtwäldchen wurde ursprünglich aus Holz und Pappe für die Dauer der Milleniumsfeierlichkeiten im Jahr 1896 nach den Plänen von Alpár Ignác errichtet. Die Budapester reagierten so begeistert, dass sie schließlich in den Jahren 1904–1908 aus beständigem Material erbaut wurde.

–> AUF EINEN BLICK

EINWOHNER 1 700 000

EINHEIT Forint

KLIMA Das gemäßigte Budapester Klima bringt Sommer mit sich, die warm, aber nicht zu heiß sind, und kühle Winter mit einigen Tagen und Nächten unter null Grad. Der Regenfall ist über das ganze Jahr gleichmäßig verteilt.

NICHT VERGESSEN Warme und wasserfeste Kleidung, einen Sprachführer.

BESTE ZEIT Zwischen Juli und September ist die Chance am größten, die Pracht der Gebäude bei blauem Himmel und Sonnenschein zu erleben.

NÄCHSTER FLUGHAFEN Der Flughafen Budapest Ferihegy liegt etwa 16 km südöstlich des Zentrums, mit Flughafenbus und Taxis in die Stadt.

UNTERKUNFT Aufgrund des starken internationalen Tourismus steigt die Zahl an Boutique-Hotels stetig, doch es gibt noch immer einen Mangel an Betten. Buchen Sie also im Voraus.

Kaiser Franz Joseph finanzierte den Bau der opulenten Staatsoper (2) im späten 19. Jahrhundert. Mehr als 7 kg Gold wurden für das Auditorium verwendet. Noch heute finden hier Aufführungen statt.

Der imposante Burgpalast (3) hat Belagerungen, Feuer und Bombardements über Jahrhunderte hinweg getrotzt und verdient zu Recht seinen Status als Budapests bekanntestes Gebäude.

verbirgt ein grandioses Interieur, das Sie sich im Zuge einer Führung ansehen sollten, falls Sie keine Karten für eine Aufführung bekommen. Gegenüber liegt ein weiteres großartiges Gebäude, das Dreschler Palais, das heutige Ballettinstitut.

Burgpalast

Prachtbauten finden sich in Budapest an fast jeder Ecke. Von all den Gebäuden kann jedoch keines mit dem eindrucksvollen Burgpalast mithalten. Bei seinem Anblick kann man nur staunen. Der Bau ist monumental und zeugt von dem Reichtum und der Macht der ungarischen Könige und Prinzen, die ihn über die Jahrhunderte hinweg erbauten, darin residierten, ihn vergrößerten und später umbauten.

Der Burgberg diente bereits 1245 als Sitz der königlichen Residenz, als hier die erste Burg entstand. Einige Teile des heutigen Gebäudes stammen aus dem 14. Jahrhundert. Damals wurden italienische Künstler nach Buda gebracht, um eine Renaissancestadt zu schaffen, die sich mit Florenz oder Venedig messen oder diese sogar übertreffen konnte. Leider verfiel ihr herrliches Werk, als Buda Teil des Osmanischen Reichs wurde – wobei es jedoch Christen waren, die das Gebäude während der Belagerung von 1686 komplett zerstörten.

1715 musste die Burg abgetragen und ein neuer, kleinerer Palast gebaut werden, obwohl glücklicherweise einige Teile des Originals gerettet werden konnten. Doch es sollten noch keine ruhigen Zeiten einkehren, und so brannte der Palast im Jahr 1849 nieder und wurde zwischen 1850 und 1856 einmal mehr errichtet.

Das sollte jedoch nicht die letzte Neuerung bleiben. Im späten 19. Jahrhundert wurde ein viel größerer Palast in Auftrag gegeben, an dem vierzig Jahre lang gebaut wurde. Dann wurde auch er zerstört, als die Stadt im Zweiten Weltkrieg 1944 und 1945 bombardiert wurde. Wieder musste die Burg neu aufgebaut werden, doch in den 1950er Jahren zerstörte das neue kommunistische Regime den Palast als ein Symbol königlicher Unterdrückung. In den 1960er Jahren wurde er wiederaufgebaut, doch vor Kurzem musste man feststellen, dass die Ereignisse der 1950er und 1960er Jahre irreparable Schäden verursacht haben, sodass Teile saniert werden müssen.

In der Zwischenzeit fließt die Donau unter den Augen der Burg gemächlich vorüber und macht Budapest zu einer der schönsten Städte Europas.

Der Heldenplatz (**4**) wurde 1896 vor dem Stadtwäldchen angelegt.

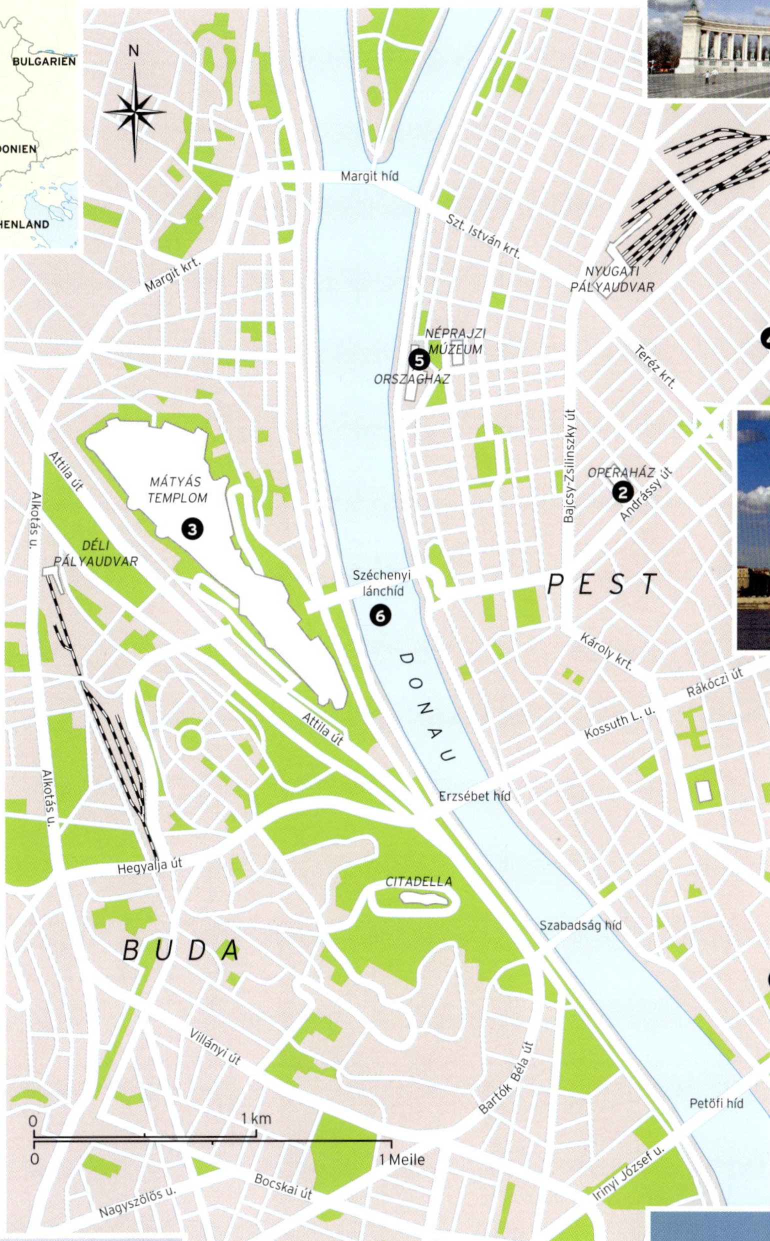

Diese Figur an der Staatsoper (**2**) ist nur eine von vielen Statuen an der Fassade des Hauses. 16 von ihnen stellen die bedeutendsten Komponisten der Welt dar.

Die Donauufer mussten zu Beginn der Bauarbeiten 1880 verstärkt werden, um das Gewicht des ungarischen Parlamentsgebäudes (**5**) tragen zu können.

Die Kettenbrücke (Széchenyi Lánchíd) (**6**) verbindet Buda und Pest und überspannte als erste permanente Brücke die Donau.

Als Bauwerk des 21. Jahrhunderts bereichert das Ungarische Nationaltheater (**7**) das Stadtbild.

POLENS BIALOWIEZA-NATIONALPARK

Welches Herz würde nicht bei dem Gedanken höherschlagen, einen Urwald zu besuchen, in dem sich noch immer Wisente, Wölfe und Wildschweine tummeln?

DER URWALD VON BIALOWIEZA, der einen der ersten Nationalparks in Europa umfasst, ist ungefähr 10 000 Jahre alt. Einst erstreckte sich Waldland wie dieses von den Pyrenäen bis zum Ural. Hier lebten Wisente, Wölfe, Luchse, Wildschweine, Rehe, Elche, Füchse, Biber, Wildpferde, Adler und Eulen. Es war jene Art von Wäldern, wie sie in Märchen beschrieben werden, in denen ein Holzfäller vorkommt. In der Realität jedoch führte der stetige Bedarf an Holz als Brennstoff sowie Baustoff für Häuser, Kathedralen und Schlösser allmählich zum Rückgang der Waldflächen.

An diesem Ort jedoch, wo Polen auf Weißrussland trifft, ist noch das letzte Fleckchen Tiefland-Urwald erhalten geblieben.

An der Grenze

Diese Grenze ist ein Ort, an dem man unweigerlich darüber nachdenkt, wie stark der Mensch in die Natur eingreift. Bialowieza ist einer jener Plätze, die einen auffordern, sich ernsthafte Fragen zu stellen und zu überlegen, was man vom Leben will. Die Grenze selbst ist ein hässlicher Streifen aufgegrabenen Landes, der mit Stacheldrahtzäunen versehen ist. Es mag zwar nicht überraschend sein, dass die Menschen nicht einfach so die Grenze überqueren können – nicht einmal mit Reisepass –, doch es ist ungewöhnlich, dass diese Einschränkungen auch für Tiere gelten. Ein Grund dafür liegt darin, dass man die genetische Vermischung des geringen Bestands der Wisente (dreihundert im ganzen Park) zu verhindern versucht. Die Zäune bedeuten aber zugleich, dass auch keine anderen größeren Tiere frei umherziehen können, Tiere, die nichts von künstlichen Barrieren und Grenzen wissen, sondern nur dorthin wandern, wo ihr Instinkt sie hinführt.

Geschichte und Fakten

Der gesamte Wald erstreckt sich über eine Fläche von 1598 km². Die ältesten Teile sind rund 10 000 Jahre alt, wobei der Wald sein Überleben zum Teil

Wanderwege führen durch Teile des Nationalparks Bialowieza (1), damit die Besucher die Bäume und Tiere aus der Nähe betrachten können.

–> AUF EINEN BLICK

WÄHRUNG Zloty

KLIMA Der Wald weist ein gemäßigtes kontinentales Klima auf, was warme Sommer, doch sehr kalte Winter bedeutet. Etwa drei Monate im Jahr liegt Schnee, wobei die Durchschnittstemperatur im Januar -5 °C beträgt. Die Durchschnittstemperaturen im Sommer liegen bei etwa 18 °C, doch das ist das Mittel – es gibt also einige angenehme, recht trockene und warme Tage. Der meiste Niederschlag fällt in Form von Schnee.

NICHT VERGESSEN Insektenschutzmittel, Fernglas, einen guten Naturführer, Sprachführer.

BESTE ZEIT Frühling und Herbst sind gute Zeiten zur Vogelbeobachtung, der Sommer ist prächtig. Selbst im Winter kann man Tiere beobachten, und der Park zeichnet sich durch eine majestätische Schönheit aus.

NÄCHSTER FLUGHAFEN Warschau liegt etwa 193 km südwestlich des Waldes.

UNTERKUNFT Im Dorf Bialowieza gibt es eine gute Auswahl an Jugendherbergen und Pensionen bis zu Luxushotels, man sollte jedoch auf jeden Fall im Voraus buchen. In der Jägerhütte und in einem Hotel innerhalb des Nationalparks, das von der Parkverwaltung geführt wird, gibt es auch Gästezimmer.

Der Nationalpark Bialowieza (1) ist ein idealer Lebensraum für die Wisente, die sich von Gras, Laub, Rinden, Flechten und Moos ernähren.

Einst präsentierte sich der Großteil Europas wie der Nationalpark Bialowieza (1). Die Bäume außerhalb des geschützten Parks werden jedoch weiterhin zu kommerziellen Zwecken gerodet.

der Tatsache verdankt, dass er einst den Königen als Jagdwald diente und daher unter Schutz stand. Die erste schriftliche Aufzeichnung darüber stammt aus dem Jahr 1538, als der polnische König Sigismund I. verordnete, die Tötung von Wisenten im Wald mit der Todesstrafe zu ahnden. 1921 wurde der Wald schließlich als Nationalreservat unter Schutz gestellt. 1929 wurde der Wisent, der bereits als ausgestorben galt, wieder hier angesiedelt. 1932 wurde schließlich der Nationalpark geschaffen. Dieser ist nur ein kleiner, zentraler Bereich, der etwa zehn Prozent des riesigen Waldes ausmacht. Es sind jedoch Kampagnen im Gange, wonach der ganze Wald in einen geschützten Nationalpark umgewidmet werden soll, um die Rodungen zu verhindern, die in diesem einmaligen und prächtigen Wald bis heute durchgeführt werden.

Wisente

Heute leben weltweit nur noch zwei Arten von Bisons, der Amerikanische Bison und der Wisent. Beide sind auf ihren jeweiligen Kontinenten die größten Landsäugetiere. Ersterer gilt als gering gefährdet. Der Wisent hingegen wird von der IUCN als stark gefährdet eingestuft, weshalb die rund 300 Exemplare im Nationalpark so bedeutend sind.

Dies steht im krassen Gegensatz zur Situation von vor etwa 2000 Jahren, als der Wisent auf dem Großteil des europäischen Kontinents verbreitet war. Sein Lebensraum erstreckte sich von Spanien bis nach Skandinavien und von Sibirien sogar bis zu den britischen Inseln. Ausgewachsene Tiere wiegen bis zu 1000 kg. Abgesehen von Wolfsrudeln haben sie keine natürlichen Feinde – mit Ausnahme des Menschen. Im 14. Jahrhundert waren sie in Westeuropa ausgestorben, und der letzte in Polen in freier Natur lebende Wisent wurde 1919 von einem Jäger getötet. Gegen 1927 gab es in freier Wildbahn kein Exemplar mehr, nur etwa fünfzig Tiere hatten in Zoos überlebt. Ihre Nachfahren wurden in mehreren Schutzgebieten ausgewildert, von denen das bedeutendste sich hier in Bialowieza befindet.

Der Wald

Obwohl die Wisente viele Parkbesucher anziehen (rund 100 000 pro Jahr), ist der Wald selbst natürlich auch eine große Attraktion. Bestimmte Pfade führen Sie zu einigen der bedeutendsten Bäume im Park, von denen manche so ehrenvolle Namen wie Imperator des Nordens, Zar-Eiche oder Wächter von Zwierzyniec tragen. Einige von ihnen erfüllen den Betrachter durch ihr stattliches Alter und ihre enorme Größe mit großer Ehrfurcht.

Die Jagiello-Eiche ist einer der berühmtesten Bäume des Waldes, da sich angeblich der polnische König Wladyslaw II. Jagiello unter ihm ausgeruht haben soll, bevor er 1410 in die Schlacht bei Grunwald zog. Tatsächlich ist der Baum aber nicht älter als 450 Jahre und wurde 1974 von einem Sturm umgerissen. Der sogenannte Imperator des Südens ist mit einem Durchmesser von 6,1 m eine der dicksten Eichen im Wald und erfreut sich bester Gesundheit.

Diese ehrwürdigen Bäume haben schon viel miterlebt und stehen noch immer. Es bleibt zu hoffen, dass auch der Wald für immer bestehen wird, sich im Laufe der Zeit wieder erholt und ein lebendes Denkmal dafür bleibt, wie die Natur einmal aussah.

Aufgrund des geringen Tierbestandes sind die Wisente anfälliger für tödliche Krankheiten wie die Maul- und Klauenseuche.

Der Bialowieza-Nationalpark (1) ist ein Urwald – ein ideales Refugium für Wildtiere wie Wildschweine und Wisente.

Obwohl die Eichen die ältesten und größten Bäume im Bialowieza-Naturpark sind, gibt es noch viele andere beeindruckende Arten wie diese gebogene Birke.

DIE ARCHITEKTUR VON ST. PETERSBURG

Es wurde Paris des Ostens und Venedig des Nordens genannt, doch das russische St. Petersburg besitzt sein ganz eigenes Flair sowie eines der größten Kunstmuseen der Welt.

1703 GEGRÜNDET und einst als Petrograd und Leningrad bekannt, erlebt Russlands zweitgrößte Stadt seit ihrer Namensänderung in St. Petersburg nach einem Referendum 1991 eine Blütezeit. In wirtschaftlicher Hinsicht hinkt es seinem Konkurrenten Moskau, das 644 km südöstlich liegt, weiterhin hinterher. Das trifft jedoch nicht zu, wenn es um Stil geht.

1990 war für die Stadt ein bedeutendes Jahr: Damals hat die UNESCO das »Historische Zentrum von Sankt Petersburg und dazugehörende Ensembles« in seine Liste der Weltkulturerbestätten aufgenommen. Dies war eine Anerkennung der Bedeutung – und der Schönheit – ihres barocken und neoklassizistischen Baustils, der sich besonders an Gebäuden wie dem Winterpalast, dem Marmorpalast, der Admiralität und der Eremitage zeigt.

Die Grundfesten der Stadt wurden 1703 gelegt, als Peter der Große die Peter-und-Paul-Festung als erstes Gebäude der neuen Stadt errichten ließ. Der Name Peter stammt von dem Namenspatron Peter des Großen, St. Peter, nicht vom Zaren selbst. Zar Peter ordnete an, dass es in der neuen Stadt Kanäle geben sollte. So entstand das Netzwerk aus Kanälen, über die heute mehr als 400 Brücken führen, die einen Teil des Flairs von St. Petersburg ausmachen.

Die Paläste

Eines der bemerkenswertesten Gebäude der Stadt entstand zwischen 1754 und 1762, als der Winterpalast für die Tochter Peters des Großen, Zarin Elisabeth, errichtet wurde. Sie starb jedoch noch vor der Fertigstellung, sodass Katharina die Große die erste war, die hier residierte. Der Palast wurde zur Winterresidenz der russischen Zaren und ist ein außerordentliches Bauwerk. Die Front, die auf den Palastplatz blickt, lässt einen vor Ehrfurcht erstarren. Das Gebäude ist riesig, es hat 1945 Fenster und 1057 Räume, von denen viele nun öffentlich zugänglich sind. Dank seiner Hauptfarben Grün und Weiß unterscheidet es sich von jedem anderen Gebäude der Welt, sei es nun im strahlenden Sonnenlicht oder an einem kalten, verschneiten Wintertag.

Dieser prachtvolle Treppenaufgang der Eremitage wurde im 18. Jahrhundert aus weißem Marmor errichtet (1).

Im Winter herrscht in St. Petersburg klirrende Kälte, doch der Schnee macht den Winterpalast nur noch reizvoller (1).

–> AUF EINEN BLICK

EINWOHNER 4 700 000

WÄHRUNG Rubel

KLIMA In St. Petersburg beträgt die Jahresmitteltemperatur nur 4 °C. Dieser niedrige Wert ergibt sich aufgrund der extrem kalten Winter und der Tatsache, dass die Temperatur im Sommer durch Winde aus dem Ostseeraum abgekühlt wird. Die Durchschnittstemperatur im Januar und Februar beträgt -10 °C und im Juli, dem heißesten Monat, 22 °C. Das ganze Jahr über kann leichter Regen fallen, wobei Juli und August die feuchtesten Monate sind und Februar bis Mai die trockensten. Im Winter bleibt der Schnee lange liegen, und das ganze Jahr über liegt die Feuchtigkeit über dem Durchschnitt.

NICHT VERGESSEN Einen Regenmantel das ganze Jahr über und warme Kleidung im Winter. Ziehen Sie mehrere Lagen Kleidung an, da die Gebäude innen gut geheizt sein können.

BESTE ZEIT Der Winter kann sehr schön sein, wenn Sie auf das Wetter vorbereitet sind, doch mit Sommer liegt man gewöhnlich nie falsch.

NÄCHSTER FLUGHAFEN Der Flughafen Pulkovo liegt 16 km südlich des Stadtzentrums.

UNTERKUNFT Üblicherweise waren die teuren 5-Sterne-Hotels die beste Wahl, die jedoch nicht immer westlichen Standards entsprachen. Sie haben sich in den letzten Jahren aber enorm gemausert, und es gibt auch immer mehr gute Mittelklassehotels. Preisgünstige Hotels sollte man vorher genau prüfen. Bei einem Besuch im Sommer empfiehlt es sich, lange im Voraus zu buchen.

Der Palast von Peterhof (**2**) am Rande von St. Petersburg wurde unter Peter dem Großen erbaut. Er sollte der größte Sommerpalast aller Zeiten werden.

Der Winterpalast ist nun Teil eines der größten Museen der Welt, der Eremitage. Ihre Sammlung umfasst angeblich fast drei Millionen Werke, von denen jeweils immer nur ein Teil ausgestellt ist. Man schätzt, dass man elf Jahre bräuchte, bis man alles durchhätte, wenn man jedes in der Eremitage ausgestellte Stück auch nur eine Minute betrachten würde.

Für viele machen die unbezahlbaren Werke der berühmten Künstler und Bildhauer die Eremitage zu einer der Sammlungen, die man sich nicht entgehen lassen sollte. Hier findet man Werke von Renoir, Rodin, van Gogh, Gauguin, Cézanne, Manet, Monet und Matisse. Es gibt Räume voller Meisterwerke von Rubens und Rembrandt – über 20 Werke von Rembrandt sowie 22 Gemälde und 19 Skizzen von Rubens. Es gibt Werke von Canaletto, Van Dyck und Michelangelo und zwei von Leonardo da Vinci. Allein 30 Räume sind der italienischen Kunst und Werken von Velázquez, El Greco, Murillo und Goya gewidmet.

Und das sind nur einige der bedeutendsten Künstler, denen Sie im Museum auf dem Weg zur prähistorischen Kunst, den schönen Sammlungen aus dem Alten Ägypten, Griechenland und Rom, der Orientalischen Kunst, Sammlungen aus buntem Glas, den Juwelen aus der Fabergé-Werkstatt und natürlich den russischen Sammlungen begegnen. Beim Erkunden des Inneren der Eremitage erkennt man, dass der atemberaubende Anblick von außen erst die Spitze des Eisbergs ist.

Der Sommerpalast des Zaren ist im Vergleich dazu beinahe bescheiden. Es handelt sich um ein reizvolles Gebäude mit nur 14 Räumen, das im Sommergarten liegt. Seine Innenräume wurden mit viel Liebe zum Detail renoviert, sodass Besucher einen Eindruck bekommen können, wie Peter der Große hier nach der Errichtung des Palasts von 1710 bis 1712 lebte. Davor hatte er in einem bescheidenen Holzhaus gelebt, das das erste Gebäude war, das in St. Petersburg 1703 errichtet wurde. Es ist noch heute als Museum erhalten.

Die russische Admiralität

Die russische Admiralität wurde von Peter dem Großen 1718 geschaffen, um einerseits die russische Marine zu leiten, die dabei half, das damalige mächtige russische Reich zu kontrollieren, und um andererseits den Bau neuer Schiffe in den Werften zu überwachen. 1806 begannen die Arbeiten am Gebäude der Admiralität. Es handelt sich um ein anmutiges, großes Bauwerk im Stil des russischen Klassizismus. Heute beherbergt es eine Marineschule. Die Admiralität liegt am Ende einer der Hauptstraßen der Stadt – dem Newski-Prospekt. Auch sie wurde im Auftrag Peters des Großen errichtet und sollte bis nach Moskau verlaufen, doch sie entwickelte sich zur Prachtstraße und wurde stattdessen zum Herz der Stadt.

St. Petersburg hat noch nicht jene Renaissance erlebt, die in anderen osteuropäischen Städten wie Moskau oder Prag stattgefunden hat. Wenn das geschieht, und das wird es, wird sich St. Petersburg als noch aufregendere Stadt präsentieren.

Die Errichtung der Isaakskathedrale (**3**) im frühen 19. Jahrhundert dauerte 40 Jahre. Sie war zur damaligen Zeit die größte Kirche Russlands.

Die Auferstehungskirche (**5**) ist auch als Blutkirche, Bluterlöserkirche und Erlöserkirche bekannt.

In den Gärten im Palast von Peterhof (**2**) finden sich zahlreiche Brunnen, darunter die Große Kaskade mit ihren Goldfiguren.

Die gotische Alexander-Newski-Kapelle liegt im Landschaftspark Alexandria in Peterhof (**2**).

Erstklassige Ballettvorführungen werden im historischen Mariinski-Theater geboten (**4**), das 1860 erbaut wurde.

MOSKAU: DER ROTE PLATZ UND MEHR

Moskau ist das Herz und die Seele von Mütterchen Russland. Während das Land einem ständigen Wandel unterliegt, bleibt Moskau eine der faszinierendsten Städte der Welt.

DER EISERNE VORHANG mag zwar gefallen sein, doch die Grenze, die er darstellte, ist noch nicht ganz verwischt. Einige Menschen sind zwar in beide Himmelsrichtungen ausgeflogen, um die neuen Freiheiten und Möglichkeiten zu genießen, doch Menschen, die ihr Leben unter einem strengen System verbracht haben, verändern sich nicht über Nacht. Genau das macht Moskau so faszinierend – und frustrierend zugleich. Neben dem boomenden Moskau der Millionäre und der Mafia (oft ein und dasselbe) existiert auch das Moskau der bäuerlichen Bevölkerung und der Armut sowie der Menschen, für die Verschwiegenheit und Vorsicht vor Fremden eine Lebenseinstellung ist.

Der Kreml

Es spricht Bände, dass sich der Sitz der russischen Regierung im Kreml befindet, dem russischen Wort für »Festung«. Den Großteil des 20. Jahrhunderts war die »Festung« ein verschwiegener Ort, hinter dessen Mauern das Leben von Millionen Menschen kontrolliert wurde. Wenn nur wenige Leute aus dem Westen den Kreml besichtigten, so liegt das nicht daran, dass der Ort hermetisch abgeriegelt war, sondern einfach daran, dass nur wenige Touristen nach Moskau kamen. Ein Teil des 28 Hektar großen Gebäudekomplexes ist öffentlich zugänglich und zieht heute Menschen wie ein Magnet an.

Der Kreml ist fixer Bestandteil der Geschichte Moskaus, doch viele russische Städte haben Kreml. Dieser hier liegt zufällig in der Hauptstadt des Landes und der ehemaligen Hauptstadt der riesigen UdSSR (Union der Sozialistischen Sowjetrepubliken), eines Reichs, das über 21 000 000 km^2 umfasste – mehr als die doppelte Größe der heutigen Vereinigten Staaten.

Kathedralen und Kirchen

Der Kreml war im 12. Jahrhundert eine hölzerne Festung, die um das Jahr 1360 durch ein Gebäude aus

Die Mariä-Verkündigungs-Kathedrale (1) war ursprünglich die kaiserliche Kapelle der Zaren und wurde im späten 15. Jahrhundert errichtet.

–> AUF EINEN BLICK

EINWOHNER 10 400 000

WÄHRUNG Rubel

KLIMA Moskau hat ein kontinentales Klima mit warmen Sommern und bitterkalten Wintern. Juli ist der heißeste Monat mit einer maximalen Durchschnittstemperatur von 24 °C. Im Winter – der bereits im Oktober einsetzen und sechs Monate dauern kann – fallen die Temperaturen unter den Gefrierpunkt, und oft gibt es starke Schneestürme. Es gibt vergleichsweise wenig Regen.

NICHT VERGESSEN Mehrere Schichten warmer Kleidung im Winter, einen Sprachführer, einen guten, aktuellen Reiseführer.

BESTE ZEIT Juli und August für Sonnenschein und blauen Himmel.

NÄCHSTER FLUGHAFEN Der Flughafen Moskau-Scheremetjewo liegt etwa 32 km nordwestlich des Stadtzentrums. Planen Sie genügend Zeit zum und vom Flughafen ein, da der Verkehr berüchtigt ist.

UNTERKUNFT Es gibt einige gute, zuverlässige Hotels, darunter das Sheraton, Radisson und Holiday Inn, doch diese sind teuer. Billiger bedeutet Grundausstattung, informieren Sie sich also vor der Buchung.

Die Zwiebeltürme der Basiliuskathedrale am Roten Platz (2) sind das berühmteste Wahrzeichen Moskaus. Ihr offizieller Name lautet Mariä-Schutz-und-Fürbitte-Kathedrale am Graben, da es hier einst einen Graben gab.

Das Staatliche Historische Museum (**3**) ist das älteste Museum der Stadt. Es beherbergt über eine Million Exponate, die von der Geschichte Moskaus erzählen.

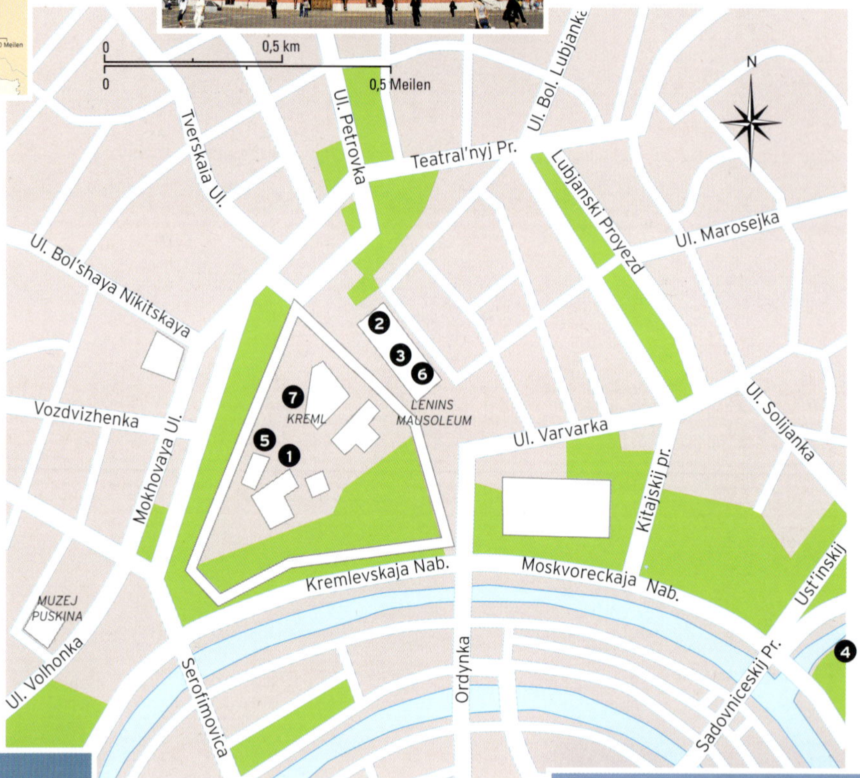

Im Mausoleum (**6**) liegen seit 1924 die sterblichen Überreste von Wladimir Iljitsch Uljanow Lenin, dem »Vater der Russischen Revolution«.

Der Geheimgangsturm des Kreml (**5**) wurde 1485 als Verteidigungsturm gebaut und birgt zwei Geheimnisse: einen unterirdischen Tunnel und einen Trinkwasserbrunnen.

Das Kuskowo-Ensemble aus dem 18. Jahrhundert (**4**) war einst die Sommerresidenz der Grafen Scheremetew und ist heute ein Erholungsgebiet für die Bewohner Moskaus.

–> Fabergé-Eier

Nur 69 Fabergé-Eier wurden in der Goldschmiedewerkstatt von Carl Peter Fabergé zwischen 1885 und 1917 gefertigt, 61 von ihnen sind erhalten geblieben. Die meisten befinden sich heute in Museen, wobei die Moskauer Rüstkammer über die größte Sammlung verfügt. Das erste Ei war aus weiß emailliertem Gold, im Inneren befand sich ein Dotter aus Gold. Dieser verbarg eine goldene Henne, die wiederum eine winzige Goldkrone mit einem Rubin in sich trug.

Der Große Kremlpalast (7) ist der Dienstgebäudekomplex des Präsidenten und besonders imposant. Seine Hauptfassade blickt auf die Moskwa.

Stein ersetzt wurde. Um etwa 1490 wurden um den Kreml dicke, rote Ziegelmauern errichtet, von denen der Großteil noch heute erhalten ist und für sein imposantes Aussehen sorgt. Die Mauern sind rund 2,5 km lang und umfassen mehrere Kathedralen, Kirchen, Museen und Plätze und sogar Wohnhäuser sowie Regierungsgebäude. Überall sonst auf der Welt würde man dies als Altstadt bezeichnen, doch in Moskau bleibt es der Kreml.

Die Mariä-Verkündigungs-Kathedrale stammt aus dem Jahr 1482. Hier wurden die Taufen und Hochzeiten der russischen Zaren gefeiert. Die Krönungen fanden in der Uspenski-Kathedrale statt, einem hellen, luftigen Gebäude aus etwa derselben Zeit, das einen Kontrast zur Düsternis und Strenge der meisten anderen Kirchen und Kathedralen der Anlange bildet. Etwa 350 Jahre lang fanden Zaren in der Erzengel-Michael-Kathedrale ihre letzte Ruhe. Sie wurde 1505 errichtet und beherbergt noch heute eine düstere Sammlung von Grabmälern.

Rüstkammer

Eine der größten Attraktionen des Kreml ist die Rüstkammer, die mit weitaus mehr als bloß Waffen und Rüstungen aufwartet. Das heutige Gebäude stammt aus dem 19. Jahrhundert, als es als Museum eröffnet wurde. Es wurde an der Stelle errichtet, wo stets die Schätze der russischen Königsfamilien untergebracht waren. Und was für Schätze das sind! Etwa das Hochzeitskleid Katharinas der Großen, ein gold-türkiser Thron, ein Geschenk des Schah von Persien an Boris Godunov, den Regenten Russlands im 16. Jahrhundert, sowie der geschnitzte Elfenbeinthron Iwans des Schrecklichen. Am grandiosesten ist die unbezahlbare Sammlung von Fabergé-Eiern, die der Zar der Zarin zu Ostern schenkte. Zar Alexander III. gab das allererste Fabergé-Ei, das Symbol für ultimativen Luxus, als Geschenk für seine Gemahlin 1885 in Auftrag. Von außen mag der Kreml abweisend und bedrohlich wirken, doch in seinem Inneren verbergen sich zahllose Schätze.

Roter Platz

Außerhalb der Kremlmauern spielte sich eine ganz andere Geschichte ab, die einen verstehen lässt, warum es zur Russischen Revolution kam. Die Geschichte ähnelt jener Frankreichs – hungernde Menschen, die wussten, dass ihre Regenten in fast schon obszönem Luxus lebten. Der Rote Platz war ursprünglich ein Elendsviertel außerhalb der Kremlmauern, das von Bettlern, Trinkern, Kriminellen und Prostituierten bewohnt wurde. Ende des 15. Jahrhunderts wurde es geräumt, blieb aber weiterhin ein Ort für Kundgebungen, Demonstrationen und öffentliche Hinrichtungen.

Die Basilius-Kathedrale wurde 1560 fertiggestellt und dominiert seither als auffälligstes Wahrzeichen Moskaus den Platz. Sie ist innen genauso außergewöhnlich wie außen, mit einem halbgewölbten Dach und ungewöhnlichen Gängen und Treppen, über die man zu den neun verschiedenen Kirchen gelangt, aus denen das Gebäude besteht.

Bei einem ein- oder zweitägigen Aufenthalt in Moskau lassen sich zumindest diese zwei faszinierenden Teile der Stadt erkunden, der Kreml und der Rote Platz. Sie werden Ihnen zwar nur einen ersten Eindruck vermitteln, zugleich aber dafür sorgen, dass Sie zurückkehren möchten.

DIE TATRA

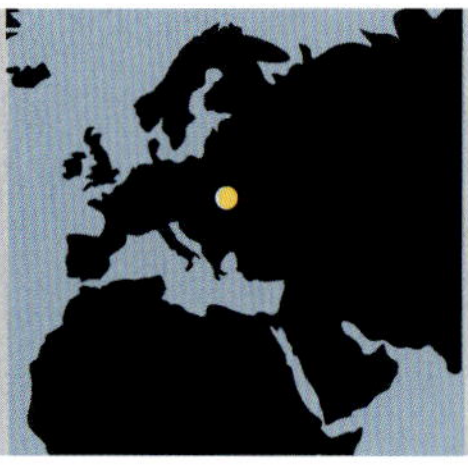

Die Berge der Tatra sind so etwas wie die Alpen Osteuropas, mit einer spektakulären Kulisse für Wanderer und Skifahrer und dem Charakter einer Wildnis für abenteuerlustige Reisende.

Die Hohe Tatra von Tatranská Lomnica (1) aus gesehen, dem größten Ort in der Tatra-Region und einem beliebten Urlaubsort für Wanderer und Skifahrer.

DIE TATRA BILDET eine natürliche Grenze zwischen Polen im Norden und der Slowakischen Republik im Süden – auf der südlichen Seite des Gebirges dominiert ein geheimnisvoller und magischer Eindruck. In Polen bildet die bekannte Stadt Krakau ein Tor zu den Bergen und zu betriebsamen Urlaubsorten wie Zakopane. Die Slowakische Republik ist sozusagen ein Neuling; sie entstand erst 1992, als die Tschechoslowakei geteilt wurde.

Der Tatra-Nationalpark, der am 1. 1. 1949 gegründet wurde, ist somit älter als die Republik selbst. Er erstreckt sich über 738 km^2 und auf seinem Gebiet befindet sich der höchste Berg des Landes, der Gerlachovský štít.

Mit einer Höhe von 2655 m ist er auch der höchste Gipfel der gesamten Karpaten, von denen die Tatra einen Teil bildet. Ein weiterer Berg in der Tatra, der Krivan (2495 m), wurde zum Nationalsymbol des Landes gekürt. Drei Gebirgszüge – Fatra, Tatra und Matraowohl – zieren sowohl das slowakische Wappen als auch die Nationalflagge. Letzterer liegt heute eigentlich in Ungarn, wurde jedoch dennoch miteinbezogen, um eine Region zu repräsentieren, in der das slowakische Volk mindestens seit dem 14. Jahrhundert gelebt hat. Daher ist die Tatra viel mehr als bloß eine schöne Gegend: Für die Slowaken hat sie eine symbolische Bedeutung und macht einen Teil ihrer Identität aus. Diese Verehrung der Berge und die Art, wie sie eine Nation geprägt haben, machen das Gebiet auch für Besucher so besonders.

Wandern und Radfahren

Obwohl die Berge die Möglichkeit zum Skifahren und Klettern sowie Segelfliegen und Gleitschirmfliegen bieten, kommen viele Menschen einfach zum Wandern in den Nationalpark. Es gibt über 604 km Wanderwege und sechzehn markierte Radrouten im Park, denen man mithilfe der farbigen Symbole einfach folgen kann. Beschaffen Sie sich vor Beginn des Ausflugs unbedingt eine Landkarte, dann können Sie sich nicht verirren. Entlang der Pfade und an jeder Abzweigung finden Sie farbige Markierungen, die Ihnen den richtigen Weg weisen. Zudem sind sowohl die Entfernung als auch die geschätzte Wanderzeit bis zur nächsten größeren Abzweigung angegeben.

Die Tatsache, dass die Tatra so gut erschlossen ist, macht das Wandern hier zu einer wahren Freude. Wenn Sie in einem der kleinen Orte an den niedrigeren

In den Hügeln der Hohen Tatra findet man auch pittoresk anmutende Dörfer.

–> AUF EINEN BLICK

WÄHRUNG Euro

KLIMA Das Klima ist im Allgemeinen mild mit reichlich Schneefall im Winter und Temperaturen um den Gefrierpunkt. Auf den hohen Gipfeln liegt die Temperatur jedoch mehr als die Hälfte des Jahres unter 0 °C. Im Sommer kann es um die 30 °C heiß sein. Regen kann zu jeder Jahreszeit fallen, und gelegentlich treten wie in jeder Bergregion Stürme auf.

NICHT VERGESSEN Sonnencreme, Wanderschuhe, einen slowakischen Sprachführer, einen Regenmantel, einen guten Rucksack, Fernglas, Mobiltelefon und Wasserflasche.

BESTE ZEIT Wenn man nicht unbedingt Ski fahren möchte, erkundet man die Berge am besten im Sommer, obwohl es im Frühling und Herbst auch schön sein kann. Einige der Bergwanderwege sind von 1. November bis 15. Juni aus Sicherheitsgründen gesperrt.

NÄCHSTER FLUGHAFEN Flughafen Poprad-Tatry.

UNTERKUNFT Starý Smokovec ist einer der beliebtesten Ausgangspunkte, um die Berge zu erkunden, und verfügt über Hotels und Pensionen. Es empfiehlt sich jedoch, im Voraus zu buchen.

Die Stadt Poprad (2), die zehntgrößte der Slowakischen Republik, in der Schneelandschaft am Fuße der Tatra.

Abhängen übernachten wie etwa dem beliebten Ort Starý Smokovec (siehe nächste Seite), sind Sie im Nu in der Natur und können durch friedliche Wälder spazieren. Diese muten märchenhaft an, besonders, wenn sie in frühmorgendlichen Nebel gehüllt sind. Oft sind die einzigen Geräusche, die man hier vernimmt, der eigene Atem, der Gesang der Vögel und das gelegentliche Knacken eines Astes.

Wild lebende Tiere

Bei Wanderungen in der Tatra ist etwas Vorsicht geboten, selbst wenn Sie sich in der Nähe von Wohngebieten aufhalten. Hier befindet sich nämlich das Refugium Europäischer Braunbären, und während vielerorts die Chance, einen von ihnen zu sichten, wohl eins zu einer Million steht, ist dies hier in der Tatra nicht so unwahrscheinlich. Man fühlt sich in eine Zeit zurückversetzt, als die Menschen im Wald nach Nahrung und Brennholz suchten und sich auf die anderen Lebewesen einstellen mussten, die hier lebten. Wenn Sie der Gedanke an eine Begegnung mit einem Bären beunruhigt, sollten Sie in Begleitung wandern. Doch gewöhnlich haben die Tiere mehr Angst vor Menschen als umgekehrt, und Gefahr droht höchstens, wenn man auf eine Mutter mit ihren Jungen trifft.

Im Frühling und Sommer weicht in der Tatra das Weiß des Winters einer prächtigen Vielfalt an Farben.

Wenn dunkle Wolken aufziehen, sollten sich Wanderer in diesen wilden Bergen, wo immer wieder Leute verunglücken, in Acht nehmen.

Der Braunbär ist eines der größten Tiere, auf die man in dieser Region treffen kann.

In den Wäldern und auf den Berghängen tummeln sich noch viele andere Tiere und Vögel. Es ist viel wahrscheinlicher, dass Sie ein Alpenmurmeltier zu Gesicht bekommen als einen Braunbären. Auch eine Tatra-Gemse kann man hie und da erblicken, obwohl die Tierart vom Aussterben bedroht ist. Höchstwahrscheinlich werden Sie auch das Klopfen eines Spechts vernehmen, der gerade ein Nest baut oder unter der Baumrinde nach Insekten sucht.

Starý Smokovec

Starý Smokovec ist eine der beliebtesten Ortschaften, von der aus man die Tatra zu Fuß erkunden kann. Es ist ein reizender kleiner Ort mit Wanderwegen, die direkt im Ortsgebiet ihren Ausgangspunkt haben, mit guten Übernachtungsmöglichkeiten im alpinen Stil sowie freundlichen Bars und Restaurants. Auch die Lage ist sehr günstig: Der Ort liegt an der Strecke der Elektrischen Tatrabahn, die ihn mit Poprad, wo der nächste Flughafen liegt, verbindet sowie mit anderen Städten und Dörfern an den Ausläufern der Berge. Es ist einer jener Orte, an denen man aufwacht und die saubere, frische Luft einatmet und es kaum erwarten kann, in die Wälder zu gehen und in den Bergen zu wandern.

DIE SCHWEIZER ALPEN

Die 500 Millionen Jahre alten Schweizer Alpen sind der größte und spektakulärste Gebirgszug Mitteleuropas und bedecken mehr als die Hälfte des Landes.

DIE ALPEN ERSTRECKEN SICH über fünf Länder, aber in der Schweiz bestimmen sie das Land und das Leben in besonderem Maße. Sie bedecken über 60 Prozent des Landes und erreichen den höchsten Punkt der Schweizer Alpen mit der Dufourspitze (4634 m). Der wohl bekannteste Berg ist das Matterhorn, doch auch die Eiger-Nordwand ist zu dramatischer Berühmtheit gelangt.

Vor 500 Millionen Jahren konnte noch keine Rede von dem Land sein, das wir heute als Schweiz kennen. Damals war ein Großteil rund um das heutige Mittelmeer vom riesigen Ozean Tethys bedeckt, unter dem sich enorme Ansammlungen von Granit, Kalk und Marmor bildeten. Vor etwa 100 Millionen Jahren zwang die Verschiebung der tektonischen Erdplatten den Meeresboden nach oben, sodass die Alpen und andere Landmassen entstanden. Dabei wurde Thetys geteilt und floss ab, um das Mittelmeer, das Schwarze Meer, das Kaspische Meer und den Aralsee zu bilden.

Der Höchste

Die enormen Eruptionen und gewaltigen Bewegungen auf der Erdoberfläche haben die Dufourspitze zum höchsten Punkt der Schweiz gemacht, auch wenn der höchste Punkt der gesamten Alpen der Mont Blanc an der französisch-italienischen Grenze mit einer Höhe von 4808 m ist. Neben Frankreich und Italien ziehen sich die Alpen vor allem auch durch Österreich und Liechtenstein, aber sie werden so stark mit der Schweiz assoziiert, dass der gesamte Gebirgszug häufig fälschlicherweise als Schweizer Alpen bezeichnet wird. Die manchmal hinter einer Wolkendecke oder unter Eis und Schnee verborgene Dufourspitze repräsentiert quasi den Gipfel in Perfektion. Sie sieht genau so aus, wie ein mächtiger Berg aussehen soll: Wie eine Pyramide, die sich zwischen den umgebenden Gipfeln emporhebt, und wie ein Mannschaftskapitän, der auf den Schultern seines Teams getragen wird, das ihm so Respekt zollt.

Steinbock, Bären, Luchs und Wölfe

Im Gegensatz zu den Pyrenäen (siehe Seiten 128–131), wo es weiterhin Braunbären gibt, sind in den Schweizer Alpen alle größeren Säugetiere einschließlich der Bären bereits ausgestorben, obgleich es Bemühungen gibt, diese wieder anzusiedeln. In den Pyrenäen lebte der Steinbock bis zum Jahr 2000. In den Schweizer

–> AUF EINEN BLICK

WÄHRUNG Schweizer Franken

KLIMA Die Temperaturen variieren stark in dieser bergigen Region. In tieferen Lagen betragen die Sommertemperaturen zwischen 18 °C und 27 °C und die Wintertemperaturen zwischen 2 °C und 7 °C. In höheren Lagen ist es um einige Grad kühler. Regen ist zu jeder Jahreszeit möglich, und das Wetter kann wie in allen Bergregionen schnell umschlagen, geben Sie also Acht.

NICHT VERGESSEN Sonnencreme zu jeder Jahreszeit, warme Kleidung auch für Sommernächte, gute Wanderschuhe, Rucksack, Mobiltelefon und viel Geld.

BESTE ZEIT Frühling und Sommer zum Wandern, Winter zum Skifahren, obwohl in einigen Orten wie Zermatt das Skifahren das ganze Jahr über möglich ist.

NÄCHSTER FLUGHAFEN Der internationale Flughafen von Zürich bietet gute Verbindungen zu den wichtigsten Urlaubsorten der Schweizer Alpen.

UNTERKUNFT In den Hauptferienorten gibt es das ganze Jahr über eine gute Auswahl, doch die Preise sind – besonders in den alpinen Orten – höher als gewöhnlich.

Die unverkennbare Form des Matterhorns (1) mit seinen vier Bergwänden, die in alle vier Himmelsrichtungen zeigen.

Das Ski- und Wandergebiet Flumserberg (**2**) erstreckt sich hoch über dem Walensee, einem der größten und schönsten Seen der Schweiz.

Der Brienzersee (**4**) ist für seine steilen Ufer bekannt, die sich auch unter der Wasseroberfläche fortsetzen, sodass es im See kaum Flachwasserbereiche gibt.

Der Alpensteinbock lebt in einer Höhe von bis zu 4572 m.

Klosters (**3**) ist einer der bekanntesten Skiorte in den Alpen, obwohl man hier im Sommer auch wunderbar wandern kann.

Alpen war er bereits über ein Jahrhundert zuvor, im Jahr 1894, ausgestorben. Bis zum Jahr 2000 war er wieder heimisch geworden, doch die ersten Bemühungen zur Wiederansiedlung des Alpensteinbocks waren bereits 1906 erfolgt – auf recht ungewöhnliche Weise. Ein Wilderer brachte mit der Erlaubnis der Schweizer Behörden zwei Jungtiere aus einem königlichen Jagdgebiet im Nordwesten Italiens, wo die letzten Steinböcke beheimatet waren, in die Schweiz zurück. Dort begann er mit der Züchtung. In den hundert Jahren seither wuchs die Population der Steinböcke stetig und hat mittlerweile eine beachtliche Zahl von über 14 000 Tieren erreicht.

Auch der Wolf ist in den Schweizer Alpen vor etwa hundert Jahren ausgestorben, aber in jüngster Vergangenheit sind einzelne Tiere von Italien, wo sie mehr geschützt werden, in die Schweiz gezogen. Man geht heute davon aus, dass eine Handvoll Tiere in der Schweiz leben, und die Zeichen stehen gut, dass sie sich vermehren, da hier die für sie günstigen Bedingungen herrschen. Die größte Gefahr für die Wölfe geht von Bauern und Jägern aus.

Der Luchs ist etwas stärker verbreitet, obwohl man noch immer von kaum mehr als ein paar Hundert Tieren in freier Wildnis ausgeht. Sie werden nur äußerst selten gesichtet, und man könnte die Schweizer Alpen wohl ein Jahr lang durchqueren, ohne auch nur auf ein Lebenszeichen eines Wolfes oder Luchses zu treffen, da sie sehr menschenscheu sind. Dasselbe gilt für Bären, von denen das letzte Exemplar in den

Schweizer Alpen 1904 erlegt wurde. Das bedeutete gleichzeitig den Tod jenes Tieres, nach dem die Schweizer Hauptstadt Bern benannt wurde und das auf der Fahne und dem Wappen der Stadt prangt. Auch der Braunbär hat seine Heimat von Italien in die Schweiz ausgedehnt, wo er in den letzten Jahren vereinzelt gesichtet wurde. Jedoch wurde einer von insgesamt zwei in der Wildnis bekannten Bären in den Schweizer Alpen auf Befehl der Regierung erschossen, da er offenbar seine natürliche Angst vor Menschen verloren hatte und als Gefahr eingestuft wurde. Laut der letzten Zählung gibt es also irgendwo in der Schweiz noch einen einzigen Braunbären.

Das Beste der Schweizer Alpen

Mitte des 19. Jahrhunderts setzten die ersten Besucherströme in die Schweizer Alpen ein, beeinflusst durch Berichte über die Erstbesteigungen einiger Gipfel mit klingenden Namen, wie etwa der Jungfrau im Jahr 1811 und des Matterhorns 1856. Die Winterskigebiete St. Moritz, Zermatt und Klosters sind in der ganzen Welt bekannt, aber die Alpen lassen sich vielleicht noch besser im Sommer genießen. Es gibt Dutzende markierte Bergrouten, die den Besuchern den Genuss der alpinen Luft und herrlicher Ausblicke ermöglichen. Es ist ein besonderes Erlebnis, diese atemberaubende Landschaft auf Skiern zu erkunden, aber vielleicht noch eindrucksvoller, vor einem Berg zu stehen und darüber nachzudenken, dass die großartige Landschaft entstand, als vor etwa 100 Millionen Jahren der Boden eines Meeres von einer ungeheuren Kraft nach oben gepresst wurde.

St. Moritz (5) war einer der ersten Skiorte in der Schweiz und zieht seit Mitte des 19. Jahrhunderts Touristen an.

NÜTZLICHE ADRESSEN

Brügge
www.brugge.be
Toerisme Brugge
P.O. 744
B-8000 Brugge, Belgien
E-Mail: toerisme@brugge.be
Tel: +32 50 44 46 46

London
www.visitlondon.com
Offizielle Besucherorganisation für London
1 Lower Regent Street
London SW1 4XT
Tel: +44 (0) 8701 566 366

Lake District
www.golakes.co.uk
Cumbria Tourism
Windermere Road, Staveley
Kendal, Cumbria LA8 9PL, UK
E-Mail: info@golakes.co.uk
Tel: +44 (0) 1539 82222

Stonehenge und Avebury
www.visitwiltshire.co.uk/salisbury/home
Salisbury & Stonehenge Tourism Partnership
3 Rollestone Street, Salisbury
Wiltshire SP1 1DX, UK
E-Mail: salisburytourismpartnership@salisbury.gov.uk
Tel: +44 (0) 1722 434373

Cornwall
www.visitcornwall.com
Visit Cornwall, Pydar House, Pydar Street, Truro, Cornwall, TR1 1EA.
E-Mail: enquiries@visitcornwall.com
Tel: +44 (0) 1872 322900

Finnisch-Lappland
http://tourism.rovaniemi.fi
Rovaniemi Tourismusbüro
Sampo Shopping Centre, Lordi's Square
Maakuntakatu 29-31
96200 Rovaniemi, Finnland
E-Mail: travel.info@rovaniemi.fi
Tel: +358 (0) 16 346 270

Island
www.icetourist.is
Isländisches Tourismusbüro
Lækjargata 3
101 Reykjavík, Island
E-Mail: info@icetourist.is
Tel: +354 535 5500

Cork und Kerry
www.discoverireland.ie
Irisches Tourismusbüro
Fáilte Ireland South West
Áras Fáilte, Grand Parade
Cork City, Irland
E-Mail: corkkerryinfo@failteireland.ie
Tel: +353 (0) 21 4255100

Antrim
www.discovernorthernireland.com
Nordirisches Tourismusbüro
59 North Street, Belfast BT1 1NB
E-Mail: info@nitb.com
Tel: +44 (0) 28 9023 1221

Amsterdam
www.niederlande.de/de/inderstadt/amsterdam
Tourismusbüro
VVV Stationsplein (KCS)
Stationsplein 10
1012 AB Amsterdam, Niederlande
E-Mail: info@atcb.nl
Tel: +31 (0) 20 625 28 69

Fjorde an Norwegens Westküste
www.visitnorway.com
Norwegisches Tourismusbüro
Akersgata 13
0158 Oslo, Norwegen
E-Mail: info@visitnorway.com
Tel: +47 22 00 25 00

Schottische Highlands und Schottische Inseln
www.visitscotland.com
Schottisches Tourismusbüro
Ocean Point One, 94 Ocean Drive
Edinburgh EH6 6JH, UK
Tel: +44 (0) 131 343 1608

Edinburgh
www.edinburgh.org
Schottland Fremdenverkehrsamt
Fairways Business Park, Deer Park Avenue
Livingston EH54 8AF, UK
E-Mail: info@visitscotland.com
Tel: +44 (0) 1506 832 121

Schweden
www.visitsweden.com
Offizielle Website für Tourismus und Reiseinformation
Box 3030
103 61 Stockholm, Schweden
E-Mail: info@visitsweden.com
Tel: +46 8789 1000

Wales: Snowdonia
www.visitwales.com
Wales Tourist Board
E-Mail: info@visitwales.com
Tel: +44 (0) 8701 211 251

Dubrovnik
Tourismusbüro Dubrovnik
C. Zuzoric 1/2
Dubrovnik, Kroatien
E-Mail: tzgd@du.tel.hr
Tel: +385 20 323 88

Kroatische Inseln
www.htz.hr
Kroatische Zentrale für Tourismus
Iblerov trg 10/IV, 10000 Zagreb
Kroatien
E-Mail: info@htz.hr
Tel: +385 (1) 4699 333

Athen, Delphi, Meteora
www.gnto.gr
Griechische Zentrale für Fremdenverkehr
Tsoha 24
11521 Athen, Griechenland
E-Mail: info@gnto.gr
Tel: +30 210 8707000

Santorin
www.gnto.gr
Griechische Zentrale für Fremdenverkehr
Fira
84 700 Thira, Griechenland
E-Mail: info@gnto.gr
Tel: +30 22860 27199

Venedig
www.turismovenezia.it
Tourismusbüro Venedig
APT Venezia, Castello 5050
30122 Venedig, Italien
E-Mail: info@turismovenezia.it
Tel: +39 041 529 8711

Cinque Terre
www.enit.it
Italienische Zentrale für Tourismus
Riomaggiore Büro
c/o Stazione FF. SS.
19017 Riomaggiore, Italien
Tel: +39 018 776 2187

Rom
www.enit.it
Italienische Zentrale für Tourismus
Via Parigi 11
00185 Rom, Italien
Tel: +39 064 88991

Florenz
www.enit.it
Italienische Zentrale für Tourismus
Via A. Manzoni 16
50121 Florenz, Italien
Tel: +39 055 23320

Siena
www.enit.it
Italienische Zentrale für Tourismus
Via dei Termini 6
53100 Siena, Italien
Tel: +39 0577 42209

Istanbul und Ephesos
www.tourismturkey.org
Türkisches Tourismus- und Kulturbüro
Ismet Inonu Bulvan 91 Sokak No. 5
Ankara, Türkei
Tel: +90 312 212 8300

Andorra
www.andorra.ad
Ministeri de Turisme i Medi Ambient
Prat de la Creu, 62
Andorra la Vella, Andorra
Tel: +376 875700

Paris
www.parisinfo.com
Pariser Fremdenverkehrsamt
25, Rue des Pyramides
75001 Paris, Frankreich
E-Mail: agenda@parisinfo.com
Tel: +33 (0) 892 68 3000

Bordeaux
www.bordeaux-tourisme.com
Bordeaux Fremdenverkehrsamt
12 Cours du XXX Juillet
33080 Bordeaux Cedex, Frankreich
E-Mail: otb@bordeaux-tourisme.com
Tel: +33 (0) 5 56 00 66 00

Loire-Tal
www.loirevalleytourism.com
Loiretal Fremdenverkehrsamt
37 Avenue de Paris
45000 Orléans, Frankreich
Tel: +33 (0) 2 38 24 05 05

Provence
www.visitprovence.com
Fremdenverkehrsamt für Provence und Aix-en-Provence
2, Place Du Général de Gaulle
BP 160, 13605 Aix-en-Provence Cedex 1
E-Mail: infos@aixenprovencetourism.com
Tel: +33 (0) 4 42 16 11 61

Douro
www.visitportugal.com
Turismo de Portugal
Avenida Antonio Augusto de Aguiar, 86
1004 Lisboa Codex, Portugal
E-Mail: info@visitportugal.com
Tel: +351 357 50 86

Madeira
www.madeiratourism.org
Offizielle Tourismuswebsite Madeiras
E-Mail: info@madeiratourism.com
Tel: +351 291 211 900

Das Spanien der Mauren
www.andalucia.org
Turismo de la Junta de Andalucía
Avda. Autopista de San Pablo, s/n Código
41020 Sevilla, Spanien
E-Mail: otsevilla@andalucia.org
Tel: +34 954 782036

Barcelona
www.barcelonaturisme.com
Tourismusbüro Barcelona
Plaza Catalunya
17-S-08002 Barcelona, Spanien
E-Mail: info@barcelonaturisme.com
Tel: +34 932 853834

Jerez
www.turismojerez.com
Tourismusbüro Jerez
Alameda Cristina
11403 Jerez de la Frontera, Spanien
E-Mail: turismoinfo@aytojerez.es
Tel: +34 956 338874

Sevilla
www.turismo.sevilla.org
Tourismo de Sevilla
Consorcio de Turismo © Edificio Laredo Pza.
San Francisco, 19 4ª planta
41004 Sevilla, Spanien
E-Mail: barranco.turismo@sevilla.org
Tel: +34 954 592915

Wien
www.wien.info
Wien Tourismus
1020 Wien, Österreich
E-Mail: info@wien.info
Tel: +43 124 555

Prag und die Burgen Böhmens
www.czechtourism.com
Offizielle Tourismusvertretung der Tschechischen Republik
Vinohradská 46
120 41 Praha 2, Tschechische Republik
E-Mail: info@czechtourim.cz
Tel: +420 221 580 445

Berlin
www.visitberlin.de
Berlin Tourismus Marketing GmbH
Am Karlsbad 11
10785 Berlin, Deutschland
E-Mail: information@visitberlin.de
Tel: +49 (0) 30 264 7480

Die Burgen am Rhein
www.deutschland-tourismus.de
Deutsche Zentrale für Tourismus e.V. (DZT)
Beethovenstraße 69
60325 Frankfurt/Main, Deutschland
Tel: +49 (0) 69 97 46 40

Budapest
www.budapestinfo.hu
Tourismusamt Budapest
Március 15. tér 7
1056 Budapest, Ungarn
E-Mail: info@budapestinfo.hu
Tel: +36 126 60479

Polens Bialowieza-Nationalpark
www.polandtour.org
Polska Organizacja Turystyczna
ul. Chalubinskiego 8
00 613 Warschau, Polen
E-Mail: info@polandtour.org
Tel: +48 226 351 881

St. Petersburg
www.visitrussia.com
Touristeninformation Russland
Michurinskaya st. 19
St Petersburg, Russland
E-Mail: info@visitrussia.com
Tel: +7 812 325 4044

Moskau
www.visitrussia.com
Touristeninformation Russland
Kuznetsky most st. 21/5, suite 626
Moskau, Russland
E-Mail: moscow@visitrussia.com
Tel: +7 495 626 0391

Slowakische Republik
www.slovakia.travel
Slowakisches Tourismusbüro
Námestie L'. Štúra 1
P.O. Box 35
974 05 Banská Bystrica, Slowakische Republik
E-Mail: sacr@sacr.sk
Tel: +421 48 413 6146

Schweizer Alpen
www.myswitzerland.com
Schweiz Tourismus
Tödistrasse 7
8027 Zürich, Schweiz
E-Mail: postoffice@switzerlandtourism.ch
Tel: +41 01 288 1111

REGISTER

F

G

H

I

J

K

L

M

REGISTER

DANKSAGUNG

Quarto dankt den folgenden Agenturen für die zur Verfügung gestellten Bilder:

l = links; r = rechts; u = unten; o = oben

4Corners www.4cornersimages.com
Seite 52, 68, 83, 84–85o, 146, 151, 191, 200–201o, 209, 212

Getty www.gettyimages.com
Seite 36, 37, 87, 106l, 124, 141, 145, 148, 159u

Robert Harding www.robertharding.com
Seiten 1, 2–3, 13, 20u, 22, 23o, 24, 25, 29, 38o&u, 44–45, 49, 53, 56, 57, 60–61, 63, 73, 74–75o, 90, 92, 95, 97, 99, 102u, 103, 106r, 107, 113u, 117, 132–133, 134u, 135, 143, 146, 149, 157, 158, 159o, 162o, 176u, 185, 188, 203, 204, 206–207, 210, 214–215

Alamy www.alamy.com
Seite 8–9, 12, 14, 21, 28, 31–33, 35, 40–41, 42u, 43u, 46, 48, 51, 55, 58, 64–65, 67, 69, 70u, 72, 78–79, 81, 82, 85u, 86u, 88, 89or, 91, 100–101, 104u, 105, 109, 110u, 111, 114–115, 118, 120–121, 122, 131, 140, 144, 152, 153, 154o, 160u, 161, 163, 164–165, 167, 168u, 169, 170u, 171, 174–175, 178–179, 180, 182–183, 186, 187, 190, 192, 194–195, 196, 198–199, 217

Corbis www.corbis.com
Seite 18–19, 108ul, 112, 123, 137, 211

Lonely Planet Images www.lonelyplanetimages.com
Seiet 26

Unser Dank gilt auch:

Shutterstock
iStock
Dreamstime
Flickr
Moira Clinch